FastAPI

처음 시작하는 FastAPI

| 표지 설명 |

표지 그림의 동물은 가시꼬리 이구아나(학명: *Ctenosaura*)입니다. 크테노사우라Ctenosaura라는 이름은 그리스어인 크테노스ctenos(빗이란 뜻으로 등부터 꼬리까지 이어진 빗 모양의 척추를 가리킴)와 사우라saura(도마뱀)에서 유래했습니다. 가시꼬리 이구아나는 다섯꼬리five-keeled 이구아나, 검은가슴black-chested 이구아나, 모타과motagua 이구아나, 오악사카oaxaca 이구아나, 로아탄Roatán 이구아나, 우틸라Útila 이구아나 등 15종이 알려져 있습니다.

가시꼬리 이구아나는 12cm부터 1m까지 다양한 크기로 성장합니다. 종마다 체온, 기분, 건강 상태, 서식지 기온에 따라 갈색, 검은색, 회색, 분홍색, 녹색, 노란색 등 다양한 색을 띱니다. 잡식성 동물로 주로 식물의 과실, 꽃, 잎을 먹고 작은 동물도 잡아먹습니다.

이구아나는 다양한 서식지에서 볼 수 있지만, 가시꼬리 이구아나는 주로 멕시코와 중앙 아메리카에 서식합니다. 열대와 아열대의 건조한 숲, 관목 지대, 때로는 인공으로 조성된 서식지나 도심에서도 볼 수 있습니다. 로아탄(온두라스 만의 로아탄 섬에서만 발견), 우틸라(온두라스 카리브해 연안의 베이 아일랜드 군도, 늪과 맹그로브 생태계에서만 발견), 모타과(과테말라에서만 발견) 같은 일부 종은 매우 특정한 지역에만 서식하는 고유종입니다.

가시꼬리 이구아나 여러 종이 멸종 위기에 처해 있습니다. 또한 멕시코 가시꼬리 이구아나와 검은 가시꼬리 이구아나 등 일부 종은 미국에서 침입종으로 알려졌습니다. 이 종은 농업과 가축 방목으로 인한 서식지 훼손, 불법 애완동물 거래 및 밀렵, 서식지 파편화, 포식자 유입, 공포에 의한 살생 등 여러 가지 위험에 노출됩니다.

오라일리 표지에 등장하는 많은 동물은 멸종 위기에 처해 있으며 모두 전 세계에 중요한 존재입니다. 표지 일러스트는 캐런 몽고메리Karen Montgomery의 작품이며, 『Museum of Animated Nature』에 실린 판화를 바탕으로 제작됐습니다.

처음 시작하는 FastAPI
모던 파이썬 개념부터 실전 프로젝트까지, 따라 하며 배우는 웹 백엔드 개발

초판 1쇄 발행 2024년 6월 30일

지은이 빌 루바노빅 / **옮긴이** 한용재, 한바름 / **펴낸이** 전태호
펴낸곳 한빛미디어(주) / **주소** 서울시 서대문구 연희로2길 62 한빛미디어(주) IT출판2부
전화 02-325-5544 / **팩스** 02-336-7124
등록 1999년 6월 24일 제25100-2017-000058호 / **ISBN** 979-11-6921-264-9 93000

총괄 송경석 / **책임편집** 박지영 / **기획·편집** 이민혁 / **교정** 김묘선
디자인 표지·내지 윤혜원 / **전산편집** 김민정
영업 김형진, 장경환, 조유미 / **마케팅** 박상용, 한종진, 이행은, 김선아, 고광일, 성화정, 김한솔 / **제작** 박성우, 김정우

이 책에 대한 의견이나 오탈자 및 잘못된 내용은 출판사 홈페이지나 아래 이메일로 알려주십시오.
파본은 구매처에서 교환하실 수 있습니다. 책값은 뒤표지에 표시되어 있습니다.
한빛미디어 홈페이지 www.hanbit.co.kr / 이메일 ask@hanbit.co.kr

지금 하지 않으면 할 수 없는 일이 있습니다.
책으로 펴내고 싶은 아이디어나 원고를 메일(writer@hanbit.co.kr)로 보내주세요.
한빛미디어(주)는 여러분의 소중한 경험과 지식을 기다리고 있습니다.

FastAPI

처음 시작하는 FastAPI

O'REILLY®   한빛미디어
Hanbit Media, Inc.

지은이 빌 루바노빅 Bill Lubanovic

리눅스와 웹, 파이썬 전문 개발자로 40여 년 활동했으며 『처음 시작하는 파이썬』(한빛미디어, 2020)과 『Linux System Administration』(O'Reilly, 2007)을 집필했습니다. 몇 년 전 FastAPI를 발견해 대규모 생물의학 연구 API를 재작성하는 데 적용했습니다. 이 같은 긍정적인 경험을 바탕으로 FastAPI를 새로운 프로젝트에 적극 도입했습니다. 현재 미네소타의 상그레 데 사스콰치 산맥에서 가족과 세 마리의 고양이와 함께 살고 있습니다.

옮긴이 한용재

오랜 기간 휴대폰에 탑재되는 소프트웨어를 만들었고, 현재는 백엔드 엔지니어로 활동 중입니다. 매년 새로운 언어나 프레임워크를 배우려고 노력합니다. 『NestJS로 배우는 백엔드 프로그래밍』(제이펍, 2022)를 집필하였고, 『이펙티브 소프트웨어 테스팅』(제이펍, 2023)을 번역했습니다.

옮긴이 한바름

2019년부터 개발자 커리어를 시작했습니다. 파이썬의 간결함과 직관성에 반하고 파이썬 생태계의 다양성에 심취해 프로젝트에 파이썬을 주 언어로 사용합니다. '나를 위한 업무관리 서비스' SLASH를 개발하는 SIG에서 백엔드 엔지니어로 중입니다. FastAPI를 통해 말 그대로 빠른 API를 개발하고 있습니다.

"FastAPI를 간단하게 정리한 책입니다! 저자의 내공으로 FastAPI의 개념을 잘 다듬었습니다. 이 책에서 실무 지식을 배우고 바로 적용하세요."

가네시 하크 Ganesh Harke

씨티뱅크 시니어 소프트웨어 엔지니어

"FastAPI 프레임워크와 주변 생태계를 광범위하게 살펴봅니다. 최신 웹 개발에 대한 포괄적인 시각을 얻어가세요."

윌리엄 자미르 실바 William Jamir Silva

어저스트 GmbH 시니어 소프트웨어 엔지니어

웹 프레임워크 전성시대입니다. 파이썬 생태계에도 수많은 프레임워크가 등장했다 사라집니다. 개발자에게 있어 프레임워크는 커리어를 쌓기 위해 언어만큼 중요한 기술입니다. FastAPI는 몇 년 전부터 파이썬 진영에서 인기를 얻는 프레임워크입니다. 이름 그대로 빠르게 웹 서버를 구축하는 환경을 갖췄으며 배우기 쉽고, 안전한 API를 만들 수 있습니다. 이 책을 통해 FastAPI의 기본 개념부터 아키텍처 설계까지 실무 프로젝트에 적용할 수 있는 지식을 쌓아보세요.

한용재

개발자로서 저의 첫 번역 작업이 끝났습니다. 함께 해주신 공역자 용재 님, 한빛미디어 편집팀의 도움에 힘입어 잘 마쳤습니다. 작업을 도와주신 분들께 감사드립니다. FastAPI는 공식 문서 내용에 배울 것이 많습니다. 공식 문서는 FastAPI 자체를 설명하지만, 이 책은 웹 개발을 포괄한 FastAPI를 활용하는 방법을 설명합니다. 공식 문서로는 채워지지 않는 부분을 메꿔주는 책이란 생각이 듭니다.

이 책이 빠른 서비스를 빠르게 구축하는 데 도움이 되었으면 좋겠습니다.

한바름

이 책은 모던 파이썬 웹 프레임워크인 FastAPI를 소개한 실용적인 입문서입니다. 우연히 발견한 반짝거리는 물건이 매우 유용했던 경험이 있나요? 이 책에는 그런 이야기가 담겨 있습니다. 늑대인간을 마주쳤을 때는 갖고 있는 은제 탄환 한 방으로 충분합니다.

저자는 1970년대 중반부터 과학 분야 소프트웨어를 만들었습니다. 그러던 중 1977년에 PDP-11에서 유닉스와 C를 처음 접하고 유닉스가 대성공을 거두리라는 예감이 들었습니다.

인터넷은 1980년대와 90년대 초반에도 상용화되지 않았지만, 이미 무료 소프트웨어만이 아니라 최신 기술의 정보까지 얻을 수 있는 공간이었습니다. 그리고 1993년에 모자익^{Mosaic}이라는 웹 브라우저가 꼬꼬마 오픈 인터넷에 배포됐을 때는 웹이 크게 성공할 것을 직감했습니다.

몇 년 후 저자가 창업한 웹 개발 회사에서 주로 사용한 도구는 PHP, HTML과 펄^{Perl}이었습니다. 몇 년이 지나 어떤 작업에 파이썬을 처음 도입했는데, 데이터에 접근하고 조작하고 출력하는 빠른 속도에 놀랐습니다. 2주가량 개인 시간을 내어 어떤 C 애플리케이션을 파이썬으로 옮기는 작업에 몰두했습니다. 그 애플리케이션은 개발자 네 사람이 일 년 동안 진행한 작업이었습니다. 그리고 나서 파이썬이 크게 성공할 것이라는 느낌이 들었습니다.

그때부터 대부분 작업에 파이썬을 사용했고 파이썬으로 만든 웹 프레임워크, 주로 Flask와 Django를 사용했습니다. 특히 Flask는 간결함이 좋아서 많은 작업에 사용했습니다. 하지만 수 년 전 수풀 속에서 무언가 반짝거리는 게 눈에 띄었습니다. 세바스티안 라미레즈^{Sebastián} ^{Ramírez}가 새로 만든 파이썬 웹 프레임워크, FastAPI입니다.

FastAPI의 공식 문서(`https://fastapi.tiangolo.com`)를 읽으며 그의 설계와 사고방식에 깊은 인상을 받았습니다. 특히, 타 프레임워크(`https://oreil.ly/Ds-xM`)를 평가하는 데 얼마나 많은 노력을 기울였는지 엿볼 수 있었습니다. FastAPI는 자만으로 가득 찬 프로젝트나 호기심을 끄는 실험이 아니라, 실제 개발을 위한 진지한 프레임워크입니다. 이번에는 FastAPI가 크게 성공할 것이라는 감이 옵니다.

빌 루바노빅

팀 버너스리$^{Sir\ Tim\ Berners-Lee}$[1]가 만든 월드 와이드 웹과, 귀도 반 로섬$^{Guido\ van\ Rossum}$이 만든 파이썬 프로그래밍 언어는 전 세계에 대단한 이로움을 주었습니다.

소소한 불만 하나가 있다면, 어떤 이름 없는 컴퓨터 도서 출판사가 발간하는 웹과 파이썬 책 표지에 거미나 뱀이 자주 등장한다는 것입니다. 웹의 이름을 '월드 와이드 우프^{Woof}[2]'로 명명하고 파이썬을 '푸치'로 지었다면, 이 책의 제목은 '모던 푸치 우프 개발'이 되고 표지는 이렇게 되지 않았을까 싶습니다.

잠시 옆길로 샜습니다.[3] 본론으로 돌아와서, 이 책은 다음 내용을 다룹니다.

- **웹 기술:** 특별히 생산성이 높은 기술, 웹 기술의 변천사와 이를 위한 현대의 소프트웨어 개발 방법론
- **파이썬:** 특별히 생산성이 높은 웹 개발 언어
- **FastAPI:** 특별히 생산성이 높은 파이썬 웹 프레임워크

1부는 웹과 파이썬 분야에서 떠오르는 주제들에 대해 논합니다. 서비스와 API, 동시성, 계층화된 아키텍처, 거대한 빅 데이터를 살펴봅니다.

---

1 저자는 버너스리 경을 만나 악수한 손을 한 달 동안 씻지 않았습니다. 버너스리 경께서는 곧바로 씻었겠지만.

2 옮긴이_ Woof라는 단어는 '씨줄(직조 과정에서 가로로 놓는 실)'과 '강아지 울음소리'를 뜻한다. 웹(Web)이란 단어 대신 뜻이 비슷한 Woof를 사용했다면 책 표지에 귀여운 강아지가 나와 있을 것이라는 농담입니다.

3 이번이 마지막은 아닐 겁니다.

2부는 FastAPI를 고수준에서 소개합니다. FastAPI는 1부에 제시한 질문에 답해줄 신선한 파이썬 웹 프레임워크입니다.

3부는 FastAPI가 제공하는 도구를 자세히 살펴봅니다. FastAPI로 상용 소프트웨어를 개발할 때 필요한 팁을 담았습니다.

4부는 FastAPI의 여러 예시를 모았습니다. 이들 예시는 일반적인 데이터 소스로 만든 가상의 생명체를 사용해서 무작위로 만든 예시보다 조금 더 흥미롭고 일관성이 있습니다. 4부에 소개한 예시를 새로운 프로젝트의 시작점으로 삼아도 좋습니다.

실습 환경

이 책의 소스코드는 파이썬 3.10 버전으로 작성했습니다. 책의 예제를 실행함에 있어 검증된 라이브러리의 버전은 아래와 같습니다. 라이브러리 설치, 의존성 설치 등은 본문에서 자세하게 다룹니다.

이 책의 코드는 https://github.com/rumbarum/fastapi-book-example에 업로드했습니다.

```
bcrypt == 4.1.2
fastapi == 0.110.0
gunicorn == 21.2.0
httpie == 3.2.2
httpx == 0.26.0
jinja2 == 3.1.3
numpy == 1.26.4
pandas == 2.2.1
pip == 23.3.2
pydantic == 2.6.4
pydantic-core == 2.16.3
pydantic-extra-types == 2.6.0
pydantic-settings == 2.2.1
pytest == 7.4.3
python-dotenv == 1.0.1
```

```
python-jose == 3.3.0
python-multipart == 0.0.9
requests == 2.31.0
starlette == 0.36.3
tabulate == 0.9.0
uvicorn == 0.27.1
uvloop == 0.19.0
```

●● CONTENTS

PART 1 　모던 웹과 파이썬

CHAPTER 1 　모던 웹

CHAPTER 2 　모던 파이썬

PART **2**   빠르게 보는 FastAPI

CHAPTER **3**   FastAPI 둘러보기

CHAPTER **4** **Starlette과 비동기, 동시성**

● CONTENTS

PART **3** **웹사이트 만들기**

CHAPTER **8** **웹 계층**

● CONTENTS

CHAPTER 9 서비스 계층

CHAPTER 10 데이터 계층

CHAPTER 11 인증 및 인가

CHAPTER **12** 테스트

CONTENTS

CHAPTER **15 파일**

● CONTENTS

모던 웹과 파이썬

PART **1**

1부는 웹과 파이썬 분야에서 떠오르는 주제들에 대해 논한다. 서비스와 API, 동시성, 계층화된 아키텍처, 거대한 빅 데이터를 살펴본다. 현재의 웹과 현재의 파이썬을 알아보며 FastAPI를 만날 준비를 하자.

## CHAPTER 1

모던 웹

> 제가 마음속에 그린 웹은 아직 도래하지 않았습니다. 미래는 여전히 과거보다 훨씬 더 큽니다.
>
> **– 팀 버너스리**Tim Berners-Lee[1]

옛날 옛적, 웹은 작고 단순했다. 개발자는 각각의 단일 파일에 PHP, HTML, MySQL을 호출하는 코드를 집어넣고 누구에게든 자신이 만든 웹사이트를 확인해보라며 자랑스럽게 말하는 즐거움을 누렸다. 하지만 시간이 지나면서 웹은 수십억, 아니 수백억 개의 페이지로 거대해졌다. 자그마한 놀이터가 테마파크가 가득한 메타버스로 변모한 셈이다.

이 장에서는 현대 웹과 떼어놓고 생각할 수 없는 네 가지 영역을 짚어보겠다.

- 서비스와 API
- 동시성
- 계층
- 데이터

다음 장에서는 이러한 영역에서 파이썬이 무엇을 제공하는지 설명한다. 그리고 FastAPI 웹 프레임워크를 자세히 알아보고 어떤 장점이 있는지 살펴보겠다.

---

1 옮긴이_ 초기 웹을 제안한 인물로 웹의 아버지로 여겨진다.

1.1 서비스와 API

웹은 뛰어난 연결고리 역할을 한다. 웹의 주된 활동 영역은 여전히 콘텐츠 측면(HTML, 자바스크립트, 이미지 등)이지만, 사물을 연결하는 애플리케이션 프로그래밍 인터페이스_{application} programming interface (API)의 중요성이 점점 더 부각되고 있다.

일반적으로 웹 '서비스'는 저수준 데이터베이스 접근과 중간 수준 비즈니스 로직(둘을 합쳐서 '백엔드'로 통칭되는)을 처리하는 반면, 자바스크립트 또는 모바일 앱은 풍부한 최상위 프런트엔드(대화형 사용자 인터페이스)를 제공한다. 이러한 두 세계가 점점 더 복잡하고 분화돼서 개발자는 대개 백이나 프런트 중 하나를 택해 전문성을 기른다. 예전보다 '풀 스택' 개발자가 되기는 더 어려워졌다(나는 몇 년 전부터 시도를 포기했다).

이 두 세계는 API를 사용해 서로 소통한다. 현대 웹에서 API 디자인은 웹사이트 디자인 못지않게 중요하다. API는 데이터베이스 스키마에 준하는 일종의 규약으로, API의 정의와 수정은 이제 중차대한 작업이 됐다.

1.1.1 API 종류

각 API는 다음을 정의한다.

- **프로토콜**: 제어 구조
- **형식**: 콘텐츠 구조

컴퓨터 기술이 한 대의 기계에서 멀티태스킹 시스템, 네트워크 서버로 비약적으로 발전하면서 다양한 API 메서드가 개발됐다. 이러한 기술을 언제든 접하게 될 테니, 'HTTP'와 그 친구들을 소개하기 전에 API 종류를 간략하게 짚어본다.

- 네트워크 연결 전, API는 일반적으로 매우 가까운 연결을 의미했다. 가령, 수학 라이브러리에서 제곱근을 계산하라고 말하는 애플리케이션의 언어처럼 '라이브러리'의 함수를 호출하는 것이었다.
- **원격 프로시저 호출**_{remote procedure call} (RPC)은 호출하는 애플리케이션 내에 있는 함수를 호출하듯이 같은 컴퓨터나 다른 프로세스의 함수를 호출하기 위해 개발됐다. 현재 널리 사용되는 예로는 gRPC(`https://grpc.io`)가 있다.
- **메시징**은 프로세스 간에 파이프라인으로 작은 데이터 청크를 전송한다. 메시지는 동사와 같은 명령어일 수

있고, 명사형으로 관련 '이벤트'를 나타낼 수도 있다. 현재 널리 사용되는 메시징 솔루션은 간단한 도구부터 온갖 기능을 갖춘 서버까지 매우 다양하다. 여기에는 Apache Kafka(`https://kafka.apache.org`), RabbitMQ(`https://www.rabbitmq.com`), NATS(`https://nats.io`), ZeroMQ(`https://zeromq.org`)가 있다. 통신은 아래처럼 다양한 패턴을 따를 수 있다.

- **요청-응답**: 웹 브라우저가 웹 서버를 호출하는 방법과 같다.
- **게시-구독**publish-subscribe(펍-서브): '게시자'가 메시지를 게시하면 '구독자'는 메시지의 일부 데이터 (이를테면 제목)에 따라 각각에 대해 조치를 취한다.
- **대기열**: 펍-서브와 비슷하지만 구독자 풀 중 하나에서만 메시지를 받아보고 행동에 옮긴다.

이 모든 기술은 모두 웹 서비스와 함께 사용할 수 있다. 예를 들어 이메일 전송이나 섬네일 이미지 생성 같은 느린 백엔드 작업을 수행한다.

1.1.2 HTTP

버너스리는 월드 와이드 웹을 위한 세 가지 구성 요소를 제안했다.

- **HTML**: 데이터를 표시하는 언어
- **HTTP**: 클라이언트-서버 프로토콜
- **URL**: 웹 리소스를 위한 주소 체계

지금은 평범해 보이지만, 지나고 보니 엄청나게 유용한 조합이었다. 웹이 계속 진화하면서 사람 역시 다양한 실험을 했고, IMG 태그와 같은 아이디어는 웹에서 빠질 수 없는 필수가 됐다. 그리고 필요한 사항이 명확해지면서 사람들은 표준 정의에 더 진지해졌다.

1.1.3 REST(ful)

로이 필딩Roy Fielding은 박사 학위 논문(`https://oreil.ly/TwGmX`)에서 HTTP 사용을 위한 '아키텍처 스타일'[2]인 대표 상태 전이representational state transfer(REST)를 정의했다. 사람들은 이따금 REST를 언급하지만, 대부분이 REST를 잘못 이해하고 있다(`https://oreil.ly/bsSry`).

---

2 스타일은 특정 디자인이 아니라 클라이언트-서버와 같은 상위 수준의 패턴을 의미한다.

엄격한 규칙 없이 공유되던 REST 방식이 진화를 거듭해 현대 웹의 주류가 됐다. 이 방식은 RESTful로 불리며, 다음 특징이 있다.

- HTTP(클라이언트−서버 프로토콜 사용)
- 상태 비저장(각 연결이 독립적)
- 캐시 가능
- 리소스 기반

'리소스resource'는 여러분이 식별하고 작업을 수행할 수 있는 데이터다. 웹 서비스는 노출하고자 하는 각 기능에 대해 고유한 URL과 HTTP 동사(동작)인 '엔드포인트endpoint'를 제공한다. 엔드 포인트는 URL을 기능으로 라우팅해 '라우트route'라고도 부른다.

데이터베이스 사용자는 CRUD[3]에 익숙하다. HTTP 동사는 CRUD와 흡사하다.

- POST: 만들기(쓰기)
- PUT: 전체 수정(갈아 끼우기)
- PATCH: 부분 수정(고치기)
- GET: 가져오기(읽기, 찾기)
- DELETE: 단어 뜻 그대로 삭제

클라이언트는 HTTP 메시지의 다음 중 하나에 있는 데이터와 함께 RESTful 엔드포인트로 '요청'을 보낸다.

- 헤더
- URL 문자열
- 쿼리 매개변수
- 본문 값

이에 대해 HTTP '응답'은 다음을 반환한다.

- 응답의 정수 **상태 코드**(https://oreil.ly/oBena)
  - **100번대**: 정보, 계속 진행
  - **200번대**: 성공

---

3 옮긴이_ 데이터베이스의 기본 동작인 쓰기(create), 읽기(read), 수정(update), 삭제(delete)의 머리글자를 딴 약어

- **300번대**: 리디렉션
- **400번대**: 클라이언트 오류
- **500번대**: 서버 오류

- 다양한 헤더
- 비어 있거나, 하나이거나, 여러 조각으로 나뉜 본문

상태 코드 중 하나인 418은 이스터에그다. 418 코드인 I'm a teapot(`https://www.google.com/teapot`)은 웹에 연결된 찻주전자에 커피를 내리라는 요청을 보내면 반환되는 코드다.[4]

RESTful API 디자인을 다루는 많은 웹사이트와 책에는 경험으로 깨달은 유용한 규칙이 담겼다. 그중 일부를 이 책에서 소개할 것이다.

1.1.4 JSON 및 API 데이터 형식

프런트엔드 애플리케이션은 백엔드 웹 서비스와 일반 ASCII 텍스트를 교환할 수 있는데, 무언가를 담은 리스트 같은 데이터 구조는 어떻게 표현할 수 있을까?

---

4 옮긴이_ HTTP 418 I'm a teapot 오류 응답 코드는 서버가 찻주전자이므로 커피 내리기를 거절했다는 의미다. 이 오류는 1998년과 2014년 만우절 농담이었던 하이퍼 텍스트 커피 주전자 제어 규약(Hyper Text Coffee Pot Control Protocol)에서 유래했다. `https://developer.mozilla.org/ko/docs/Web/HTTP/Status/418`

지금 보면 평범한 또 다른 아이디어 JSON^{JavaScript Object Notation}은 우리가 필요를 느끼기 시작할 즈음에 등장했다. J는 자바스크립트를 의미하지만 구문은 파이썬의 딕셔너리와 매우 유사하다. JSON은 XML이나 SOAP 같은 이전의 데이터 표현 방식을 대부분 대체했다. 이 책에서 사용하는 기본 웹 서비스 입력 및 출력 형식은 JSON이다.

1.1.5 JSON:API

RESTful 디자인과 JSON 데이터 형식의 조합은 이제 일반적이다. 하지만 아직도 모호하고, 끝없는 논쟁을 일으키는 부분이 남아 있다. 최근의 JSON:API(`https://jsonapi.org`) 제안은 사양을 이전보다 조금 더 강화하는 것을 목표로 한다. 이 책에서는 느슨한 RESTful 접근 방식을 사용하지만, 중대한 논란이 될 경우 JSON:API 또는 이와 유사한 엄격한 방식을 사용하는 편이 좋을 것이다.

1.1.6 GraphQL

RESTful 인터페이스는 특정 용도에 한해 사용하기가 번거롭다. 페이스북^{Facebook}(현 메타^{Meta})은 보다 유연한 서비스 쿼리를 지정하기 위해 GraphQL^{Graph Query Language}(`https://graphql.org`)을 설계했다. 이 책에서 GraphQL을 다루지 않지만, RESTful 디자인이 애플리케이션에 적합하지 않다고 판단되면 GraphQL을 살펴볼 것이다.

1.2 동시성

서비스가 성장하고 연결량이 빠르게 증가할 때는 효율성과 확장성이 중요하다.

이를 위해 다음 두 가지 항목이 줄어야 한다.

- **지연 시간**^{latency}: 사전 대기 시간
- **처리량**^{throughput}: 서비스와 호출자 간의 초당 바이트 수

예전의 웹 시절(원시인이 거대한 땅 나무늘보와 제기를 차며 놀던 고릿적)에는 수백 명의 동시 접속자 지원을 꿈꾸고 '10K 문제'[5]를 걱정했지만, 이제는 한 번에 수백만 명이 접속할 수 있다고 가정한다.

'동시성concurrency'이란 용어가 완전한 병렬 작업을 의미하는 것은 아니다. 즉 단일 CPU는 동일 시점에 다중 프로세스를 각각 처리하지 않는다. 대신, 동시성은 대부분 '바쁜 대기'(응답이 전달될 때까지 CPU를 유휴 상태로 두기)를 피한다. CPU는 빠르지만 네트워크와 디스크는 수천에서 수백만 배 느리다. 따라서 네트워크나 디스크와 대화할 때마다 응답이 올 때까지 멍하니 앉아 있을 수만은 없다.

일반적으로 파이썬에서의 실행 방식은 코드에 지정된 순서에 따라 한 번에 한 가지씩 실행하는 '동기식synchronous'이다. 때로는 한 가지 일을 조금 한 다음에 다른 일을 조금 하고, 다시 먼저 일로 돌아가는 '비동기식asynchronous'으로 실행하고 싶다. 모든 코드가 CPU를 사용해 계산하는 경우(CPU 바운드CPU Bound) 비동기를 사용할 여유가 없다. 하지만 외부 작업이 완료될 때까지 기다려야 하는 작업을 CPU가 수행한다면(I/O 바운드) 비동기가 될 수 있다.

비동기식 시스템은 이벤트 루프event loop를 제공한다. 이벤트 루프에 느린 작업 요청을 보낸 후 별도로 표시해둔다. 그러면서 CPU가 가만히 응답을 기다리도록 놔두지 않는다. 대신, 건넨 작업이 이벤트 루프에서 시작됐다는 즉각적인 응답을 받고 넘어간다. 느리게 진행된 작업 결과는 작업이 완료된 뒤에 처리한다.

동시성을 적용하면 성능이 크게 향상된다. FastAPI에 비동기 처리를 적용해 다른 웹 프레임워크보다 훨씬 더 빨라지는 방법을 이 책의 후반부에서 살펴볼 것이다.

비동기 처리는 마법이 아니다. 이벤트 루프에서 CPU 집약적인 작업을 너무 많이 수행하지 않도록 주의해야 한다. 그렇게 하면 모든 작업의 속도가 저하될 수 있기 때문이다. 파이썬의 async 및 await 키워드의 사용법과 FastAPI를 통해 동기 및 비동기 처리를 섞어 처리하는 방법은 이 책의 후반부에서 살펴볼 것이다.

---

5 옮긴이_ 동시 접속자가 1만 명일 때 발생하는 문제를 말한다.

1.3 계층

영화 〈슈렉〉에는 이런 장면이 있다. 동키는 자기 성격이 복잡하다고 말하는 슈렉에게 "양파처럼 말이지?"라고 대꾸한다.

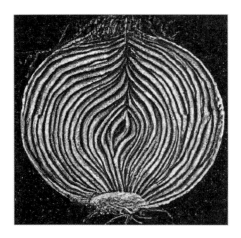

녹색 괴물도, 눈물샘을 자극하는 채소도 층층이 여러 겹이 있으니, 소프트웨어라고 계층^{layer}이 없을 이유는 없다. 애플리케이션은 크기와 복잡성을 관리하기 위해 소위 '3계층 모델^{three-tier} ^{model}'**6**을 많이 사용했다. 이 모델은 그리 새로운 것이 아니다. 용어가 다양하므로**7** 이 책에서는 아래처럼 용어를 구분해 사용한다(그림 1-1).

- **웹**: 클라이언트의 요청을 수집하고, 서비스 계층을 호출해 응답을 반환하는 HTTP를 통한 입력/출력 계층
- **서비스**: 필요할 때 데이터 계층을 호출하는 비즈니스 로직
- **데이터**: 데이터 저장소 및 기타 서비스에 접근
- **모델**: 모든 계층이 공유하는 데이터 정의
- **웹 클라이언트**: 웹 브라우저 또는 기타 HTTP 클라이언트 측 소프트웨어
- **데이터베이스**: 데이터 저장소(주로 SQL이나 NoSQL 서버)

---

6 티어나 레이어는 금귤이나 금감, 낑깡처럼 같은 말이다.

7 MVC(모델-뷰-컨트롤러)라는 용어나 그 비슷한 용어가 자주 거론된다. 용어에 대한 이야기는 보통 종교 전쟁으로 번지는데, 나는 불가지론적 입장을 취하는 편이다.

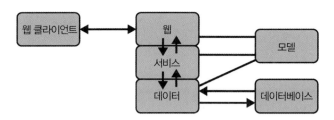

그림 1-1 수직 계층

이러한 구성 요소는 맨땅에 헤딩하지 않고도 사이트를 확장하는 데 도움이 되므로, 이 책의 설명을 위한 가이드라인으로 생각하자. 양자역학 수준으로 어렵지는 않으니 말이다.

계층은 API를 통해 서로 통신한다. 계층은 별도의 파이썬 모듈에 대한 간단한 함수 호출일 수도 있지만, 어떤 방법을 동원하면 외부 코드에 접근할 여지가 충분하다. 앞서 설명했듯이 여기에는 RPC, 메시지 등이 포함된다. 이 책에서는 파이썬 코드가 다른 파이썬 모듈을 가져오는 단일 웹 서버라고 가정한다. 정보 분리와 은닉은 모듈이 처리한다.

'웹' 계층은 클라이언트 애플리케이션과 API를 통해 사용자에게 표시된다. 일반적으로 URL과 JSON으로 인코딩된 요청 및 응답이 포함된 RESTful 웹 인터페이스를 말한다. 하지만 그 외의 텍스트 입력 또는 명령줄 인터페이스^{command-line interface}(CLI) 클라이언트도 웹 계층과 함께 구축할 수 있다. 파이썬 웹 코드는 서비스 계층 모듈을 가져올 수는 있지만 데이터 모듈은 가져오면 안 된다.

'서비스' 계층에는 이 웹사이트가 제공하는 모든 것의 실제 세부 정보가 담긴다. 이 계층은 기본적으로 라이브러리처럼 보인다. 데이터베이스 및 외부 서비스에 접근하기 위해 데이터 모듈을 가져오지만 세부 사항을 알아서는 안 된다.

'데이터' 계층은 다른 서비스에 대한 파일 또는 클라이언트 호출을 통해 데이터에 대한 접근을 서비스 계층에 제공한다. 단일 서비스 계층과 통신하는 대체 데이터 계층도 존재할 수 있다.

'모델' 계층은 실제 계층이 아니라 계층끼리 공유하는 데이터 정의의 소스다. 기본 제공 파이썬 데이터 구조를 전달할 때는 이 상자가 필요하지 않다. 보다시피, FastAPI에 포함된 Pydantic을 사용하면 유용한 기능을 많이 갖춘 데이터 구조를 정의할 수 있다.

왜 이런 구분을 만들까? 여러 가지 이유가 있겠지만, 각 계층에 다음의 특성이 있기 때문이다.

- 각 계층의 전문가가 작성한다.
- 테스트 격리성을 지닌다.
- 대체 및 보완 가능: 웹 계층과 함께 gRPC 같은 API를 사용해 또 다른 웹 계층을 추가할 수 있다.

영화 〈고스트 버스터즈〉에서 이곤 박사는 동료들에게 "Don't cross the streams(광선끼리 섞이면 안 된다)"라고 주의를 준다.[8] 이 규칙을 소프트웨어에도 적용해 stream을 광선이 아닌 계층에서 이뤄지는 데이터의 흐름으로 생각하자. 웹의 세부 정보는 웹 계층 밖으로 유출되면 안 되고, 데이터베이스의 세부 정보는 데이터 계층 밖으로 유출되면 안 된다.

계층을 케이크처럼 수직으로 시각화할 수 있다. 요리 경연 프로그램의 시청자라면 알겠지만, 완성된 케이크의 단면이 층층이 나뉘지 않는다면 앞치마를 벗고 촬영장을 떠나야 한다.

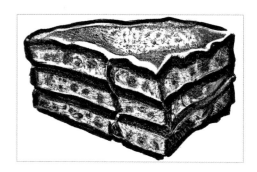

계층을 분리하는 이유에는 몇 가지가 있다.

- 계층을 분리하지 않으면 개발자 밈이 현실이 되고 만다. 문제가 두 개로 늘어난다.[9]
- 계층을 혼합하면 나중에 분리하기가 매우 어렵다.
- 코드 로직이 얽힌다면 테스트를 이해하고 작성하는 데 두 방면 이상의 전문 지식이 필요하다.

그건 그렇고, '계층'이라고 부른다고 해서 한 계층이 다른 계층보다 '위'나 '아래'에 있고, 명령이 위에서 아래로 내려가는 건 아니다. 이런 수직밖에 모르는 수직적인 사람 같으니라고! 계층을 수평으로 소통하는 상자로 생각해도 좋다(그림 1-2).

---

8 **옮긴이_** 동료들에게 귀신을 포획하는 중성자 광선이 섞이면 위험하다고만 말한다. 자세한 설명을 요구하자 광선이 섞이면 장치 사용자가 끔찍한 죽음을 맞는다며 뒤늦게 경고한다.

9 **옮긴이_** 문제를 해결하기 위해 시도한 해결책이 새로운 문제를 일으킨다는 밈

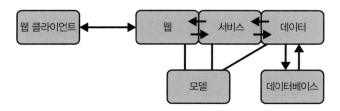

그림 1-2 수평 통신 상자

어떻게 시각화하든 계층(상자) 사이의 유일한 통신 경로는 API(화살표)다. 이는 테스트와 디버깅에 중요하다. 공장을 순찰하는 데 설계도에 없는 문이 나타난다면 그 누구도 태연할 수 없다.

웹 클라이언트와 웹 계층 사이의 화살표는 주로 HTTP나 HTTPS를 사용해 JSON 텍스트를 전송한다. 데이터 계층과 데이터베이스 사이의 화살표는 데이터베이스 전용 프로토콜을 사용해 SQL(또는 기타) 텍스트를 전달한다. 세 계층 사이의 화살표는 데이터 모델을 전달하는 함수 호출이다.

화살표로 표시된 권장 데이터 형식은 다음과 같다.

- **웹 클라이언트 ⇔ 웹**: JSON을 사용한 RESTful HTTP
- **웹 ⇔ 서비스**: 모델
- **서비스 ⇔ 데이터**: 모델
- **데이터 ⇔ 데이터베이스 및 서비스**: 특정 API

이 책의 주제는 지금까지 저자가 겪은 경험을 바탕으로 다음과 같이 구성했다. 소개할 접근법은 따라 하기 좋고 복잡한 사이트까지 확장할 수 있지만, 고정불변한 것은 아니다. 여러분이 아는 다음과 같은 디자인 방식이 더 나을 수도 있다.

- 도메인별 세부 정보를 분리한다.
- 계층 간에 표준 API를 정의한다.
- 요령을 부리거나 정보를 유출하지 않는다.

코드가 어떤 계층에 가장 적합한지 판단하기가 어려울 때가 있다. 예를 들어, 11장에서는 인증 및 인가 관련 요구사항과 이를 구현하는 방법을 웹과 서비스 사이에 계층을 추가하거나 둘 중 하나의 내부에 작성하는 방법으로 접근한다. 소프트웨어 개발은 과학인 동시에 예술이다.

1.4 데이터

NoSQL 또는 NewSQL[10] 데이터베이스와 같이 데이터를 저장하고 접근하는 많은 방법이 발전했으나, 웹은 주로 관계형 데이터베이스의 프런트엔드로 여겨졌다.

그러나 데이터베이스를 넘어 '머신러닝'(ML 또는 '딥러닝', 'AI')이 기술 환경을 근본적으로 재편하고 있다. 대규모 모델을 개발하려면 전통적으로 ETL(추출, 변환, 저장)이라고 불리는 데이터 처리 작업을 많이 해야 한다.

범용 서비스 아키텍처인 웹은 ML 시스템의 까다로운 부분들을 많이 해결할 수 있다.

1.5 정리

웹 기술은 여러 종류의 API를 사용하지만 특히 RESTful을 많이 사용한다. 비동기 호출을 사용하면 동시성을 확보하게 되므로 전체 프로세스의 속도가 빨라진다. 웹 서비스 애플리케이션은 여러 계층으로 나눌 만큼 큰 경우가 많다. 데이터는 그 자체로 주요한 영역이 됐다. 이러한 현대 웹의 주요 영역을 프로그래밍 언어인 파이썬으로 다루는 방법을 다음 장에서 살펴보자.

---

10 옮긴이_ 전통 데이터베이스의 ACID 속성과 NoSQL의 확장성 제공을 시도하는 관계형 데이터베이스

## CHAPTER 2

모던 파이썬

> Confuse-a-Cat에게 이 정도는 큰 문제도 아닙니다.
>
> – 〈몬티 파이선〉[1]

파이썬은 변화하는 기술 세계에 발맞춰 진화하고 있다. 이 장에서는 이전 장에서 다룬 이슈에 적용할 수 있는 파이썬의 특정 기능과 몇 가지 추가 기능에 대해 논의한다.

2.1 도구

컴퓨팅 언어는 다음 요소를 공유한다.

- 핵심 언어와 내장 표준 패키지
- 외부 패키지를 추가하는 방법
- 권장 외부 패키지
- 개발 도구 환경

---

1 **옮긴이_** 〈몬티 파이선〉은 1969년부터 1974년까지 활동한 영국의 코미디 그룹이다. 이 말은 'Confuse-a-Cat'이라는 에피소드에 나오는 대사다. 해당 에피소드는 Confuse-a-Cat이란 업체가 우울증에 걸린 고양이에게 무안한 상황을 만들어(confuse) 기운을 되찾게 한다는 내용이다. https://youtu.be/yzi3k7K0lFA

여러 후속 절에서 이 책을 읽는 데 필요하거나 권장하는 파이썬 도구를 소개한다. 물론 도구는 시간이 지나면서 바뀔 수 있다! 파이썬 패키징 도구와 개발 도구는 계속 발전하고 있다. 그리고 때로는 더 좋은 솔루션이 등장하기도 한다.

2.2 시작하기

여러분은 [예시 2-1]과 비슷한 파이썬 프로그램을 작성한 경험이 있을 것이다.

예시 2-1 this.py라는 파이썬 프로그램은 이렇게 작동한다

```
def paid_promotion():
    print("(이 함수를 호출한다!)")

print("이 프로그램은")
paid_promotion()
print("이렇게 작동한다.")
```

텍스트 편집기 또는 터미널에서 명령줄로 이 프로그램을 실행하려면 쉘 프롬프트를 사용한다 (시스템은 이미 무언가를 입력하라고 요청하고 있다). 터미널 명령어는 굵은 글씨로 표시한다. [예시 2-1]을 this.py라는 파일로 저장했다면, [예시 2-2]와 같이 터미널에서 명령어를 사용해 실행할 수 있다.

예시 2-2 this.py 실행 결과

```
$ python this.py
이 프로그램은
(이 함수를 호출한다!)
이렇게 작동한다.
```

일부 코드 예시는 대화형 파이썬 인터프리터를 사용한다. 이는 간단하게 python을 입력해 실행할 수 있다.

```
$ python
Python 3.9.1 (v3.9.1:1e5d33e9b9, Dec 7 2020, 12:10:52)
[Clang 6.0 (clang-600.0.57)] on darwin
Type "help", "copyright", "credits" or "license" for more information. >>>
```

첫 몇 줄은 여러분의 운영 체제와 파이썬 버전에 따라 다르다. 여기서 >>>가 프롬프트다. 대화형 인터프리터는 편리한 기능이 있는데, 이 기능은 변수 이름을 입력하면 해당 변수의 값을 자동으로 출력한다.

```
>>> wrong_answer = 43
>>> wrong_answer
43
```

이 기능은 표현식에도 마찬가지로 동작한다.

```
>>> wrong_answer = 43
>>> wrong_answer - 3
40
```

파이썬을 처음 다루거나 빠른 복습을 원하는 이들을 위해 관련 내용을 다음의 하위 절에 간단히 정리했다.

2.2.1 파이썬

이 책의 코드를 실행하려면 버전이 3.7 이상인 파이썬이 필요하다. 이 버전에는 FastAPI의 핵심 요구사항인 타입 힌트type hint와 **asyncio** 같은 기능이 있다. 지원 기간이 긴 파이썬 3.9 이상을 사용하기를 권장한다. 파이썬의 공식 소스는 파이썬 소프트웨어 재단(`https://www.python.org`)에서 구할 수 있다.

2.2.2 패키지 관리

외부 파이썬 패키지는 다운로드 후 컴퓨터에 안전하게 설치해야 한다. 이를 위한 전통적인 방법은 pip(`https://pip.pypa.io`)를 사용하는 것이다.

다운로드 프로그램인 pip는 어떻게 다운로드할까? 파이썬 소프트웨어 재단을 통해 파이썬을 설치했다면 pip도 설치됐을 것이다. 그렇지 않다면 pip 사이트의 안내를 따른다. 이 책에서는 새로운 파이썬 패키지를 소개할 때마다 해당 패키지를 다운로드하는 pip 명령을 함께 소개한다.

pip만으로도 여러 작업을 할 수 있다. 하지만 가상 환경을 사용하거나 Poetry^{포어트리} 같은 대체제를 고려할 수도 있다.

2.2.3 가상 환경

pip는 패키지를 다운로드해 설치하며 파일을 어디에 둘까? 표준 파이썬과 그 안에 담긴 모든 라이브러리는 보통 운영 체제의 표준 위치에 설치된다. 하지만 그 위치에 있는 파일은 무엇이든 변경할 수 없으며 그렇게 해서도 안 된다. 반면 pip는 시스템의 표준 파이썬 파일에 영향을 미치지 않는 기본 디렉터리를 사용한다. 이 디렉터리는 변경할 수 있다. 운영 체제에 따른 자세한 사항은 pip 사이트를 참조하라.

여러 버전의 파이썬을 사용하거나 프로젝트별로 패키지를 설치하려면, 정확히 어떤 패키지가 설치됐는지 알 수 있어야 한다. 이를 위해 파이썬은 가상 환경을 지원한다. 가상 환경^{virtual environment}은 pip가 다운로드한 패키지를 저장하기 위한 디렉터리(유닉스 외의 세계에서는 폴더)다. 가상 환경을 활성화하면 여러분의 셸(주요 시스템 명령 해석기)은 파이썬 모듈을 로드할 때 이곳을 먼저 확인한다.

가상 환경을 설정할 때는 venv(`https://docs.python.org/3/tutorial/venv.html`)란 모듈을 사용한다. 표준 파이썬 버전 3.4부터 venv 모듈은 독립된 프로그램으로도, 파이썬 모듈로도 실행 가능하다. venv1이라는 가상 환경을 생성하는 과정을 살펴보자.

venv를 독립 프로그램으로 실행한 경우는 다음과 같다.

```
$ venv venv1
```

venv를 파이썬 모듈로 실행한 경우는 다음과 같다.

```
$ python -m venv venv1
```

생성한 가상 환경은 다음 셸 명령어로 활성화한다. 이 명령어는 리눅스나 맥에서 사용하는 명령어이며, 윈도우나 그 외 운영 체제에서의 사용법은 venv 문서를 참고하라.

```
$ source venv1/bin/activate
```

이제 `pip install` 명령어를 수행할 때마다 pip는 venv1 디렉터리 하위에 패키지를 설치한다. 그리고 파이썬 프로그램을 실행하면 venv1에 있는 파이썬 인터프리터와 모듈이 실행된다.

가상 환경을 '비활성화'하려면 컨트롤+D 키를 누르거나(리눅스와 맥), `deactivate` 명령어를 입력하면(윈도우) 된다. venv2 같은 (더 창의적인 이름을 지어도 좋다) 가상 환경을 만들고 앞서 만든 가상 환경과 번갈아가며 활성화, 비활성화하면 더 쉽게 이해할 수 있다.

2.2.4 Poetry

파이썬 사용자는 pip와 venv의 조합을 자주 사용하게 되면서 이 둘을 결합해 가상 환경 구성 단계를 줄이고, `source` 명령어가 부리는 마법을 회피할 방법을 고안했다. pipenv(https://pipenv.pypa.io)도 좋지만, 최근에는 Poetry^{포어트리}(https://python-poetry.org)라는 경쟁 상대가 더 인기를 얻고 있다.

저자는 pip부터 pipenv, Poetry까지 모두 사용해봤는데, 그중 Poetry를 가장 선호한다. Poetry는 `pip install poetry`로 설치한다. Poetry는 패키지를 가상 환경에 추가하는 `poetry add`와 실제로 패키지를 다운로드해 설치하는 `poetry install` 같은 여러 하위 명령어가 있다. 도움말을 보려면 `poetry` 명령어를 실행하거나 공식 사이트(https://python-poetry.org/docs)를 확인하라.

pip와 Poetry는 패키지를 다운로드하는 기능 외에 구성 파일에서 여러 패키지를 관리하는 역할도 한다. pip에서는 `requirements.txt`, Poetry에서는 `pyproject.toml` 파일이 구성 파일이다. Poetry와 pip는 패키지를 다운로드할 뿐만 아니라 패키지가 다른 패키지에 대해 가지는 까다로운 의존성을 관리한다. 원하는 패키지 버전을 최소, 최대, 범위 또는 정확한 값('고정 pinning'이라고도 함)으로 지정할 수 있다. 버전은 프로젝트가 성장하며 프로젝트가 의존하는 패키지가 변경될 때 중요하다. 사용하고자 하는 기능이 처음 선보인 초기 버전이 필요할 수도 있고, 그 기능이 삭제된 최신 버전이 필요할 수도 있다.

2.2.5 코드 포매팅

코드 포매팅은 이전 절들의 주제에 비해 덜 중요하지만, 도움이 되는 내용이다. 코드 포매팅과 관련한 소모적인 논쟁을 피하려면 소스를 표준적인 서식으로 조작하는 도구를 사용하라. 좋은 도구로 black^{블랙}(https://black.readthedocs.io)이 있다. black은 `pip install black` 명령어로 설치한다.

2.2.6 테스팅

테스팅은 12장에서 자세히 다룬다. unittest^{유닛테스트}가 표준 파이썬 테스트 패키지지만, 대부분의 현업 파이썬 개발자가 사용하는 파이썬 테스트 패키지는 pytest^{파이테스트}(https://docs.pytest.org)다. `pip install pytest` 명령어로 설치한다.

2.2.7 소스 관리와 지속적 통합

현재 소스 코드를 관리하는 거의 보편적인 시스템은 '깃^{Git}'이다. 깃허브^{GitHub}나 깃랩^{GitLab} 같은 사이트에 깃 저장소를 둔다. 깃은 파이썬이나 FastAPI에만 사용하는 게 아니지만, 여러분은 개발 시간의 상당 부분을 깃에서 보낼 것이다. pre-commit^{프리커밋}(https://pre-commit.com)은 깃에 커밋하기 전에 로컬 머신에서 다양한 테스트(예를 들어 black 및 pytest)를 실행하도록 도와준다. 원격 깃 저장소로 푸시한 후에는 더 많은 지속적인 통합^{continuous integration}(CI) 테스트를 실행할 수 있다. 자세한 내용은 12장과 13.4절을 참고하라.

2.2.8 웹 도구

이 책에서 사용하는 다음의 주요 파이썬 웹 도구를 설치하고 사용하는 방법은 3장에서 설명한다.

- **FastAPI**: 웹 프레임워크
- **Uvicorn**^{유비콘}: 비동기 웹 서버
- **HTTPie**: curl과 유사한 텍스트 기반 웹 클라이언트
- **Requests**^{리퀘스트}: 동기식 웹 클라이언트 패키지
- **HTTPX**: 동기식/비동기식 웹 클라이언트 패키지

2.3 API 및 서비스

파이썬의 모듈과 패키지는 대규모 애플리케이션이 '커다란 진흙 뭉치'가 되지 않도록 하는 아주 중요한 요소다(https://oreil.ly/zzX5T). 단일 프로세스에서 동작하는 웹 서비스에서도 모듈과 임포트를 신중하게 설계한다면, 1장에서 설명한 계층 분리를 유지할 수 있다.

파이썬이 기본으로 제공하는 데이터 구조는 매우 유연해서 어디에서나 사용할 수 있다. 하지만 계층 간 통신을 더 깔끔하게 만들기 위해 더 높은 수준의 '모델'을 정의하는 방법을 다음 장에서 배운다. 이러한 모델은 근래에 파이썬에 추가된 기능인 '타입 힌트'에 의존한다. 이에 대해서는 추후 자세히 살펴보기로 하고, 먼저 파이썬이 '변수'를 처리하는 방법을 간략히 살펴보자.

2.4 변수

소프트웨어 세계에서 '객체^{object}'라는 용어는 무수히 많은 의미로 통용된다. 파이썬에서 객체는 프로그램의 모든 개별 데이터 조각을 감싸는 데이터 구조다. 가령 5와 같은 정수부터 함수는

물론이고, 사용자가 정의할 수 있는 일체의 것을 일컫는다. 객체는 기타 관리 정보와 함께 다음과 같은 정보를 지닌다.

- 고유 'ID'
- 하드웨어와 일치하는 저수준의 '타입'
- 특정 '값'(물리적 비트)
- 객체를 참조하는 변수의 수를 나타내는 '참조 개수'

파이썬은 객체 수준에서 강 타입을 가진다(타입은 변경되지 않지만 값은 바뀔 수 있다). 객체의 값을 변경할 수 있으면 변경 가능^{mutable}, 변경할 수 없으면 변경 불능^{immutable}이라고 한다.

하지만 '변수' 수준에서 파이썬은 많은 컴퓨팅 언어와 달라 혼란을 일으킨다. 많은 언어에서 '변수'는 기본적으로 컴퓨터의 하드웨어 설계에 따라 비트 단위로 저장된 원시 '값'이 담긴 메모리 영역을 직접 가리키는 포인터다. 해당 변수에 새 값을 할당하면 언어가 메모리에 있는 이전 값을 새 값으로 덮어쓴다.

이 방식은 직접적이고 빠르다. 컴파일러는 무엇이 어디로 가는지 추적한다. 그래서 C 같은 언어가 파이썬보다 더 빠른 것이다. 개발자는 각 변수에 올바른 유형의 값만 할당해야 한다.

파이썬과 그 외 언어의 가장 큰 차이점은 다음과 같다. 파이썬의 변수^{variable}는 메모리의 더 높은 수준의 '객체'와 일시적으로 연결된 '이름'일 뿐이다. 불변 객체를 참조하는 변수에 새 값을 할당하면, 실제로 해당 값을 포함하는 새로운 객체를 만들고 이름이 새로운 객체를 참조하도록 한다. 이전 객체(이름이 참조했던 객체)는 해제되고, 다른 이름이 이를 참조하지 않는다면(즉, 참조 횟수가 0인 경우) 메모리를 회수할 수 있다.

『처음 시작하는 파이썬』(한빛미디어, 2020)에서, 저자는 객체를 메모리 선반 위에 놓인 플라스틱 상자에, 그리고 이름/변수를 이 상자에 붙인 스티커에 비유했다. 아니면 이름을 상자에 끈으로 매단 태그로 생각해도 좋다.

일반적으로 어떤 이름을 하나의 객체에 할당하고 이를 유지한다. 이러한 간단한 일관성은 코드를 이해하는 데 도움이 된다. 변수의 '스코프^{scope}'는 이름이 동일한 객체를 가리키는 코드 영역이다. 예를 들어 함수 내에서의 스코프와 같다. 다른 스코프에서 동일한 이름을 사용할 수 있지만 각 스코프는 다른 객체를 참조한다.

파이썬 프로그램 전체에서 변수가 서로 다른 객체를 참조하도록 할 수 있지만, 이 방법이 꼭 좋은 것만은 아니다. 100번 행에 있는 이름 x가 20번 행에 있는 이름 x와 같은 스코프에 있는지 알 수 없다(그건 그렇고, x는 끔찍한 이름이다. 실제로 이름을 만들 때는 무언가 의미 있는 이름을 선택해야 한다).

2.5 타입 힌트

이러한 배경을 설명하는 이유가 있다. 파이썬 3.6부터 변수가 참조하는 객체의 타입을 선언하기 위한 '타입 힌트'가 추가됐다. 타입 힌트는 실행 중인 파이썬 인터프리터에 영향을 미치지 않는다! 대신, 다양한 도구를 사용해 변수 사용을 일관성 있게 유지하도록 유도한다. 나중에 mypy^{마이파이}라는 표준 타입 검사기의 사용법을 살펴본다.

타입 힌트를 사용하면 프로그래머가 실수를 피할 수 있다. 예를 들어, count 변수가 int 타입의 파이썬 객체를 참조한다고 알릴 수 있다. 타입 힌트를 린트 도구처럼 마냥 유익하다고만 생각할 수도 있지만, 강제성이 없는 선택 사항이므로(말 그대로 힌트) 예상치 못한 용도로 사용할 수도 있다. 이 책에서는 FastAPI가 타입 힌트를 영리하게 활용하기 위해 Pydantic 패키지를 적용하는 방식을 알아보겠다.

타입이 없던 언어에 타입 선언을 추가하는 일은 점점 트렌드가 돼 가는 듯하다. 많은 자바스크립트 개발자가 타입스크립트(https://www.typescriptlang.org)로 이동한 걸 예로 들 수 있다.

2.6 데이터 구조

파이썬 데이터 구조는 5장에서 상세하게 다룬다.

2.7 웹 프레임워크

웹 프레임워크가 하는 주요 역할은 HTTP로 전달되는 바이트와 파이썬에서 사용하는 데이터 구조를 서로 변환하는 일이다. 웹 프레임워크를 이용하면 엄청난 노력을 아낄 수 있다. 반면에 필요한 어떤 기능을 제공하지 않으면 해결책을 해킹해야[2] 할 수도 있다. 바퀴를 다시 발명하지 말라. 굴러가는 둥근 물건을 구할 수만 있다면 말이다.

웹 서버 게이트웨이 인터페이스web server gateway interface(WSGI)(`https://wsgi.readthedocs.io`)는 파이썬의 표준 사양(`https://peps.python.org/pep-3333`)으로, 애플리케이션 코드를 동기식으로 웹 서버에 연결하는 방식을 취한다. 기존의 파이썬 웹 프레임워크는 모두 WSGI를 기반으로 구축됐다. 하지만 동기식 통신은 디스크나 네트워크와 같이 CPU보다 '훨씬' 더 느린 무언가를 기다리느라 바쁠 수 있다. 따라서 더 좋은 '동시성'이 필요하다. 동시성은 최근 몇 년간 더욱 중요해졌고, 그 결과로 파이썬 비동기 서버 게이트웨이 인터페이스asynchronous server gateway interface(ASGI)(`https://asgi.readthedocs.io`)가 탄생했다. 이에 관한 내용은 4장에서 다룬다.

2.7.1 Django

'Django장고'(`https://www.djangoproject.com`)는 '마감에 쫓기는 완벽주의자를 위한 웹 프레임워크'라는 별명에 걸맞게 모든 기능을 갖췄다. 2003년에 에이드리언 홀로바티Adrian Holovaty와 사이먼 윌리슨Simon Willison은 20세기의 벨기에 재즈 기타리스트인 장고 라인하르트의 이름을 딴 프레임워크를 발표했다. Django는 데이터베이스를 사용하는 기업 사이트에서 자주 사용된다. Django에 대한 자세한 내용은 7장에 소개한다.

2.7.2 Flask

반면에 Flask플라스크(`https://flask.palletsprojects.com`)는 마이크로프레임워크다. 아민

---

2 옮긴이_ 웹 프레임워크의 내부 소스를 입맛에 맞게 고친다는 뜻이다. 요즈음의 웹 프레임워크는 대부분 오픈 소스다. 원하는 기능이나 이슈가 있다면, 이를 보고하고 직접 수정 사항을 제출해보자.

로나허^{Armin Ronacher}가 2010년에 세상에 선보였다. Flask와 Django 등 웹 프레임워크의 비교는 7장에서 다룬다.

2.7.3 FastAPI

다양한 후보들을 살펴본 뒤 드디어 이 책의 주제인 흥미로운 FastAPI를 만났다. 세바스티안 라미레즈^{Sebastián Ramírez}가 2018년에 발표한 FastAPI는 Flask와 Django를 따라 빠르게 성장했다. 깃허브 스타 수를 기준으로 보면, 2023년 말에 FastAPI가 Flask를 앞지르면서 두 번째로 인기가 많은 파이썬 웹 프레임워크가 됐다(https://bit.ly/3Laj4J7).

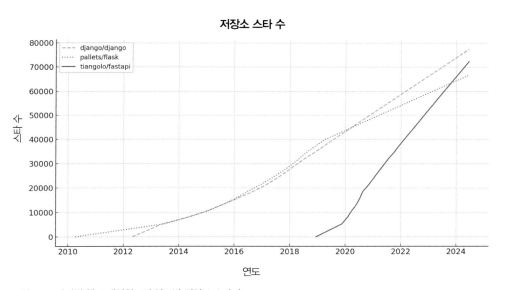

그림 2-1 파이썬 웹 프레임워크의 연도별 깃허브 스타 수

2024년 6월 기준 깃허브 스타 수는 다음과 같다.

- Django: 77만 4천
- FastAPI: 72만 2천
- Flask: 66만 7천

라미레즈는 웹 프레임워크의 대안을 면밀히 조사했고(https://fastapi.tiangolo.com/

alternatives), 다음 두 가지 서드파티 파이썬 패키지를 기반으로 디자인(`https://fastapi.tiangolo.com/history-design-future`)을 고안했다.

- 웹 세부 사항: Starlette
- 데이터 세부 사항: Pydantic

그다음 자신만의 재료로 만든 특제 소스를 첨가해 제품을 완성했다. 다음 장에서 무슨 뜻인지 알게 될 것이다.

2.8 정리

이 장에서는 현재의 파이썬을 사용할 때 기본이 되는 많은 내용을 살펴보았다.

- 파이썬 웹 개발자에게 유용한 도구
- API와 서비스의 중요성
- 파이썬의 타입 힌트, 객체, 변수
- 웹 서비스용 데이터 구조
- 웹 프레임워크

빠르게 보는 FastAPI

PART **2**

2부는 FastAPI의 큰 그림을 살펴본다. 대신 숲이 아닌 나무를 살펴본다. 기본기를 재빨리 훑되, 디테일에 너무 매몰되지 않도록 수면 위로 시선을 고정한다. 각 장은 비교적 짧게 구성해, 3부에서 깊은 내용을 살펴볼 배경지식을 제공한다.

2부의 내용을 살핀 뒤에는 3부에서 세부적인 내용을 살펴본다. 프로젝트의 성패는 세부 사항이 좌우한다. 세부 사항을 어떻게 만들지는 여러분에게 달렸다.

## CHAPTER 3

FastAPI 둘러보기

> FastAPI는 표준 파이썬 타입 힌트를 기반으로, 파이썬 3.6 이상에서 API를 구축하는 현대적이고 빠른 (고성능) 웹 프레임워크다.
>
> **– 세바스티안 라미레즈**Sebastián Ramírez, **FastAPI 개발자**

FastAPI(`https://fastapi.tiangolo.com`)는 2018년에 세바스티안 라미레즈(`https://tiangolo.com`)가 발표한 파이썬 기반 웹 프레임워크다. 몇 해 전부터 파이썬 3에 추가된 기능을 활용해 대부분의 파이썬 웹 프레임워크보다 여러 면에서 더 현대적이다. 이 장에서는 가장 먼저 알아야 할 사항인 웹 요청과 응답을 처리하는 방법을 중심으로 다루면서 FastAPI의 주요 기능을 간략하게 살펴본다.

3.1 FastAPI 소개

여느 웹 프레임워크처럼 FastAPI도 웹 애플리케이션의 구축을 돕는다. 모든 프레임워크가 기능, 생략, 기본값을 통해 일부 작업을 더 쉽게 수행할 수 있도록 설계된다. 이름에서 나타나듯 FastAPI는 웹 API 개발을 목표로 하지만 기존 웹 콘텐츠 애플리케이션에도 사용할 수 있다.

다음은 FastAPI 웹사이트에 설명된 장점이다.

- **성능**: 특정한 경우에서 Node.js와 Go에 견줄 만하다.
- **빠른 개발**: 이해하기 어렵거나 이상한 부분이 없다.
- **향상된 코드 품질**: 타입 힌트와 Pydantic 모델은 버그를 줄이는 데 유용하다.
- **자동 생성된 문서 및 테스트 페이지**: OpenAPI 설명을 직접 편집하는 것보다 훨씬 더 쉽다.

다음은 FastAPI가 주로 사용하는 기능이다.

- 파이썬 타입 힌트
- 비동기 지원을 포함한 웹 머신용 Starlette
- 데이터 정의 및 유효성 검사를 위한 Pydantic
- 다른 기능을 활용하고 확장할 수 있는 특별한 통합 기능

FastAPI는 위 기능을 조합해 웹 애플리케이션, 특히 RESTful 웹 서비스를 위한 쾌적한 개발 환경을 제공한다.

3.2 FastAPI 애플리케이션

엔드포인트가 하나 있는 웹 서비스인 아주 작은 FastAPI 애플리케이션을 작성해보자. 지금은 웹 요청과 응답만 처리하는 웹 계층에 있다. 먼저, 사용할 기본 파이썬 패키지를 설치한다.

- FastAPI 프레임워크: `pip install fastapi`
- Uvicorn 웹 서버: `pip install uvicorn`
- HTTPie 텍스트 웹 클라이언트: `pip install httpie`
- Requests 동기식 웹 클라이언트 패키지: `pip install requests`
- HTTPX 동기/비동기 웹 클라이언트 패키지: `pip install httpx`

가장 잘 알려진 텍스트 웹 클라이언트는 curl이다. 하지만 내 기준으로는 HTTPie가 더 사용하기 쉽고, 기본적으로 JSON 인코딩과 디코딩을 사용하므로 FastAPI와 더 잘 어울린다. 이 장의 후반부에 실린 [그림 3-4]에 특정 엔드포인트 접근에 필요한 curl 명령의 사용법이 있다. [예시 3-1]에서 부끄럼 많은 웹 개발자를 따라 작성하고 이 코드를 `hello.py` 파일로 저장해보 겠다.

예시 3-1 부끄럼 많은 엔드포인트: hello.py

```python
from fastapi import FastAPI

app = FastAPI()
@app.get("/hi")
def greet():
    return "Hello? World?"
```

다음 사항을 주의해야 한다.

- app은 전체 웹 애플리케이션을 나타내는 최상위 FastAPI 객체다.
- app.get("/hi")는 '경로 데코레이터'다. 이는 FastAPI에 다음 사항을 알려준다.
  - URL **"/hi"**에 대한 요청은 다음 함수로 전달돼야 한다.
  - 데코레이터는 HTTP GET 동사에만 적용된다. 또한 다른 HTTP 동사(PUT, POST 등)와 함께 전송된 **"/hi"** URL에 응답할 수 있는데, 각 동사에는 개별 기능이 있다.
- def greet()은 경로 함수로, HTTP 요청과 응답의 주요 접점이다. 이 예시에서는 인수가 없지만, 다음 절에서는 FastAPI 내부에 있는 훨씬 더 많은 기능을 보여준다.

다음 단계는 웹 서버에서 이 웹 애플리케이션을 실행하는 것이다. FastAPI 자체에는 웹 서버가 포함되지 않지만 Uvicorn 사용을 권장한다. Uvicorn과 FastAPI 웹 애플리케이션을 시작할 때는 외부에서 시작하는 방법과 내부에서 시작하는 방법이 있다. 명령줄을 통해 외부에서 Uvicorn을 시작하겠다.

예시 3-2 명령줄로 Uvicorn 시작

```
$ uvicorn hello:app --reload
```

hello는 hello.py 파일을 가리키고 app은 그 안에 있는 FastAPI 변수 이름이다. 또 다른 방법으로 [예시 3-3]과 같이 애플리케이션 자체에서 내부적으로 Uvicorn을 시작할 수 있다.

예시 3-3 내부적으로 Uvicorn 시작

```python
from fastapi import FastAPI

app = FastAPI()
```

```
@app.get("/hi")
def greet():
    return "Hello? World?"

if _name_ == "_main_":
    import uvicorn
    uvicorn.run("hello:app", reload=True)
```

어느 경우이든, `reload` 인자는 `hello.py`가 변경되면 웹 서버를 다시 시작하도록 Uvicorn에 지시한다. 이 장에서는 이 같은 자동 재시작 방법을 많이 사용할 것이다.

두 경우는 기본적으로 여러분 컴퓨터(`localhost`)의 8000번 포트를 사용한다. 외부에서 시작하든 내부에서 시작하든 두 경우는 모두 원하는 `host`와 `port` 인자를 사용할 수 있다.

이제 서버에 단일 엔드포인트(`/hi`)가 있고 요청을 받을 준비가 됐다. 여러 웹 클라이언트로 테스트를 해보겠다.

- 브라우저의 경우, 상단 주소창에 URL을 입력한다.
- HTTPie의 경우, 표시된 명령을 입력한다($는 시스템 셸에서 사용하는 명령 프롬프트의 약자다).
- Requests나 HTTPX의 경우, 대화형 모드에서 `python`을 사용하고 >>> 프롬프트 뒤에 입력한다.

여러분이 입력해야 할 내용은 굵게 표시했다. [예시 3-4]부터 [예시 3-7]에 웹 서버의 새로운 `/hi` 엔드포인트를 테스트하는 다양한 방법을 소개한다.

예시 3-4 브라우저에서 /hi 테스트

```
http://localhost:8000/hi
```

예시 3-5 Requests로 /hi 테스트

```
>>> import requests
>>> r = requests.get("http://localhost:8000/hi")
>>> r.json()
'Hello? World?'
```

예시 3-6 Requests와 거의 동일한 **HTTPX**로 /hi 테스트

```
>>> import httpx
>>> r = httpx.get("http://localhost:8000/hi")
>>> r.json()
'Hello? World?'
```

NOTE FastAPI를 테스트하는 데 Requests와 HTTPX 중 어느 것이 더 좋다고 단언할 수는 없다. 이 장의 이후 예시에서는 Requests를 사용하나 13장에서 비동기 호출을 할 때는 HTTPX를 사용한다.

예시 3-7 HTTPie로 /hi 테스트

```
$ http localhost:8000/hi
HTTP/1.1 200 OK
content-length: 15
content-type: application/json date: Thu, 30 Jun 2022 07:38:27 GMT
server: uvicorn

"Hello? World?"
```

[예시 3–8]은 -b 인자를 사용해 응답 헤더를 건너뛰고 본문만 인쇄한다.

예시 3-8 HTTPie로 /hi를 테스트해 응답 본문만 출력

```
$ http -b localhost:8000/hi
"Hello? World?"
```

[예시 3–9]는 -v를 사용해 요청 전체 헤더와 응답을 가져온다.

예시 3-9 HTTPie로 /hi를 테스트하고 모든 정보 출력

```
$ http -v localhost:8000/hi
GET /hi HTTP/1.1
Accept: /
Accept-Encoding: gzip, deflate
```

```
Connection: keep-alive
Host: localhost:8000
User-Agent: HTTPie/3.2.1

HTTP/1.1 200 OK
content-length: 15
content-type: application/json
date: Thu, 30 Jun 2022 08:05:06 GMT
server: uvicorn

"Hello? World?"
```

기본 HTTPie 출력(응답 헤더와 본문)은 일부 예시에만 전체 수록했고, 그 외 예시에는 본문만 수록했다.

3.3 HTTP 요청

[예시 3-9]에는 포트가 8000인 서버 localhost의 /hi URL에 대한 GET 요청이라는 특정 요청 하나만 포함됐다.

웹 요청은 HTTP 요청의 여러 부분으로 데이터를 쪼개는데, FastAPI를 사용하면 이러한 데이터에 원활하게 접근할 수 있다. [예시 3-10]은 [예시 3-9]의 샘플 요청에서 http 명령이 웹 서버로 전송하는 HTTP 요청을 보여준다.

예시 3-10 HTTP 요청

```
GET /hi HTTP/1.1
Accept: /
Accept-Encoding: gzip, deflate
Connection: keep-alive
Host: localhost:8000
User-Agent: HTTPie/3.2.1
```

이 요청은 다음 요소로 구성된다.

- 동사(GET) 및 경로(/hi)
- 모든 쿼리 매개변수(? 뒤의 텍스트, 현재 요청에는 없음)
- 기타 HTTP 헤더
- 요청 본문 콘텐츠 없음

FastAPI는 이를 단순한 정의로 해석한다.

- **Header**: HTTP 헤더
- **Path**: URL
- **Query**: 쿼리 매개변수(URL 끝의 ? 뒤)
- **Body**: HTTP 본문

> **NOTE** FastAPI는 HTTP 요청을 구성하는 데이터를 직접 제공한다는 장점을 가졌으며, 대부분의 파이썬 웹 프레임워크가 제공하는 방식보다 개선된 것이다. 필요한 모든 인수는 경로 함수 내에서 직접 선언하고 제공하거나, 앞의 목록에 있는 정의(Path, Query, 기타)를 사용하거나, 작성하는 함수를 통해 제공할 수 있다. 여기에는 '의존성 주입dependency injection'이라는 기법이 사용되는데, 이 기법은 6장에서 자세히 설명할 것이다.

앞서 만든 애플리케이션에 who라는 매개변수를 추가해 누군가에게 Hello?라는 메시지를 보내는 좀 더 개인적인 애플리케이션을 만들겠다. 새로운 이 매개변수를 전달하기 위해 다음과 같은 다양한 방법을 시도한다.

- URL 경로
- 쿼리 매개변수(URL에서 ? 다음에 오는 값)
- HTTP 본문
- HTTP 헤더

3.3.1 URL 경로

[예시 3-11]에서 hello.py를 편집한다.

예시 3-11 인사말 경로 반환

```python
from fastapi import FastAPI

app = FastAPI()

@app.get("/hi/{who}")
def greet(who):
    return f"Hello? {who}?"
```

편집기에서 이 변경 사항을 저장하면 Uvicorn이 다시 시작된다. 다시 시작하지 않을 경우 hello2.py 등을 생성하고 매번 Uvicorn을 다시 실행하길 권한다. Uvicorn에서 오류가 발생한다면 Uvicorn 자체 문제라기보다 오타가 있을 확률이 크다.

URL에 {who}를 추가하면(@app.get 뒤에) URL의 해당 위치에 who라는 이름의 변수를 예상하도록 FastAPI에 지시한다. 그런 다음 FastAPI는 이 변수를 다음 greet() 함수의 who 인수에 할당한다. 이는 경로 데코레이터와 경로 함수 간의 조율을 보여준다.

> **NOTE** 수정된 URL 문자열("/hi/{who}")에 파이썬 f-스트링을 사용하면 안 된다. 중괄호는 URL을 경로 매개변수로 일치시키기 위해 FastAPI가 사용하는 표현법이다.

[예시 3-12]부터 [예시 3-14]까지는 앞서 설명한 다양한 방법으로 수정된 엔드포인트를 테스트한다.

예시 3-12 브라우저에서 /hi/Mom 테스트

```
localhost:8000/hi/Mom
```

예시 3-13 HTTPie로 /hi/Mom 테스트

```
$ http localhost:8000/hi/Mom
HTTP/1.1 200 OK
content-length: 13
content-type: application/json
date: Thu, 30 Jun 2022 08:09:02 GMT
```

```
server: uvicorn

"Hello? Mom?"
```

예시 3-14 Requests로 /hi/Mom 테스트

```
>>> import requests
>>> r = requests.get("http://localhost:8000/hi/Mom")
>>> r.json()
'Hello? Mom?'
```

각각의 경우 문자열 "Mom"이 URL의 일부로 전달되고, who 변수로 greet() 경로 함수에 전달되며, 응답의 일부분으로 반환된다.

각 경우의 응답은 JSON 문자열(작은따옴표나 큰따옴표 포함, 사용한 테스트 클라이언트에 따라 달라짐) "Hello? Mom?"이 된다.

3.3.2 쿼리 매개변수

'쿼리 매개변수query parameter'는 URL에서 ? 뒤에 오는 **이름=값** 형태의 문자열로, &로 구분된다. [예시 3-15]에서 hello.py를 다시 편집한다.

예시 3-15 인사말 쿼리 매개변수 반환

```
from fastapi import FastAPI

app = FastAPI()

@app.get("/hi")
def greet(who):
    return f"Hello? {who}?"
```

엔드포인트 함수는 다시 greet(who)로 정의되지만 이번에는 이전 데코레이터 줄의 URL에

{who}가 없으므로 이제 FastAPI는 who가 쿼리 매개변수라고 가정한다. [예시 3-16]과 [예시 3-17]로 테스트하자.

예시 3-16 브라우저에서 [예시 3-15] 테스트

```
localhost:8000/hi?who=Mom
```

예시 3-17 HTTPie로 [예시 3-15] 테스트[1]

```
$ http -b localhost:8000/hi?who=Mom
"Hello? Mom?"
```

[예시 3-18]에서는 쿼리 매개변수 인수(==)를 사용해 HTTPie를 호출할 수 있다.

예시 3-18 HTTPie 및 매개변수를 사용한 [예시 3-15] 테스트

```
$ http -b localhost:8000/hi who==Mom
"Hello? Mom?"
```

HTTPie에는 이러한 인수를 두 개 이상 사용할 수 있으며, 공백으로 구분된 인수를 입력하는 것이 더 쉽다. [예시 3-19]와 [예시 3-20]은 같은 과정을 Requests로 실행한다.

예시 3-19 Requests로 [예시 3-15] 테스트

```
>>> import requests
>>> r = requests.get("http://localhost:8000/hi?who=Mom")
>>> r.json()
'Hello? Mom?'
```

---

1 옮긴이_ zsh을 사용할 경우 물음표 앞에 '\' 기호를 추가한다.

```
>>> import requests
>>> params = {"who": "Mom"}
>>> r = requests.get("http://localhost:8000/hi", params=params)
>>> r.json()
'Hello? Mom?'
```

각 예시마다 다른 방식으로 "Mom" 문자열을 제공하고, 이를 경로로 전달해 최종 응답으로 보
낸다.

3.3.3 본문

GET 엔드포인트에 경로 또는 쿼리 매개변수를 제공할 수 있지만 요청 본문request body의 값은 제
공할 수 없다. HTTP에서 GET은 멱등성idempotent[2]을 지녀야 한다. HTTP GET은 결과만 반환해
야 한다. 요청 본문은 생성(POST)하거나 업데이트(PUT 또는 PATCH)할 때 서버로 정보를 전송
하는 데 사용된다. 이 요청을 처리하는 방법은 9장에서 알아본다.

[예시 3-21]에서는 엔드포인트를 GET에서 POST로 변경해보겠다(엄밀히 따지면 생성하는 게
없는 요청이라 POST가 합당하지 않지만 문제는 없다. 혹시라도 RESTful 원칙을 강요하는 검
사가 우리를 고소한다면, 대단한 법원이나 구경하고 오자).

예시 3-21 인사말 본문 반환

```
from fastapi import FastAPI, Body

app = FastAPI()

@app.post("/hi")
def greet(who: str = Body(embed=True)):
    return f"Hello? {who}?"
```

---

2 같은 질문을 하면 같은 답을 얻는다는 컴퓨터 용어

[예시 3–22]에서 **-v**를 사용해 생성된 요청 본문을 표시하고 JSON 본문 데이터를 나타내는 "=" 매개변수에 유의해 HTTPie로 테스트해보자.

예시 3-22 HTTPie로 [예시 3-21] 테스트

```
$ http -v localhost:8000/hi who=Mom
POST /hi HTTP/1.1
Accept: application/json, /;q=0.5
Accept-Encoding: gzip, deflate
Connection: keep-alive
Content-Length: 14
Content-Type: application/json
Host: localhost:8000
User-Agent: HTTPie/3.2.1

{
    "who": "Mom"
}

HTTP/1.1 200 OK
content-length: 13
content-type: application/json
date: Thu, 30 Jun 2022 08:37:00 GMT
server: uvicorn

"Hello? Mom?"
```

[예시 3–23]은 인수 **json**을 사용해 요청 본문에 JSON 인코딩한 데이터를 전달한다.

예시 3-23 Requests로 [예시 3-21] 테스트

```
>>> import requests
>>> r = requests.post("http://localhost:8000/hi", json={"who": "Mom"})
>>> r.json()
'Hello? Mom?'
```

3.3.4 HTTP 헤더

마지막으로, [예시 3-24]에서 greeting 인자를 HTTP 헤더로 전달해보겠다.

예시 3-24 인사말 헤더 반환

```python
from fastapi import FastAPI, Header

app = FastAPI()

@app.get("/hi")
def greet(who: str = Header()):
    return f"Hello? {who}?"
```

[예시 3-25]는 테스트에 HTTPie만 쓰겠다. HTTP 헤더를 '이름:값' 형태로 지정한다.

예시 3-25 HTTPie로 [예시 3-24] 테스트

```
$ http -v localhost:8000/hi who:Mom
GET /hi HTTP/1.1
Accept: */\\*
Accept-Encoding: gzip, deflate
Connection: keep-alive
Host: localhost:8000
User-Agent: HTTPie/3.2.1
who: Mom

HTTP/1.1 200 OK
content-length: 13
content-type: application/json
date: Mon, 16 Jan 2023 05:14:46 GMT
server: uvicorn

"Hello? Mom?"
```

FastAPI는 HTTP 헤더 키를 소문자로 변환하고 하이픈(-)을 밑줄(_)로 변환한다. 따라서 [예시 3-26]과 [예시 3-27]처럼 HTTP User-Agent 헤더 값을 인쇄할 수 있다.

예시 3-26 User-Agent 헤더를 반환: hello.py

```python
from fastapi import FastAPI, Header

app = FastAPI()

@app.get("/agent")
def get_agent(user_agent: str = Header()):
    return user_agent
```

예시 3-27 HTTPie로 User-Agent 헤더 테스트

```
$ http -v localhost:8000/agent
GET /agent HTTP/1.1
Accept: */\\*
Accept-Encoding: gzip, deflate
Connection: keep-alive
Host: localhost:8000
User-Agent: HTTPie/3.2.1

HTTP/1.1 200 OK
content-length: 14
content-type: application/json
date: Mon, 16 Jan 2023 05:21:35 GMT
server: uvicorn

"HTTPie/3.2.1"
```

3.3.5 다중 요청 데이터

동일한 경로 함수에서 이러한 메서드를 두 개 이상 사용할 수 있다. 즉 URL, 쿼리 매개변수, HTTP 본문, HTTP 헤더, 쿠키 등에서 데이터를 가져올 수 있다. 또한 이러한 데이터를 처리하는 의존성 함수를 직접 작성할 수 있다.

페이지네이션pagination이나 인증 같은 특별한 방법으로 결합할 수 있다. 6장을 비롯한 3부 여러 곳에서 이런 방법 몇 가지를 소개한다.

3.3.6 요청 권장 사항

다음은 몇 가지 권장 사항이다.

- URL에 인수를 전달할 때는 RESTful 가이드라인을 따르는 것이 표준 관행이다.
- 쿼리 문자열은 대개 페이지네이션 같은 선택적 인수를 제공하는 데 사용한다.
- 본문은 대개 전체 모델이나 부분 모델과 같이 더 큰 입력에 사용한다.

각 경우마다 데이터 정의에 타입 힌트를 제공하면, Pydantic이 자동으로 인자의 타입을 검사해 모든 인자가 존재하고 올바른지 확인할 수 있다.

3.4 HTTP 응답

기본적으로 FastAPI는 엔드포인트 함수에서 반환하는 모든 것을 JSON으로 변환한다. HTTP 응답response의 헤더 행은 Content-type: application/json이다. 따라서 greet() 함수가 처음에 "Hello? World?"라는 문자열을 반환하지만, FastAPI는 이를 JSON으로 변환한다. 이는 API 개발을 간소화하기 위해 FastAPI에서 선택한 기본 사항 중 하나다.

이 경우 파이썬 문자열 "Hello? World?"는 이에 상응하는 JSON 문자열 "Hello? World?"라는 동일한 문자열로 변환된다. 그러나 파이썬 내장 타입이든 Pydantic 모델이든 반환하는 모든 것은 JSON으로 변환된다.

3.4.1 상태 코드

기본적으로 FastAPI는 200 상태 코드를 반환하지만 예외는 4xx 코드를 반환한다.

경로 데코레이터에서 모든 것이 정상으로 진행되면 반환해야 하는 HTTP 상태 코드를 지정한다(예외는 자체 코드를 생성해 재정의한다). [예시 3-28]의 코드를 hello.py의 어딘가에 추가하고(전체 파일이 반복해서 표시되는 것을 방지하기 위해) [예시 3-29]로 테스트한다.

```
@app.get("/happy")
def happy(status_code=200):
    return ":)"
```

예시 3-29 HTTP 상태 코드 테스트

```
$ http localhost:8000/happy
HTTP/1.1 200 OK
content-length: 4
content-type: application/json
date: Sun, 05 Feb 2023 04:37:32 GMT
server: uvicorn


":)"
```

3.4.2 헤더

[예시 3-30]과 같이 HTTP 응답 헤더를 삽입할 수 있다(response를 반환할 필요 없음).

예시 3-30 HTTP 헤더 설정: hello.py

```
from fastapi import Response

@app.get("/header/{name}/{value}")
def header(name: str, value: str, response: Response):
    response.headers[name] = value
    return "normal body"
```

작동하는지 확인해보겠다(예시 3-31).

예시 3-31 응답 HTTP 헤더 테스트

```
$ http localhost:8000/header/marco/polo
HTTP/1.1 200 OK
```

```
content-length: 13
content-type: application/json
date: Wed, 31 May 2023 17:47:38 GMT
marco: polo
server: uvicorn

"normal body"
```

3.4.3 응답 유형

응답 유형(`fastapi.responses`에서 관련 클래스를 가져옴)은 다음과 같다.

- JSONResponse(기본값)
- HTMLResponse
- PlainTextResponse
- RedirectResponse
- FileResponse
- StreamingResponse

마지막 두 유형은 15장에서 자세히 설명하겠다. 다른 출력 형식(MIME 유형이라고도 함)의 경우 response 클래스에는 일반적으로 다음이 필요하다.

- **content**: 콘텐츠, 문자열 또는 바이트
- **media_type**: 미디어 유형, 문자열 형태의 MIME 유형 값
- **status_code**: 상태 코드, HTTP 정수 상태 코드
- **headers**: 헤더, 문자열로 구성된 dict

3.4.4 타입 변환

경로 함수는 무엇이든 반환할 수 있으며, 기본적으로 (JSONResponse를 사용하는) FastAPI는 이를 JSON 문자열로 변환해 일치하는 HTTP 응답 헤더 Content-Length 및 Content-Type

과 함께 반환한다. 여기에는 모든 Pydantic 모델 클래스가 포함된다.

하지만 어떻게 이런 일이 일어날까? 파이썬 json 라이브러리를 사용한 적이 있다면 datetime 과 같은 일부 데이터 타입이 주어질 때 예외가 발생하는 것을 보았을 것이다. FastAPI 는 jsonable_encoder()라는 내부 함수를 사용해 모든 데이터 구조를 JSON과 비슷한 (JSONable) 파이썬 데이터 구조로 변환한 다음, json.dumps()를 호출해 JSON 문자열로 변환한다. [예시 3-32]는 pytest로 테스트를 실행한다.

예시 3-32 jsonable_encoder()를 사용해 JSON 폭발 방지

```python
import datetime
import pytest
from fastapi.encoders import jsonable_encoder
import json

@pytest.fixture
def data():
    return datetime.datetime.now()

def test_json_dump(data):
    with pytest.raises(Exception):
        _ = json.dumps(data)

def test_encoder(data):
    out = jsonable_encoder(data)
    assert out
    json_out = json.dumps(out)
    assert json_out
```

3.4.5 모델 타입과 response_model

속성이 동일한 클래스가 여러 개 있을 수 있다. 이때 하나는 사용자 입력용으로, 하나는 출력용으로, 다른 하나는 내부용으로 지정할 수 있다. 이 같은 변형은 몇 가지 이유에서 필요하다.

- 개인 의료 데이터의 비식별화 등 일부 민감한 정보를 출력에서 제거(예: 의료정보 이동 및 회계처리법 (HIPAA) 요건에 해당되는 경우)
- 사용자 입력에 속성을 추가(예: 생성 날짜 및 시간)

[예시 3-33]에는 의도적으로 세 가지 클래스를 만들었다.

- **TagIn**: 사용자가 제공해야 하는 정보(이 경우 tag라는 문자열)를 정의하는 클래스
- **Tag**: TagIn에 created(Tag가 생성된 시점)와 secret(데이터베이스에 저장될 수 있지만 외부에 노출되지 않도록 설정된 내부 문자열)이라는 두 개의 필드가 추가된 클래스
- **TagOut**: 조회 또는 검색 엔드포인트에서 사용자에게 반환할 수 있는 항목을 정의하는 클래스로 기존 TagIn 객체와 Tag 객체가 지닌 tag 속성과 Tag 객체가 지닌 created 속성을 가짐

예시 3-33 모델 변형: model/tag.py

```
from datetime import datetime
from pydantic import BaseModel

class TagIn(BaseModel):
    tag: str

class Tag(BaseModel):
    tag: str
    created: datetime
    secret: str

class TagOut(BaseModel):
    tag: str
    created: datetime
```

FastAPI 경로 함수에서 기본 JSON 이외의 데이터 타입을 반환하는 방법은 다양하다. 한 가지 방법은 경로 데코레이터에서 응답 모델 인자를 사용해 FastAPI가 다른 것을 반환하도록 하는 것이다. FastAPI는 반환한 객체에 있지만 response_model로 지정된 객체에 없는 속성을 모두 제거한다.

[예시 3-34]에서는 웹 모듈에 호출할 무언가를 제공하는 create(), get() 함수가 있는 service/tag.py라는 새 서비스 모듈을 작성한다.

예시 3-34 웹 모듈에 무언가를 제공하는 모듈: service/tag.py

```
from datetime import datetime
from model.tag import Tag
```

```
def create(tag: Tag) -> Tag:
    """태그를 생성한다."""
    return tag


def get(tag_str: str) -> Tag:
    """태그를 반환한다."""
    return Tag(tag=tag_str, created=datetime.utcnow(), secret="")
```

[예시 3-35]에서 [예시 3-34]를 사용하는 웹 모듈 web/tag.py를 작성한다. 여기서 하위 스택 세부 사항은 중요하지 않다. 중요한 것은 하단의 get_one() 경로 함수와 그 경로 데코레이터의 response_model=TagOut이다. 이 함수는 자동으로 내부 Tag 객체를 필터링한 TagOut 객체로 변경한다.

예시 3-35 response_model을 사용해 '다른 응답 유형'으로 반환: web/tag.py

```
from datetime import datetime
from model.tag import TagIn, Tag, TagOut
import service.tag as service
from fastapi import FastAPI

app = FastAPI()

@app.post('/')
def create(tag_in: TagIn) -> TagIn:
    tag: Tag = Tag(tag=tag_in.tag, created=datetime.utcnow(),
        secret="shhhh")
    service.create(tag)
    return tag_in

@app.get('/{tag_str}', response_model=TagOut)
def get_one(tag_str: str) -> TagOut:
    tag: Tag = service.get(tag_str)
    return tag
```

[예시 3-36]은 작성한 web/tag.py를 실행한다.

예시 3-36 web/tag.py FastAPI 실행

```
$ uvicorn web.tag:app
```

[예시 3-37] 요청을 통해 Tag의 secret이 걸러지는지 확인한다.

예시 3-37 HTTPie를 통한 Tag 가져오기 요청

```
http -b localhost:8000/GoodTag
{
    "created": "2023-01-03T11:45:54.217781",
    "tag": "GoodTag"
}
```

Tag를 반환하더라도 response_model은 이를 TagOut으로 변환한다.

3.5 자동 문서화

이 절에서는 [예시 3-21]의 웹 애플리케이션을 실행 중이라고 가정한다. 이 버전은 http://localhost:8000/hi로 POST 요청을 통해 HTTP 본문의 who 매개변수를 보내는 버전이다.

브라우저에서 http://localhost:8000/docs에 접속한다.

[그림 3-1]과 같은 시작 화면이 표시된다(특정 영역을 강조하기 위해 스크린샷 일부를 잘라냄).

그림 3-1 생성된 문서 페이지

이건 어디서 나타났을까? FastAPI는 코드로 OpenAPI 사양을 생성하며, 모든 엔드포인트를 표시하고 테스트하는 페이지를 첨부한다. 이 기능은 FastAPI를 더욱 매력적으로 만드는 특제 소스의 한 가지 재료다.

POST /hi Greet 상자 오른쪽의 화살표를 클릭해 테스트할 양식을 연다(그림 3-2).

default
POST
/hi Greet
Parameters
Try it out

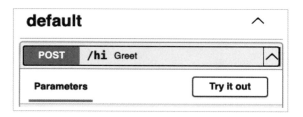

그림 3-2 문서 페이지 열기

오른쪽에 있는 [Try It Out](사용해보기) 버튼을 클릭한다. 이제 본문 섹션에 값을 입력할 수 있는 영역이 표시된다(그림 3-3).

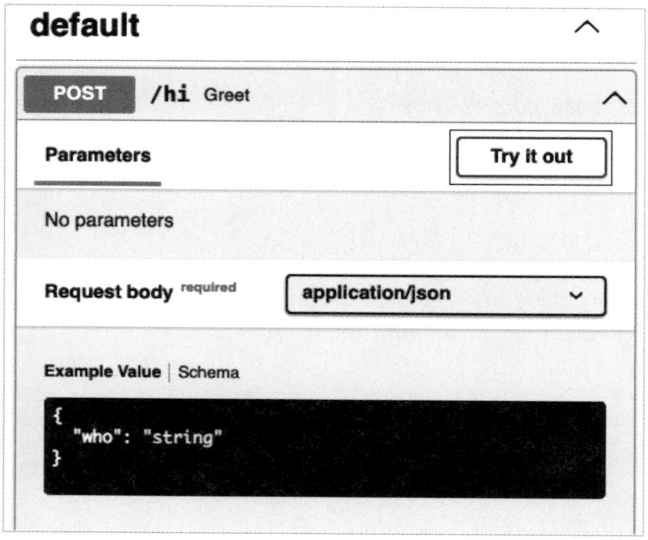

default
POST
/hi Greet
Parameters
Try it out
No parameters
Request body required
application/json
Example Value | Schema
{
"who": "string"
}

그림 3-3 데이터 입력 페이지

"string"을 클릭해 "Cousin Eddie"로 변경한다(큰따옴표는 그대로 유지). 입력 양식 하단에 [Execute](실행) 버튼이 있을 것이다. 이 버튼을 클릭한 후 응답 섹션을 확인하자(그림

3-4). Response body 상자에 Cousin Eddie가 나타났다.

그렇다. 이번 설명 역시 브라우저와 HTTPie, Requests를 사용한 앞의 예시처럼 사이트를 테스트하는 또 다른 방법에 대한 것이다.

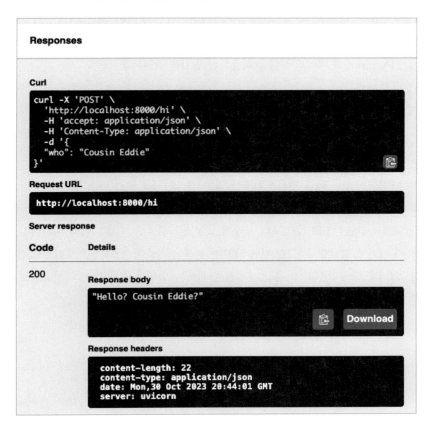

그림 3-4 응답 페이지

응답 표시의 Curl 상자에서 볼 수 있듯이, 명령줄 테스트에 HTTPie 대신 curl을 사용하면 더 많은 값을 입력해야 한다. 이때 HTTPie의 자동 JSON 인코딩이 도움이 된다.

NOTE 자동화된 문서는 실제로 매우 중요하다. 웹 서비스가 수백 개의 엔드포인트로 거대해짐에 따라 항상 최신 상태를 유지하는 문서와 테스트 페이지가 도움이 되기 때문이다.

3.5.1 복잡한 데이터

이 예시에서는 엔드포인트에 단일 문자열을 전달하는 방법만 확인했다. 많은 엔드포인트, 특히 GET 또는 DELETE 엔드포인트는 인자가 전혀 필요하지 않거나 문자열이나 숫자 같은 간단한 인자만 몇 개 필요할 수 있다. 하지만 리소스를 생성(POST)하거나 수정(PUT 또는 PATCH)할 때는 대개 더 복잡한 데이터 구조가 필요하다. 5장에서는 이러한 데이터 구조를 깔끔하게 구현하기 위해 FastAPI가 Pydantic과 데이터 모델을 사용하는 방법을 살펴본다.

3.6 정리

이 장에서는 FastAPI를 사용해 단일 엔드포인트가 있는 웹사이트를 만들었다. 웹 브라우저, HTTPie CLI 프로그램, Requests 파이썬 패키지, HTTPX 파이썬 패키지 등 여러 웹 클라이언트에서 테스트했다. 간단한 GET 호출부터 시작해 요청 인자를 URL 경로, 쿼리 매개변수, HTTP 헤더를 통해 서버로 전달했다. 그런 다음 HTTP 본문을 사용해 POST 엔드포인트로 데이터를 전송했다. 그리고 다양한 HTTP 응답 유형을 반환하는 방법을 소개했다. 마지막으로, 자동으로 생성된 API 문서 페이지에서 API를 테스트하는 방법을 설명했다.

FastAPI는 8장에서 더 자세히 살펴본다.

## CHAPTER 4

Starlette과 비동기, 동시성

> Starlette은 경량 ASGI 프레임워크/툴킷으로, 파이썬으로 비동기 웹 서비스를 구축하는 데
> 이상적이다.
>
> **– 톰 크리스티**[Tom Christie], **Starlette 제작자**

이전 장에서는 개발자가 새로운 FastAPI 애플리케이션을 작성할 때 처음 접하게 되는 것들을 간략하게 소개했다. 이번 장에서는 FastAPI의 기반이 되는 Starlette스탈렛 라이브러리에 대해 알아본다. 특히 Starlette이 지원하는 '비동기' 처리를 살펴본다. 파이썬에서 '한 번에 여러 일을 처리하는' 다양한 방법을 둘러본 후, 파이썬의 새로운 키워드인 `async`, `await`을 Starlette, FastAPI와 통합하는 방법을 알아본다.

4.1 Starlette

FastAPI의 웹 코드 대부분은 톰 크리스티가 제작한 Starlette(`https://www.starlette.io`) 패키지를 기반으로 한다. 이 패키지 자체를 웹 프레임워크로 사용하거나 FastAPI 같은 프레임워크의 기반 라이브러리로 사용할 수 있다. 여느 웹 프레임워크처럼 스탈렛은 일반적인 HTTP 요청과 응답을 처리한다. 이는 Flask의 기반이 되는 Werkzeug벨저그(`https://werkzeug.palletsprojects.com`)와 유사하다.

Starlette은 최신 파이썬 비동기 웹 표준인 ASGI(`https://asgi.readthedocs.io`)를 지원한다. 지금까지 대부분의 파이썬 웹 프레임워크(Flask, Django)는 전통적인 동기식 WSGI 표준(`https://wsgi.readthedocs.io`)을 기반으로 했다. 웹 애플리케이션이 느린 코드(데이터베이스, 파일, 네트워크)에 빈번하게 연결되어, ASGI는 WSGI 기반 애플리케이션처럼 블로킹이 걸리거나 대기하는 데 시간을 낭비하지 않는다.

그 결과, Starlette 기반 프레임워크는 파이썬 웹 패키지에서 빠른 속도를 자랑하게 됐다. 심지어 Go와 Node.js를 사용하는 애플리케이션과도 성능을 견줄 수 있다.

4.2 동시성 유형

Starlette과 FastAPI가 제공하는 비동기 코드에 대한 지원을 면밀하게 살피기 전에, 동시성을 구현하는 방법을 알아두는 편이 좋다.

- **병렬 컴퓨팅**parallel computing : 하나의 작업을 여러 개의 전용 CPU에 동시에 분산한다. 이는 화면 구현이나 머신 러닝 같은 '숫자 처리' 애플리케이션에서 보편적으로 사용한다.
- **동시 컴퓨팅**concurrent computing : 각 CPU가 여러 작업을 전환한다. 다른 작업보다 오래 걸리는 작업이 있기 마련이며, 우리가 원하는 것은 총시간의 감소다. 파일 읽기, 원격 네트워크 서비스 접속은 CPU에서 계산을 실행하는 것보다 수천에서 수만 배 느리다.

웹 애플리케이션은 이런 느린 작업을 아주 많이 수행한다. 웹 서버, 더 나아가 어떤 서버에서든 이를 더 빠르게 실행할 방법이 있을까? 이 절에서는 그 물음에 답하기 위해 컴퓨터 시스템 전반부터 이 장의 주제인 'FastAPI의 파이썬 `async`, `await` 구현'까지 알아보겠다.

4.2.1 분산과 병렬 컴퓨팅

아주 큰 애플리케이션이 있다면, 즉 단일 CPU에서 더디게 실행되는 애플리케이션이 있다면, 이를 여러 조각으로 나누고, 각 조각을 단일 머신이나 여러 머신의 개별 CPU에서 실행하도록 할 수 있다. 이 일을 수행하는 방법은 대단히 많으며, 이 같은 애플리케이션을 다뤄봤다면 이미 많은 방법을 알고 있을 것이다. 이렇게 모든 조각을 관리하는 일은 단일 서버를 관리하는 일보다 더 복잡하고 비용이 많이 든다.

이 책에서는 상자 하나에 들어갈 만한 중소 규모의 애플리케이션을 다룬다. 이런 애플리케이션에는 대개 동기 코드와 비동기 코드가 섞여 있다. FastAPI는 이런 코드를 처리할 수 있다.

4.2.2 운영 체제 프로세스

운영 체제^{operating system}(OS)는 메모리, CPU, 장치, 네트워크 등의 자원 사용을 조율한다. 모든 프로그램은 코드를 하나 이상의 프로세스에서 실행한다. OS는 각 프로세스의 CPU 사용 시점을 비롯해 자원에의 접근을 제한해 관리한다.

시스템은 대부분 '선점형^{preemptive}' 프로세스 스케줄링을 사용해 특정 프로세스가 CPU, 메모리, 기타 자원을 독점하지 못하게 한다. OS는 주어진 설계와 설정에 따라 프로세스를 중지하거나 재시작한다.

개발자에게 좋은 소식은 여러분은 이 문제에 관여할 수 없다는 점이다. 하지만 (좋은 소식에 그림자처럼 따라붙는) 나쁜 소식은 여러분이 바꾸고 싶어도 바꿀 수 없다는 것이다. CPU 집약적인 파이썬 애플리케이션에서 흔한 해결책은 여러 개의 프로세스를 실행시키고 OS가 관리하도록 맡기는 것이다. 파이썬은 이를 위해 multiprocessing^{멀티프로세싱}(https://oreil.ly/YO4YE) 모듈을 제공한다.

4.2.3 운영 체제 스레드

단일 프로세스에서 여러 개의 스레드를 제어할 수도 있다. 파이썬의 threading^{스레딩}(https://oreil.ly/xwVB1) 모듈이 이를 관리한다.

프로그램이 I/O에 바인딩되는 경우 스레드를, CPU에 바인딩되는 경우 다중 프로세스를 사용하길 추천한다. 하지만 스레드는 프로그래밍하기 까다롭고 찾기 어려운 오류를 유발할 수 있다. 저자는 『처음 시작하는 파이썬』(한빛미디어, 2020)에서 스레드를 귀신의 집을 떠도는 유령에 비유했다. 유령은 자유롭고 눈에 보이지 않으며, 그 영향력으로만 감지할 수 있다. 잠깐, 방금 누가 뒤에서 친 거 같은데?

전통적으로 파이썬은 프로세스 기반 라이브러리와 스레드 기반 라이브러리를 분리했다. 개발자는 두 라이브러리를 사용하기 위해 두 라이브러리의 난해한 세부 사항을 배워야 했다. 근래에 나온 concurrent.futures(`https://oreil.ly/dT150`) 패키지는 더 쉽게 사용할 수 있는 상위 수준 인터페이스를 제공한다.

곧 보겠지만, 최신 비동기 함수로 스레드의 이점을 손쉽게 취할 수 있다. FastAPI는 스레드풀을 통해 `async def`가 아닌 `def`로 시작하는 일반 동기 함수에 대한 스레드도 관리한다.

4.2.4 그린스레드

그린스레드는 더욱 신비한 메커니즘을 선보인다. 이는 greenlet^그린렛(`https://greenlet.readthedocs.io`), gevent^지이벤트(`http://www.gevent.org`), Eventlet^이벤트렛(`https://eventlet.net`)으로 구현한다. 이 라이브러리는 '협력적^cooperative'(비선점형)이다. OS 스레드와 유사하지만, 유저 스페이스(예: 여러분이 작성한 프로그램)에서 동작하고 OS 커널에서 동작하지 않는다. 이 방식은 표준 파이썬의 함수들을 '몽키 패칭^monkey patching'[1]함으로써 동작한다. 이것은 동시성 코드를 일반적인 절차형 코드처럼 보이게 한다. 즉, I/O 대기 작업이 블로킹할 것 같으면 제어권을 포기한다.

OS 스레드는 OS 프로세스에 비해 '가볍다(사용하는 메모리가 더 적다)'. 그린스레드는 OS 스레드에 비해 가볍다. 일부 벤치마킹(`https://oreil.ly/1NFYb`)에서는 비동기 방식 모두가 동기 방식보다 더 빨랐다.

> **NOTE** 이 장을 읽고 나면 gevent와 비동기 중 어느 것이 더 나은지 궁금해질 것이다. 저자는 모든 유스 케이스의 정답이 하나라고 생각하지 않는다. 그린스레드는 일찌감치 구현되었다(온라인 게임 〈Eve Online〉에서 아이디어를 얻었다). 이 책은 FastAPI에서 사용하고 스레드보다 간단하며 성능도 좋은 파이썬의 표준인 asyncio를 소개한다.

---

1 프로그램 실행 중에 파이썬 표준 함수를 수정하는 일

4.2.5 콜백

게임이나 GUI^{graphic user interface}처럼 상호작용이 존재하는 애플리케이션을 만드는 개발자라면 '콜백'에 익숙할 것이다. 함수를 작성해 특정 이벤트(예: 마우스 클릭, 키 눌림, 시간)에 연결한다. 이런 범주에서 제일 유명한 라이브러리는 콜백 기반으로 구현한 twisted^{트위스티드}(`https://twisted.org`)다. 이름답게 꽤 '꼬여 있고' 따라가기 어렵다.

4.2.6 파이썬 제너레이터

대부분의 프로그래밍 언어처럼 파이썬도 코드를 순차적으로 실행한다. 함수를 호출하면 파이썬은 코드를 첫 줄부터 끝 줄이나 `return`이 나올 때까지 실행한다.

하지만 파이썬의 '제너레이터 함수'는 원하는 곳에서 멈추고 어느 곳에서든 `return`을 하거나 `yield` 키워드를 사용해 다시 그 지점으로 돌아갈 수 있다.

〈심슨 가족〉의 한 에피소드에서 호머가 운전하던 차로 사슴 동상을 들이받자 3개의 대사가 이어진다. [예시 4-1]은 이 대사를 리스트로 반환하고 호출자가 이 리스트를 반복하는 일반적인 파이썬 함수를 정의한다.

예시 4-1 return 사용[2]

```
>>> def doh():
...     return ["Homer: D'oh!", "Lisa: A deer!", "Marge: A female deer!"]
...
>>> for line in doh():
...     print(line)
...
Homer: D'oh!
Lisa: A deer!
Marge: A female deer!
```

코드가 비교적 작아서 큰 무리 없이 동작한다. 하지만 만약 〈심슨 가족〉 전체 에피소드의 대사를 모두 가져온다면 어떻게 될까? 리스트는 메모리를 사용한다.

---

2 옮긴이_ 〈심슨 가족〉 시즌 5 17화의 대사로 도레미 송의 원 가사다. 굳이 번역하면 다음과 같다. 호머: 뜨앗. 리사: 사슴이에요. 마지: 암사슴이야!

[예시 4-2]의 제너레이터 함수는 대사를 분배한다.

예시 4-2 yield 사용

```
>>> def doh2():
...     yield "Homer: D'oh!"
...     yield "Lisa: A deer!"
...     yield "Marge: A female deer!"
...
>>> for line in doh2():
...     print(line)
...
Homer: D'oh!
Lisa: A deer!
Marge: A female deer!
```

[예시 4-2]는 일반 함수 doh()가 반환한 리스트를 순회하지 않고 제너레이터 함수 doh2()가 반환한 제너레이터 객체를 순회한다. 사용하는 반복문의 구조(for ... in)는 유사하다. 파이썬은 doh2()의 첫 대사를 반환하고 다음 순회에서 반환할 대상을 파악한다. 함수가 대사를 전부 반환할 때까지 같은 과정을 반복한다.

yield 키워드를 가진 함수는 전부 제너레이터 함수다. 함수 코드 중간으로 다시 돌아가고 실행을 재개하는 방법을 배웠으니, 다음 절에서 이 방법을 적용하는 과정을 알아보겠다.

4.2.7 파이썬의 async, await, asyncio

파이썬 3.7 버전 이상에서는 asyncio(https://oreil.ly/cBMAc)의 async와 await을 예약어로 지정한다. 다음 코드는 비동기로 수행할 때만 재미있는 농담이다. 타이밍이 중요하므로 모두 직접 실행하기 바란다. 먼저 재미없는 예시를 실행하자.

예시 4-3 재미없는 예시

```
>>> import time
>>>
>>> def q():
...     print("시트웰: 답이 하나도 안 맞잖아?")
...     time.sleep(3)
...
>>> def a():
...     print("로저스: 하지만 빨랐죠.")
...
>>> def main():
...     q()
...     a()
...
>>> main()
시트웰: 답이 하나도 안 맞잖아?
로저스: 하지만 빨랐죠.
```

질문과 답변 사이에 3초의 시간 차가 있으니 빠르지도 않다. 하지만 async를 사용하는 [예시 4-4]는 약간 다르다.

예시 4-4 재미있는 예시

```
>>> import asyncio
>>>
>>> async def q():
...     print("시트웰: 답이 하나도 안 맞잖아?")
...     await asyncio.sleep(3)
...
>>> async def a():
...     print("로저스: 하지만 빨랐죠.")
...
>>> async def main():
...     await asyncio.gather(q(), a())
...
>>> asyncio.run(main())
시트웰: 답이 하나도 안 맞잖아?
로저스: 하지만 빨랐죠.
```

이번에는 질문을 하자마자 빠르게 답변이 튀어나온다. 그 뒤 3초 동안 정적이 흐른다. 이제 싸움 시작!

> **NOTE** [예시 4–4]에서 `asyncio.gather()`와 `asyncio.run()`을 사용했지만, 비동기 함수는 다양한 방법으로 호출할 수 있다. FastAPI를 사용할 때는 이럴 필요가 없다.

파이썬은 [예시 4–4]의 코드를 보고 이렇게 생각한다.

1 q ( )를 실행하자. 일단 첫 번째 줄만 실행해야지.

2 비동기 q ( )는 아주 게으른 친구로군. 스톱워치를 설정했으니 3초 후에 다시 보겠어.

3 그 사이에 a ( )나 실행해서 바로 답을 출력해야겠다.

4 다른 대기 명령이 없으니 다시 q ( )나 확인할까.

5 지루하군! 3초가 끝날 때까지 가만히 기다리라니.

6 어휴, 이제 끝났네.

이 예시에서는 파일을 읽거나 웹사이트에 접근하는, 시간이 걸리는 함수처럼 동작하기 위해 `asyncio.sleep()`을 사용했다. 우리는 대부분의 시간을 대기하는 데 소비해야 하는 함수 앞에 `await`을 추가한다. 그리고 그 함수는 `def` 앞에 `async`가 있어야 한다.

> **NOTE** 함수를 선언할 때 `async def`를 사용하면 이를 호출하는 쪽에서는 호출할 때 `await`을 추가해야 한다. 그리고 호출하는 코드가 포함된 함수 자체도 `async def`로 선언해야 하며, 이를 또 호출하는 쪽에서 `await`을 추가해야 한다. 이 구문은 계속 이어진다. 참고로 다른 비동기 함수에 대한 호출을 기다리는 `await` 이 구현에 포함되지 않았더라도 함수를 비동기로 선언할 수 있다. 이렇게 해도 문제는 없다.

4.3 FastAPI와 Async

기나긴 여행을 마치고 이제 FastAPI로 돌아와서 그 중요성을 다시 짚어보자.

웹 서버는 대기에 소모하는 시간이 길어 이러한 대기를 피하면(즉, 동시성을 갖춘다면) 성능을 향상할 수 있다. 다른 웹 서버는 스레드나 gevent 등 앞서 언급한 다양한 방법을 사용한다. FastAPI가 파이썬 웹 프레임워크 중 상당히 빠른 이유는 Starlette 패키지가 ASGI를 지원하고, 자체 개발한 몇 가지 기능을 통해 비동기 코드를 통합했기 때문이다.

> **NOTE** async와 await을 단독으로 사용한다고 해서 코드가 더 빠르게 실행되는 것은 아니다. 오히려 비
> 동기를 설정하는 오버헤드 때문에 조금 느려질 수 있다. 비동기는 주로 I/O를 오래 기다리지 않기 위해 사용
> 하는 것이다.

이제 앞서 살펴본 웹 엔드포인트 호출을 비동기화하는 방법을 알아본다.

URL을 코드에 대응시키는 함수를 FastAPI 문서에서는 경로 함수path functions라고 부른다. 저자
는 이를 웹 엔드포인트web endpoint라고도 부른다. 3장에서 동기식으로 작성한 예시를 살펴보았
다. 이제 비동기 예시를 만들자. 앞의 예시와 마찬가지로 지금은 숫자와 문자열 같은 간단한 타
입만 사용한다. 데이터 구조를 우아하게 처리하기 위해 사용하는 타입 힌트type hint와 Pydantic
파이단틱은 5장에서 소개한다.

이전 장의 첫 번째 FastAPI 프로그램을 [예시 4-5]에서 비동기로 바꾸겠다.

예시 4-5 단순한 async 엔드포인트: greet_async.py

```python
from fastapi import FastAPI
import asyncio

app = FastAPI()

@app.get("/hi")
async def greet():
    await asyncio.sleep(1)
    return "Hello? World?"
```

이 코드 조각을 실행하려면 Uvicorn 같은 웹 서버가 필요하다. Uvicorn을 실행하는 방법은
다음과 같다.

```
$ uvicorn greet_async:app
```

또는 [예시 4-6]과 같이 모듈이 아닌 메인 프로그램을 실행할 때 코드 내에서 Uvicorn을 호출
할 수 있다.

```python
from fastapi import FastAPI
import asyncio
import uvicorn

app = FastAPI()

@app.get("/hi")
async def greet():
    await asyncio.sleep(1)
    return "Hello? World?

if __name__ == "__main__":
    uvicorn.run("greet_async_uvicorn:app")
```

프로그램을 독립적으로 실행하면 파이썬은 이를 main이라고 명명한다. 저기 if __name__으로 시작하는 코드는 메인 프로그램으로 호출될 때만 실행되는 코드다. 지저분하게 생겼다고? 동감이다.

이 코드는 1초 후에 인사말을 반환한다. 파이썬 표준 함수 sleep(1)을 사용한 동기식 함수와 다른 유일한 점은 웹 서버가 비동기 예시를 사용하는 동안 다른 요청을 동시에 처리할 수 있다는 점이다.

asyncio.sleep(1)은 데이터베이스 호출이나 웹 페이지 다운로드와 같이 실행에 1초가 소요되는 실제 함수를 대체한 구현이다. 이후 장에서는 웹 계층에서 서비스 계층으로, 그리고 서비스 계층에서 데이터 계층으로 호출해 실제로 시간이 소요되는 작업에 이를 사용하는 예를 살펴본다.

FastAPI는 URL /hi에 대한 GET 요청을 받으면 비동기 greet() 경로 함수를 호출한다. 아무데나 await을 추가할 필요는 없다. 하지만 async def가 정의된 함수를 호출할 때는 호출 전에 await을 추가해야 한다.

> **NOTE** FastAPI는 비동기 경로 함수를 조율하는 비동기 이벤트 루프와 동기 경로 함수를 위한 스레드풀을 가지고 있다. 개발자가 까다로운 세부 사항을 알 필요가 없다는 점이 FastAPI의 커다란 장점이다. 예를 들어, 이전의 농담 예시(독립형, 비FastAPI)와 같이 asyncio.gather() 또는 asyncio.run() 같은 메서드를 실행할 필요가 없다.

4.4 직접 사용하기

FastAPI 사용자는 API를 만들 때 Starlette보다 Pydantic을 더 사용한다. Starlette은 엔진실에서 윙윙거리며 배를 원활하게 작동시키는 기계에 가깝다.

궁금하다면 Starlette을 직접 사용해 웹 애플리케이션을 작성할 수 있다. [예시 4-7]은 [예시 3-1]과 유사하다.

예시 4-7 Starlette을 사용한 버전: starlette_hello.py

```python
from starlette.applications import Starlette
from starlette.responses import JSONResponse
from starlette.routing import Route

async def greeting(request):
    return JSONResponse('Hello? World?')

app = Starlette(debug=True, routes=[
    Route('/hi', greeting),
])
```

웹 애플리케이션은 다음과 같이 실행한다.

```
$ uvicorn starlette_hello:app
```

FastAPI가 추가돼 웹 API 개발이 더 쉬워졌다는 생각이 든다.

4.5 쉬는 시간: 클루 저택 청소

여러분은 혼자서 작은 청소 업체를 운영하고 있다. 지금까지 컵라면으로 끼니를 때우며 살았는데, 이번에 체결한 계약으로 큰사발 컵라면을 먹을 수 있게 됐다.

고객은 보드게임인 〈클루〉의 게임판과 같은 구조로 지어진 오래된 저택을 구입했다. 그리고 곧 그곳에서 코스프레 파티를 열고 싶어한다. 하지만 저택이 너무나 난잡해서 이 집을 처음 본 곤도 마리에[3]가 취할 행동이 눈앞에 그려질 정도다.

- 비명을 지른다.
- 숨을 몰아쉰다.
- 도망간다.
- 위 행동을 모두 한다.

계약에 따르면 청소를 일찍 끝낼 경우 보너스를 받는다. 어떻게 하면 가장 짧은 시간 안에 완벽히 청소를 끝낼 수 있을까? CPU, 즉 클루 관리 인력Clue Preservation Units[4]을 더 많이 확보하는 게 가장 좋은 방법이겠지만, 현재로서는 불가능하다. 대신 다음과 같은 방안을 시도할 수 있다.

- 한 방에서 해야 할 작업을 모두 끝내고, 그다음 방으로 넘어간다.
- 한 방에서 특정 작업을 한 후 그다음 방에서 다른 작업을 한다. 예를 들어 주방과 식당에서 식기를 세척하고, 당구장에서 당구공을 닦는다.

이러한 방식으로 접근하면 소요될 총시간이 줄어들까? 가능할지도 모른다. 하지만 어느 작업 단계에 많은 대기 시간이 필요한지 계산해보는 편이 현명하다. 예를 들어 러그를 청소하고 바닥에 왁스를 칠하면 몇 시간 동안 말린 후에야 가구를 제 위치에 갖다 놓을 수 있다.

그러므로 각 방에서 할 일을 다음과 같이 계획할 수 있다.

1 모든 붙박이 물건(창문 등)을 청소한다.
2 방에 있는 가구를 전부 홀로 옮긴다.
3 러그와 나무 바닥에 여러 해 동안 찌든 때를 제거한다.
4 다음 중 하나를 수행한다.

- 러그나 왁스가 마를 때까지 기다리며 보너스는 단념한다.
- 당장 다음 방으로 가서 위의 일을 반복한다. 마지막 방이 끝나면 가구를 원래 있던 곳으로 옮기는 작업을 반복한다.

기다리며 건조하는 방식은 동기 방식이다. 시간이 중요하지 않고 휴식이 필요한 경우에 가장 적합할 것이다. 두 번째는 비동기 방식이다. 각 방의 대기 시간을 절약하게 된다.

---

3 옮긴이_ '설레지 않으면 버린다'는 정리법으로 유명한 일본의 정리 컨설턴트
4 옮긴이_ 작업에 CPU가 더 많으면 좋다는 의미의 언어 유희다.

돈을 많이 벌기 위해 비동기 경로를 선택한다고 하자. 오래된 폐기물 같았던 가구를 모두 새 것처럼 운이 나게 만들어 고객이 감사 보너스까지 지급했다. 파티는 다음과 같은 작은 소동을 제외하면 큰 성공을 거두었다.

1 콧수염만 붙이고 자신을 마리오라고 주장하는 손님이 왔다.

2 무도회장 바닥에 왁스칠을 너무 많이 한 탓에, 술에 취한 플럼 교수가 건너편 테이블까지 미끄러져 스칼렛 양이 샴페인 세례를 받았다.

이번 이야기의 교훈을 정리하겠다.

- 요구사항이 상충하거나 기이할 때도 있다.
- 여러 요인에 따라 예상 기간과 업무 강도가 달라진다.
- 작업 순서 설정은 과학인 동시에 예술이다.
- 모든 작업을 마치면 기분이 좋아질 것이다. 자, 컵라면 먹으러 가자.

4.6 정리

이 장에서는 동시성을 높이는 방법을 전체적으로 간단히 살펴본 후, 최근 파이썬 키워드인 async와 await을 사용하는 함수로 확장했다. FastAPI와 Starlette이 기존의 일반적인 동기 함수와 새롭고 멋진 비동기 함수를 처리하는 방법을 모두 살펴보았다.

다음 장에서는 FastAPI의 두 번째 기둥인 Pydantic으로 데이터를 정의하는 방법을 소개한다.

## CHAPTER 5

Pydantic과 타입 힌트, 모델

> Pydantic은 파이썬의 타입 힌트를 사용한 데이터 유효성 검사와 설정 관리를 한다. 빠르고
> 확장 가능한 Pydantic은 여러분의 린터/IDE/두뇌와 잘 어울린다. 표준 파이썬(3.6 이상)에
> 서 데이터가 어떻게 구성돼야 하는지 정의하고, Pydantic으로 유효성을 검사하자.
>
> **— 새뮤얼 콜빈**^{Samuel Colvin}, **Pydantic 개발자**

FastAPI는 Pydantic^{파이단틱} 파이썬 패키지를 아주 많이 사용한다. 이 패키지는 파이썬 객체 클래스인 `models`로 데이터 구조를 정의한다. 이러한 모델은 FastAPI 애플리케이션에서 자주 사용되며 대규모 애플리케이션을 작성할 때 매우 유용하다.

5.1 타입 힌트

파이썬 타입 힌트^{type hint}에 대해 조금 더 알아보자. 대다수의 컴퓨터 언어에서 변수가 메모리에 있는 값을 직접 가리킨다는 점은 2장에서 언급했다. 이를 위해서는 프로그래머가 값의 크기와 비트를 결정할 수 있도록 타입을 선언해야 한다. 파이썬에서 변수는 객체와 연관된 이름일 뿐이며 타입을 갖는 것은 객체다.

일반 프로그래밍에서 변수는 동일한 객체와 연관된다. 타입 힌트를 해당 변수에 연결하면 프로

그래밍 과정에서 실수가 준다. 그래서 파이썬은 표준 타이핑 모듈에 타입 힌트를 추가했다. 파이썬 인터프리터는 프로그램을 실행할 때 타입 힌트 구문을 무시하고 마치 존재하지 않는 듯 동작한다. 이게 무슨 의미가 있을까?

변수를 어떤 줄에서 문자열로 처리했다가 나중에 잊어버리고 다른 타입의 객체를 할당할 수 있다. 다른 언어의 컴파일러라면 이를 잡아내겠지만, 파이썬은 그렇지 않다. 표준 파이썬 인터프리터는 일반적인 구문 오류와 런타임 오류는 잡아내지만, 변수에 대한 혼합 타입은 오류로 처리하지 않는다. mypy 같은 보조 도구는 타입 힌트에 주의를 기울여 타입 불일치 시 경고를 표시한다.

또한 타입 힌트는 타입 오류 검사 이상의 기능을 수행하는 도구를 작성하고자 하는 파이썬 개발자에게 유용하다. 이번 절에서는 불명확한 요구사항을 해결하기 위해 Pydantic 패키지가 어떻게 개발됐는지 설명한다. 그리고 FastAPI와의 통합을 통해 많은 웹 개발 문제를 한결 쉽게 처리하는 방법을 살펴볼 것이다.

타입 힌트는 어떻게 생겼을까? 변수에 대한 구문과 함수 반환값에 대한 구문을 알아보자.

```
name: type
```

변수를 값으로 초기화할 수도 있다.

```
name: type = value
```

타입은 int나 str 같은 표준 파이썬 단순 타입이나 튜플, 리스트, 딕셔너리 같은 컬렉션 타입 중 하나일 수 있다.

```
thing: str = "yeti"
```

NOTE 버전 3.9 이전의 파이썬에서 튜플, 리스트, 딕셔너리 등의 자료 구조에 타입 힌트를 사용할 경우, 타이핑typing 모듈을 이용해 표준 타입 이름을 대문자 형태로 가져와야 한다.

```
from typing import Tuple, List, Dict
tuple_things: Tuple = ("yeti", "bigfoot")
list_things: List = ["yeti", "bigfoot"]
dict_things: Dict = {"mountian": "yeti", "forest": "bigfoot"}
```

다음은 초기화의 몇 가지 예시다.

```
physics_magic_number: float = 1.0/137.03599913
hp_lovecraft_noun: str = "ichor"
exploding_sheep: tuple = "sis", "boom", "bah!"
responses: dict = {"Marco": "Polo", "answer": 42}
```

컬렉션의 하위 타입을 포함할 수도 있다.

```
name: dict[keytype, valtype] = {key1: val1, key2: val2}
```

타이핑 모듈에는 하위 타입에 유용한 기능이 추가됐는데, 하위 타입에는 다음 두 가지 기능을 주로 사용한다.

- **Any**: 모든 타입
- **Union**: Union[str, int]와 같이 지정된 모든 타입

NOTE 파이썬 3.10 이상에서는 Union[type1, type2]를 type1 ¦ type2의 형태로 작성한다.

다음은 파이썬 딕셔너리를 Pydantic으로 정의하는 예시다.

```
from typing import Any
responses: dict[str, Any] = {"Marco": "Polo", "answer": 42}
```

정의에 좀 더 구체적인 설명을 담기도 한다.

```
from typing import Union
responses: dict[str, Union[str, int]] = {"Marco": "Polo", "answer": 42}
```

파이썬 3.10 이상에서는 다음과 같이 입력한다.

```
responses: dict[str, str | int] = {"Marco": "Polo", "answer": 42}
```

타입 힌트가 적용된 변수 줄은 정상 작동한다. 즉 일반 변수 줄은 그렇지 않다는 점을 유의하자.

```
$ python
...
>>> thing0
Traceback (most recent call last):
File "<stdin>", line 1, in <module>
NameError: name thing0 is not defined
>>> thing0: str
```

일반 파이썬 인터프리터는 타입을 잘못 사용해도 타입 오류를 잡아내지 않는다.

```
$ python
...
>>> thing1: str = "yeti"
>>> thing1 = 47
```

대신 mypy가 잡을 것이다. 아직 mypy를 설치하지 않았다면 `pip install mypy`를 실행하자. 먼저 작성한 코드를 stuff.py 파일[1]에 저장하고 다음을 시도한다.

```
$ mypy stuff.py
stuff.py:2: error: Incompatible types in assignment (expression has type "int",
variable has type "str")
Found 1 error in 1 file (checked 1 source file)
```

---

[1] 파일 이름을 대충 짓는 걸까? 에이... 설마.

함수 반환값에 대한 타입 힌트에서는 콜론 대신 화살표를 사용한다.

```
function(args) -> type:
```

다음은 Pydantic을 사용한 함수 반환값의 예시다.

```
def get_thing() -> str:
    return "yeti"
```

정의한 클래스 또는 클래스의 조합을 비롯해 모든 타입을 사용할 수 있다. 이어지는 절에서 확인하자.

5.2 데이터 그룹화

종종 개별 변수를 각각 전달하지 않고 관련 변수를 그룹으로 묶어 함께 유지해야 하는 경우가 있다. 여러 변수를 그룹으로 통합하고 타입 힌트를 유지하려면 어떻게 해야 할까?

이전까지 사용한 미적지근한 인사말 예시는 뒤로하고 이제부터 좀 더 풍부한 데이터를 사용한다. 이제부터는 크립티드cryptid[2] (가상의 생명체)와 이를 찾는 탐험가(역시 상상 속에 존재하는)의 예를 사용한다. 초기 크립티드 정의는 다음 문자열 변수만 포함한다.

다음은 탐험가를 정의한다.

- **name**: 키
- **country**: 두 문자 ISO 국가 코드
- **description**: 자유 양식

파이썬이 제공하는 기본 **int**, **string** 너머에 존재하는 주요 데이터 컬렉션 타입은 다음과 같다.

- **tuple**: 변경 불가한 객체 배열
- **list**: 변경 가능한 객체 배열

---

2 옮긴이_ 크립티드란 가상의 생명체를 일컫는 명칭이다. 네스호의 괴물이나 메갈로돈 등이 크립티드에 속한다.

- **set**: 변경 가능한 중복 없는 배열
- **dict**: 변경 가능한 키-값 객체 쌍(키는 불변 타입이어야 함)

튜플(예시 5-1)과 리스트(예시 5-2)를 사용해 멤버 변수에 접근하려면 시작 위치 값^{offset}을 사용하는 방법밖에 없으므로 각 위치에 어떤 값이 있는지 기억해야 한다.

예시 5-1 튜플 사용

```
>>> tuple_thing = ("yeti", "CN", "Himalayas",
    "Hirsute Himalayan", "Abominable Snowman")
>>> print("Name is", tuple_thing[0])
Name is yeti
```

예시 5-2 리스트 사용

```
>>> list_thing = ["yeti", "CN", "Himalayas",
    "Hirsute Himalayan", "Abominable Snowman"]
>>> print("Name is", list_thing[0])
Name is yeti
```

[예시 5-3]은 정수형의 시작 위치 값을 이름으로 정의해 접근을 좀 더 쉽게 만든다.

예시 5-3 튜플 및 이름 붙인 시작 위치 값 사용

```
>>> NAME = 0
>>> COUNTRY = 1
>>> AREA = 2
>>> DESCRIPTION = 3
>>> AKA = 4
>>> tuple_thing = ("yeti", "CN", "Himalayas",
    "Hirsute Himalayan", "Abominable Snowman")
>>> print("Name is", tuple_thing[NAME])
Name is yeti
```

[예시 5-4]에서는 딕셔너리로 좀 더 개선돼 키로 접근한다.

예시 5-4 딕셔너리 사용

```
>>> dict_thing = {"name": "yeti",
...     "country": "CN",
...     "area": "Himalayas",
...     "description": "Hirsute Himalayan",
...     "aka": "Abominable Snowman"}
>>> print("Name is", dict_thing["name"])
Name is yeti
```

세트^{set}는 유일 값만 포함하므로 다양한 변수를 처리하는 데 그다지 유용하지 않다. [예시 5-5]
에서 네임드 튜플^{named tuple}은 정수 오프셋 또는 이름으로 접근한다.

예시 5-5 네임드 튜플 사용

```
>>> from collections import namedtuple
>>> CreatureNamedTuple = namedtuple("CreatureNamedTuple",
...     "name, country, area, description, aka")
>>> namedtuple_thing = CreatureNamedTuple("yeti",
...     "CN",
...     "Himalaya",
...     "Hirsute HImalayan",
...     "Abominable Snowman")
>>> print("Name is", namedtuple_thing[0])
Name is yeti
>>> print("Name is", namedtuple_thing.name)
Name is yeti
```

> **NOTE** namedtuple_thing은 딕셔너리가 아닌 튜플이므로 namedtuple_thing["name"] 형태로 호
> 출할 수 없다.

[예시 5-6]은 새 파이썬 클래스를 정의하고 모든 어트리뷰트를 self로 추가한다. 이 단순한 작
업에 많은 타이핑이 필요하다.

예시 5-6 표준 클래스 사용

```
>>> class CreatureClass():
```

```
...     def __init__(self,
...         name: str,
...         country: str,
...         area: str,
...         description: str,
...         aka: str):
...         self.name = name
...         self.country = country
...         self.area = area
...         self.description = description
...         self.aka = aka
...
>>> class_thing = CreatureClass(
...     "yeti",
...     "CN",
...     "Himalayas",
...     "Hirsute Himalayan",
...     "Abominable Snowman")
>>> print("Name is", class_thing.name)
Name is yeti
```

> **NOTE** 큰 문제를 느끼지 못하는 독자도 있을 것이다. 일반 클래스를 사용하면 더 많은 데이터(속성)를 비롯
> 해 특히 동작(메서드)을 추가할 수 있다. 탐험가 어트리뷰트에 뜬금없이 좋아하는 노래를 조회하는 메서드를
> 추가하기로 마음먹었다고 하자. CreatureClass에는 적용하지 않겠다.[3] 하지만 현재 목표는 데이터 덩어리
> 가 방해 없이 계층 사이를 이동하고, 들어오고 나갈 때 유효한지 검사하는 것이다. 이 상황에서 노래 조회 메
> 서드는 데이터베이스에 전혀 맞지 않는 존재다.

다른 언어에서 레코드record 또는 구조체struct (이름과 값의 그룹)라고 부르는 것과 유사한 것
이 파이썬에도 있을까? 파이썬에는 최근에 추가된 데이터클래스(dataclass)가 있다. [예시
5-7]은 데이터클래스를 사용하면 모든 self 관련 사항이 어떻게 사라지는지 보여준다.

예시 5-7 데이터 클래스 사용

```
>>> from dataclasses import dataclass
>>>
```

---

3 요들을 부르는 설인에는 넣는 게 좋으려나?

```
>>> @dataclass
... class CreatureDataClass():
...     name: str
...     country: str
...     area: str
...     description: str
...     aka: str
...
>>> dataclass_thing = CreatureDataClass(
...     "yeti",
...     "CN",
...     "Himalayas",
...     "Hirsute Himalayan",
...     "Abominable Snowman")
>>> print("Name is", dataclass_thing.name)
Name is yeti
```

이 정도면 변수를 함께 관리하기에 충분하다. 하지만 우리에겐 필요한 게 많으니 요구사항을 적용해 달라고 산타에게 소원을 빌자.

- 가능한 대체 타입의 집합
- 누락된 값이나 선택적 값 적용
- 기본값 설정
- 데이터 유효성 검사
- JSON과 같은 형식으로 직렬화 또는 역직렬화

5.3 대안

파이썬의 내장 데이터 구조, 특히 딕셔너리를 사용하고 싶은 유혹이 생길 수 있다. 하지만 딕셔너리를 들여다보면 분명 매우 '느슨'하다고 느낄 것이다. 자유에는 대가가 따르는 법, 딕셔너리는 '모든 것'을 확인해야 한다.

- 키는 선택 사항인가?
- 키가 누락된 경우 기본값이 있는가?
- 키가 존재하는가?

- 키의 값이 올바른 타입인가?
- 값이 올바른 스코프에 있거나 패턴과 일치하는가?

이러한 요구사항을 해결하는 라이브러리는 대표적으로 세 가지가 있다.

- **Dataclasses**데이터클래스(https://oreil.ly/mxANA): 파이썬의 일부다.
- **attrs**(https://www.attrs.org): 서드파티 라이브러리지만 데이터클래스의 상위 호환이다.
- **Pydantic**(https://docs.pydantic.dev): 서드파티 라이브러리지만, FastAPI에 통합돼 FastAPI를 사용한다면 좋은 선택지다. 이 책의 독자라면 Pydantic을 선택할 가능성이 더욱 높다.

이 세 가지를 비교한 유튜브 영상(https://oreil.ly/pkQD3)에 따르면, Pydantic은 유효성 검사에 탁월하고 FastAPI와 통합되어 잠재적 데이터 오류를 많이 잡아낸다. 대신 Pydantic은 상속(BaseModel 클래스를 상속)에 의존하는 반면, 나머지 두 개는 파이썬 데코레이터decorator를 사용해 객체를 정의한다. 이는 스타일의 영역이다.

또 다른 비교(https://oreil.ly/gU28a)에서도 Pydantic은 marshmallow(https://marshmallow.readthedocs.io)나 흥미로운 이름의 Voluptuous(https://github.com/alecthomas/voluptuous) 같은 오래된 유효성 검사 패키지보다 성능이 월등했다. Pydantic의 또 다른 큰 장점은 표준 파이썬 타입 힌트 구문을 사용한다는 점이다. 오래된 라이브러리들은 타입 힌트가 표준 모듈에 등록되기 전에 출시돼서 자체 방법을 사용하기 때문이다. 그래서 이 책에서는 파이단틱을 사용하지만, FastAPI를 사용하지 않는다면 두 가지 대안 중 하나를 사용해도 된다.

Pydantic은 아래 조건들을 결합하는 방법을 제공한다.

- 필수 사항과 선택 사항
- 지정되지 않았지만 필요한 경우 기본값
- 예상되는 하나 이상의 데이터 타입
- 값 범위 제한
- 필요한 경우 기타 기능 기반 검사
- 직렬화와 역직렬화

5.4 간단한 예

3장에서 URL, 쿼리 매개변수 또는 HTTP 본문을 통해 웹 엔드포인트에 간단한 문자열을 공급하는 방법을 살펴보았다. 다만, 문제는 실제 서비스에서 문자열 외에도 다양한 타입의 데이터 묶음을 주고받는다는 점이다. 이 대목에서 Pydantic 모델이 FastAPI에 처음 등장한다.

초기 예시에서는 세 개의 파일을 사용한다.

- **model.py**: Pydantic 모델을 정의한다.
- **data.py**: 모델의 인스턴스를 정의하는 가짜 데이터 소스다.
- **web.py**: 가짜 데이터를 반환하는 FastAPI 웹 엔드포인트를 정의한다.

이 장에서는 간단하게 설명하기 위해 모든 파일을 같은 디렉터리에 보관한다. 이후 장에서 더 큰 규모의 웹사이트에 대해 설명할 때는 각각의 계층으로 분리한다.

먼저 [예시 5-8]에서 생명체 모델을 정의한다.

예시 5-8 생명체 모델 정의: model.py

```python
from pydantic import BaseModel

class Creature(BaseModel):
    name: str
    country: str
    area: str
    description: str
    aka: str

thing = Creature(
    name="yeti",
    country="CN",
    area="Himalayas",
    description="Hirsute Himalayan",
    aka="Abominable Snowman"
)

print("Name is", thing.name)
```

Creature 클래스는 Pydantic의 BaseModel을 상속한다. name, country, area, description, aka 뒤의 : str은 각 필드가 파이썬 문자열임을 나타내는 타입 힌트다.

[예시 5-9]처럼 인수의 이름을 포함하면 인수를 어떤 순서로든 전달할 수 있다.

예시 5-9 생명체 만들기

```
>>> thing = Creature(
...     name="yeti",
...     country="CN",
...     area="Himalayas",
...     description="Hirsute Himalayan",
...     aka="Abominable Snowman")
>>> print("Name is", thing.name)
Name is yeti
```

[예시 5-10]은 아주 작은 데이터 소스를 정의하지만 이후 장들에서는 이 작업을 데이터베이스로 수행한다. 타입 힌트 목록 list[Creature]는 Creature 객체의 리스트임을 알린다.

예시 5-10 가짜 데이터 정의: data.py

```
from model import Creature

_creatures: list[Creature] = [
    Creature(name="yeti",
            country="CN",
            area="Himalayas",
            description="Hirsute Himalayan",
            aka="Abominable Snowman"
            ),
    Creature(name="sasquatch",
            country="US",
            area="*",
            description="Yeti's Cousin Eddie",
            aka="Bigfoot")
]
```

```
def get_creatures() -> list[Creature]:
    return _creatures
```

빅풋^{bigfoot}[4]은 거의 모든 지역에 존재하므로 area에 "*"를 사용했다. 이 코드는 방금 작성한 model.py를 가져온다. 이 코드는 Creature 객체가 담긴 리스트 _creatures를 호출하고 이를 반환하는 get_creatures() 함수를 제공해 데이터를 살짝 은닉한다.

[예시 5-11]은 FastAPI 웹 엔드포인트를 정의하는 파일인 web.py의 코드다.

예시 5-11 FastAPI 웹 엔드포인트 정의: web.py

```
from model import Creature
from fastapi import FastAPI

app = FastAPI()

@app.get("/creature")
def get_all() -> list[Creature]:
    from data import get_creatures
    return get_creatures()
```

[예시 5-12]는 엔드포인트가 하나인 서버를 실행한다.

예시 5-12 Uvicorn 실행

```
$ uvicorn web:app
INFO:     Started server process [24782]
INFO:     Waiting for application startup.
INFO:     Application startup complete.
INFO:     Uvicorn running on <http://127.0.0.1:8000> (Press CTRL+C to quit)
```

다른 창에서 [예시 5-13]의 코드를 입력해 HTTPie 웹 클라이언트로 웹 애플리케이션에 접근한다. 브라우저나 Requests 모듈을 사용해도 좋다.

---

4 옮긴이_ 빅풋은 대체로 북아메리카의 산림 지대에서 목격된다고 알려진, 털이 텁수룩한 신비한 생물이다. 인간 형상을 하고 있으며, 대단히 크고 다부진 몸집을 자랑한다고 전해진다.

```
$ http http://localhost:8000/creature
HTTP/1.1 200 OK
content-length: 211
content-type: application/json
date: Mon, 12 Sep 2022 02:21:15 GMT
server: uvicorn

[
    {
        "aka": "Abominable Snowman",
        "area": "Himalayas",
        "country": "CN",
        "description": "Hirsute Himalayan",
        "name": "yeti"
    },
    {
        "aka": "Bigfoot",
        "area": "*",
        "country": "US",
        "description": "Yeti's Cousin Eddie",
        "name": "sasquatch"
    }
]
```

FastAPI와 Starlette은 원본 **Creature** 모델 객체 리스트를 JSON 문자열로 자동 변환한다. 이 형식은 FastAPI의 기본 출력 형식이므로 별도로 지정할 필요가 없다. 또한 처음 Uvicorn 웹 서버를 시작한 창에 다음 로그가 출력돼야 한다.

```
INFO: 127.0.0.1:52375 - "GET /creature HTTP/1.1" 200 OK
```

5.5 타입 유효성 검사

지금까지 설명한 내용을 잠시 목록으로 정리하겠다.

- 변수 및 함수에 타입 힌트 적용
- Pydantic 모델 정의 및 사용
- 데이터 소스에서 모델 리스트 반환
- 모델 리스트를 웹 클라이언트에 반환해 모델 리스트를 JSON으로 자동 변환

이제 실제로 데이터 유효성 검사에 적용해보자. 하나 이상의 **Creature** 필드에 잘못된 타입의 값을 할당한다. 이를 위해 독립형 테스트를 사용한다(이번 장에서 Pydantic은 웹 코드에 적용되지 않고 데이터에만 적용된다). [예시 5-14]처럼 테스트 대상 코드를 **test1.py**에 작성한다.

예시 5-14 생명체 모델 테스트

```
from model import Creature

dragon = Creature(
    name="dragon",
    description=["incorrect", "string", "list"],
    country="*" ,
    area="*",
    aka="firedrake")
```

이제 [예시 5-15]처럼 테스트를 시도한다.

예시 5-15 테스트 실행

```
$ python test1.py
Traceback (most recent call last):
  File "…/src/5-14.py", line 2, in <module>
    dragon = Creature(
  File "…/pydantic/main.py", line 171, in _init_
    self._pydantic_validator_.validate_python(data, self_instance=self)
pydantic_core._pydantic_core.ValidationError: 1 validation error for Creature
description
  Input should be a valid string [type=string_type,
  input_value=['incorrect', 'string', 'list'], input_type=list]
    For further information visit https://errors.pydantic.dev/2.6/v/string_type
```

이렇게 하면 `description` 필드에 문자열이 필요함을 알 수 있다.

5.6 값 유효성 검사

값의 타입이 Creature 클래스의 사양과 일치해도 더 많은 검사를 통과해야 한다. 값 자체에 몇 가지 제한을 둘 수 있다.

정수(conint) 또는 부동 소수점	문자열(constr)	튜플, 리스트 또는 집합
gt: 초과	min_length: 최소 문자(바이트가 아닌) 길이	min_items: 최소 요소 수
lt: 미만		max_items: 최대 요소 수
ge: 크거나 같음	max_length: 최대 문자 길이	
le: 작거나 같음	to_upper: 대문자로 변환	
multiple_of: 값의 정수 배수	to_lower: 소문자로 변환	
	regex: 파이썬 정규식 일치	

이 값은 모델의 타입 부분에 지정돼 있다. [예시 5-16]은 name 필드의 길이가 항상 두 문자 이상이 되는지 검사한다. 그 외의 필드는 " "(빈 문자열)도 유효하다.

예시 5-16 유효성 검사 실패 보기

```
>>> from pydantic import BaseModel, constr
>>>
>>> class Creature(BaseModel):
...     name: constr(min_length=2)
...     country: str
...     area: str
...     description: str
...     aka: str
...
>>> bad_creature = Creature(name="!",
...     description="it's a raccoon",
...     area="your attic")
Traceback (most recent call last):
  File ".../5-16.py", line 10, in <module>
    bad_creature = Creature(name="!",
                   ^^^^^^^^^^^^^^^^^^
  File ".../pydantic/main.py", line 171, in __init__
    self.__pydantic_validator__.validate_python(data, self_instance=self)
pydantic_core._pydantic_core.ValidationError: 3 validation errors for Creature
name
```

```
   String should have at least 2 characters [type=string_too_short, input_
value='!', input_type=str]
      For further information visit https://errors.pydantic.dev/2.6/v/string_too_
short
country
   Field required [type=missing, input_value={'name': '!', 'descriptio...", 'area':
'your attic'}, input_type=dict]
     For further information visit https://errors.pydantic.dev/2.6/v/missing
aka
   Field required [type=missing, input_value={'name': '!', 'descriptio...", 'area':
'your attic'}, input_type=dict]
     For further information visit https://errors.pydantic.dev/2.6/v/missing
```

여기서 constr은 제약된 문자열을 의미한다. [예시 5-17]은 대안으로 Pydantic의 Field 사양을 사용한다.

예시 5-17 Field를 사용한 또 다른 유효성 검사 실패

```
>>> from pydantic import BaseModel, Field
>>>
>>> class Creature(BaseModel):
...     name: str = Field(..., min_length=2)
...     country: str
...     area: str
...     description: str
...     aka: str
...
>>> bad_creature = Creature(name="!",
...     area="your attic",
...     description="it's a raccoon")
Traceback (most recent call last):
  File ".../5-17.py", line 10, in <module>
    bad_creature = Creature(name="!",
                   ^^^^^^^^^^^^^^^^^^
  File ".../pydantic/main.py", line 171, in __init__
    self.__pydantic_validator__.validate_python(data, self_instance=self)
pydantic_core._pydantic_core.ValidationError: 3 validation errors for Creature
name
   String should have at least 2 characters [type=string_too_short, input_
value='!', input_type=str]
```

```
      For further information visit https://errors.pydantic.dev/2.6/v/string_too_
short
country
  Field required [type=missing, input_value={'name': '!', 'area': 'yo...tion': "it's
a raccoon"}, input_type=dict]
    For further information visit https://errors.pydantic.dev/2.6/v/missing
aka
  Field required [type=missing, input_value={'name': '!', 'area': 'yo...tion': "it's
a raccoon"}, input_type=dict]
    For further information visit https://errors.pydantic.dev/2.6/v/missing
```

Field()의 ... 인수는 값이 필요하며 기본값이 없음을 의미한다.

여기서는 Pydantic을 최대한 간단히 소개했다. 그중에서 데이터의 유효성 검사를 자동화할 수 있다는 점을 자세히 살펴봤다. 이 기능이 얼마나 유용한지는 웹 계층이나 데이터 계층에서 데이터를 가져올 때 확인할 수 있다.

5.7 정리

모델은 웹 애플리케이션에서 전달할 데이터를 정의하는 가장 좋은 방법이다. Pydantic은 파이썬의 타입 힌트를 활용해 애플리케이션에서 전달할 데이터 모델을 정의한다. 다음 장에서는 여러분의 일반 코드에서 특정 세부 사항을 분리하기 위해 의존성을 정의하는 내용을 다룬다.

## CHAPTER 6

의존성

FastAPI는 '의존성 주입'이라는 매우 훌륭한 기능을 지원한다. 의존성 주입은 이름이 기술적이고 난해해 보이지만 FastAPI의 핵심이며 여러 면에서 굉장히 유용하다. 이 장에서는 FastAPI에 내장된 의존성 주입 기능을 살펴보고, 의존성을 직접 작성하는 방법을 알아본다.

6.1 의존성이란?

의존성이란 어떤 시점에 필요한 특정 정보를 말한다. 대개는 정보가 필요한 시점에 바로 가져오는 코드를 작성한다.

웹 서비스를 만들다 보면 다음과 같은 작업을 수행해야 할 때가 있다.

- HTTP 요청에서 입력값 저장
- 입력값의 유효성 검사
- 일부 엔드포인트에서 사용자를 인증해 부여된 권한 확인
- 데이터 소스(주로 데이터베이스)에서 데이터 조회
- 메트릭metric(지표)이나 로그, 추적 정보[1] 내보내기

웹 프레임워크는 바이트로 전달된 HTTP 요청을 데이터 구조로 변환한다. 그리고 우리는 웹

---

1 옮긴이_ 요청과 응답이 어디에서 어디로 전달되는지 추적하는 정보를 뜻한다.

계층에 있는 함수에서 정보를 필요에 따라 뽑아낸다.

6.2 의존성 관련 문제

여러분이 원하는 것을 필요할 때 바로 얻고, 외부 코드가 이를 어떻게 얻었는지 알 필요가 없는
구조는 꽤 합리적인 것처럼 여겨진다. 하지만 다음과 같은 대가를 치러야 한다.

- **테스트**: 의존성을 다른 방식으로 얻을 수 없어, 테스트를 위해 함수를 변형할 수 없다.
- **숨겨진 의존성**: 세부 사항을 숨기면 외부 코드가 변경될 때 우리가 작성한 코드가 망가질 수 있다.
- **중복 호출**: 데이터베이스에서 사용자를 조회하거나 HTTP 요청 값을 결합하는 등 의존성이 공통으로 사용
  되면 여러 함수에서 중복으로 호출될 수 있다.
- **OpenAPI 가시성**: FastAPI가 생성하는 자동화된 API 문서는 의존성 주입 메커니즘에 대한 정보가 필요
  하다.

6.3 의존성 주입

의존성 주입이란 필요한 특정 정보를 함수에 전달하는 것으로, 생각보다 간단하다. 이를 수행
하는 전통적인 방법은 헬퍼 함수^{helper function}를 전달한 다음, 이를 호출해 특정 데이터를 가져오
는 것이다.

6.4 FastAPI 의존성

한 걸음 더 나아가 의존성을 함수의 인자로 정의할 수 있다. 정의된 의존성은 FastAPI에 의해
'자동'으로 호출되고, 호출 결과로 반환되는 '값'을 인자에 전달한다. 예를 들어, HTTP 매개변
수에서 아이디와 비밀번호를 가져와서 데이터베이스에서 조회한 다음, 해당 유저를 추적하는
데 사용하는 토큰을 반환하는 user_dep 의존성이 있을 수 있다. 웹 핸들러 함수(경로 함수)는
이 의존성을 직접 호출하지 않는다. 의존성은 핸들러 함수가 호출될 때 처리된다.

여러분은 이미 경로path, 쿼리query, 본문body, 헤더header 같은 HTTP 데이터 소스를 사용했을 것이다. 하지만 의존성으로 언급되는 경우는 보지 못했을 것이다. 이 데이터 소스는 HTTP 요청에 있는 다양한 데이터를 분석해 함수 또는 파이썬 클래스로 표현한 것으로 유효성 검사나 데이터 타입 검사 같은 세부 사항을 숨기고 있다. 이런 작업을 수행하는 함수를 직접 작성할 수 있을까? 물론 그래도 좋지만 이미 있는 기능은 놓치지 않고 사용하기 바란다.

- 데이터 유효성 검사
- 타입 변환
- 자동 문서화

FastAPI를 제외한 대다수의 웹 프레임워크에서는 여러분이 작성한 함수 내에서 이러한 검사를 직접 수행해야 한다. 7장에서 FastAPI를 Flask, Django 같은 파이썬 웹 프레임워크와 비교한다. FastAPI는 여러분이 작성한 의존성을 기본으로 제공하는 의존성을 처리하듯 다룬다.

6.5 의존성 작성

의존성은 FastAPI가 실행해야 한다. 그러므로 의존성 객체는 괄호와 인자를 사용해 '호출'할 수 있는 함수와 클래스를 포함한 Callable 타입이어야 한다.

[예시 6-1]에는 이름과 성별 문자열을 인수로 전달받아서, 유효한 유저인 경우 True를 반환하는 user_dep() 의존성 함수가 있다. 첫 번째 구현은 모든 경우에 True를 반환한다.

예시 6-1 의존성 함수

```
from fastapi import FastAPI, Depends, Query

app = FastAPI()

# 의존성 함수:
def user_dep(name: str = Query(...), gender: str = Query(...)):
    return {"name": name, "valid": True}

# 경로 함수 / 웹 엔드포인트:
@app.get("/user")
```

```
def get_user(user: dict = Depends(user_dep)) -> dict:
    return user
```

여기서 user_dep()는 의존성 함수다. 이 함수는 FastAPI의 경로 함수처럼 작동하지만 (Query와 같은 것들을 사용할 수 있다), 함수 선언부에 데코레이터가 없다. 이 함수는 웹 엔드 포인트가 아니라 헬퍼 함수다.

경로 함수 get_user()는 user라는 인자가 필요하다. 이 변수는 의존성 함수 user_dep()에서 해당 값을 가져온다고 명시하고 있다.

> **NOTE** user_dep은 파이썬 함수 객체이므로 get_user(user = user_dep)처럼 인수로 배정할 수 없다. get_user(user = user_dep())도 불가능하다. get_user()가 사용 시점이 아닌 정의 시점에 user_dep() 함수를 호출하기 때문이다. 그러므로 필요할 때만 user_dep() 함수를 호출하도록 FastAPI 의 헬퍼 함수인 Depends()가 추가로 필요하다.

경로 함수의 인수에는 의존성을 여러 개 포함할 수도 있다.

6.6 의존성 스코프

의존성은 하나의 경로 함수, 경로 함수 그룹 또는 전체 웹 애플리케이션에 정의할 수 있다.

6.6.1 경로 스코프

경로 함수에 인자를 포함하는 방법은 두 가지다.

```
# 첫 번째 방법
def pathfunc(name: depfunc = Depends(depfunc)):

# 두 번째 방법
def pathfunc(name: depfunc = Depends()):
```

여기서 name은 임의로 붙인 이름이고 depfunc이 반환한 값을 가진다.

[예시 6-1]에 대입해보면 다음과 같다.

- pathfunc은 get_user( )다.
- depfunc은 user_dep( )이다.
- name은 user다.

[예시 6-2]는 의존성 함수가 유저의 이름인 name과 유효한 유저인지를 판별한 valid를 고정 값으로 반환한다. 이 의존성을 경로 함수에 주입한다.

예시 6-2 유저 의존성 반환

```
from fastapi import FastAPI, Depends, Query

app = FastAPI()

# 의존성 함수:
def user_dep(name: str = Query(...), gender: str = Query(...)):
    return {"name": name, "valid": True}

# 경로 함수 / 웹 엔드포인트
@app.get("/user")
def get_user(user: dict = Depends(user_dep)) -> dict:
    return user
```

의존성 함수가 검사만 하고 값을 반환하지 않으면, 경로 '데코레이터'(윗줄에서 @로 시작하는 부분)에 의존성을 정의할 수도 있다.

```
@app.method(url, dependencies=[Depends(depfunc)])
```

이를 적용하면 [예시 6-3]과 같다.

예시 6-3 유저를 검사하는 의존성 정의

```
from fastapi import FastAPI, Depends, Query

app = FastAPI()
```

```
# 의존성 함수:
def check_dep(name: str = Query(...), gender: str = Query(...)):
    if not name:
        raise

# 경로 함수 / 웹 엔드포인트
@app.get("/check_user", dependencies=[Depends(check_dep)])
def check_user() -> bool:
    return True
```

6.6.2 다중 경로 스코프

9장에서는 모든 엔드포인트를 최상위 애플리케이션에 연결하지 않고, 최상위 애플리케이션 하위에 둘 이상의 '라우터' 객체를 정의해 더 큰 규모의 FastAPI 애플리케이션을 구성하는 방법을 자세히 설명한다. [예시 6-4]는 이 개념을 간략히 보여준다.

예시 6-4 하위 라우터 의존성 정의

```
from fastapi import FastAPI, Depends, APIRouter

router = APIRouter(..., dependencies=[Depends(depfunc)])
```

여기서 depfunc() 함수는 router 아래에 있는 모든 경로 함수에서 호출된다.

6.6.3 전역 스코프

[예시 6-5]는 최상위 FastAPI 애플리케이션 객체를 정의할 때 모든 경로 함수에 적용할 의존성을 추가한다.

예시 6-5 애플리케이션 수준의 의존성 정의

```
from fastapi import FastAPI, Depends

def depfunc1():
```

```
    pass

def depfunc2():
    pass

app = FastAPI(dependencies=[Depends(depfunc1), Depends(depfunc2)])

@app.get("/main")
def get_main():
    pass
```

참고로 말하자면, 다른 세부 사항은 무시하고 의존성을 첨부하는 방법만 표시하기 위해 pass 를 사용했다.

6.7 정리

이 장에서는 의존성과 의존성 주입, 즉 필요할 때 필요한 데이터를 간단하게 가져오는 방법을 설명했다. 다음 장에서는 Flask, Django, FastAPI를 함께 만난다.

## CHAPTER 7

프레임워크 비교

> 프레임워크는 필요 없습니다. 우리에게 필요한 건 그림이지 프레임이 아니잖아요.
>
> – 클라우스 킨스키Klaus Kinski, 배우

Flask나 Django 같은 인기 있는 파이썬 웹 프레임워크를 사용한 경험이 있는 개발자를 위해 FastAPI의 유사점과 차이점을 짚어본다. 모든 세부 사항을 자세히 다루지는 않겠다. 모두 다뤘다간 여러분의 가방에 들어가지 못할 정도로 책이 두꺼워질 것이다. 이 장에서 다루는 내용은 Flask나 Django에서 FastAPI로 애플리케이션을 마이그레이션할 계획이 있거나 마이그레이션에 대해 궁금한 점이 있을 때 유용하다.

새로운 웹 프레임워크를 배우는 사람이 가장 먼저 알고 싶은 내용은 사용법이다. 그다음은 경로routes(URL과 HTTP 메서드에서 함수에 대한 매핑)를 정의하는 방법이 아닐까? 다음 절에서는 FastAPI와 Flask로 경로를 정의하는 법을 살펴본 뒤 비교한다. 두 프레임워크가 많이 유사해서 같은 종류의 애플리케이션에 후보로 고려될 가능성이 높기 때문이다.

7.1 Flask

Flask플라스크(`https://flask.palletsprojects.com`)는 마이크로프레임워크microframework라

고 자처한다. 이 프레임워크는 기본 뼈대를 제공하고 필요에 따라 서드파티 패키지를 다운로드해 보완한다. 또한 Django보다 덩치가 작고 처음 시작할 때 더 빨리 배울 수 있다. Flask는 ASGI가 아닌 WSGI를 기반으로 하는 동기식 프레임워크다. Quart퀴트 (https://quart.palletsprojects.com)라는 새로운 프로젝트가 Flask의 자리를 대신하며 ASGI 지원을 추가하고 있다. Flask와 FastAPI가 웹 라우팅을 어떻게 정의하는지 맨 위부터 살펴본다.

7.1.1 경로

Flask와 FastAPI는 모두 최상위 수준에서 데코레이터를 사용해 경로를 웹 엔드포인트와 연결한다. [예시 7-1]에서는 3장의 뒷부분에 있는 [예시 3-11]을 복제해 URL 경로에서 사람을 맞이하겠다.

예시 7-1 FastAPI 경로

```
from fastapi import FastAPI

app = FastAPI()

@app.get("/hi/{who}")
def greet(who: str):
    return f"Hello? {who}?"
```

기본적으로 FastAPI는 f"Hello? {who}?" 같은 문자열을 JSON으로 변환해 웹 클라이언트에 반환한다.

[예시 7-2]는 Flask가 이를 수행하는 방법을 보여준다.

예시 7-2 Flask 경로

```
from flask import Flask, jsonify

app = Flask(__name__)

@app.route("/hi/<who>", methods=["GET"])
def greet(who: str):
    return jsonify(f"Hello? {who}?")
```

데코레이터의 who가 이제 <>로 둘러싸인 것에 주목하자. Flask에서 메서드는 기본값인 GET이 아니라면 인자로 포함해야 한다. 따라서 methods=["GET"]은 생략할 수도 있지만, 명시했다고 해서 나쁠 것은 없다.

> **NOTE** Flask 2.0은 app.route 대신 @app.get 형태의 FastAPI 스타일 데코레이터를 지원한다.

Flask의 jsonify() 함수는 인수를 JSON 문자열로 변환해 반환하고, 그 문자열이 JSON임을 나타내는 HTTP 응답 헤더와 함께 반환한다. 딕셔너리(다른 데이터 타입은 제외)를 반환하는 경우, 최신 버전의 Flask는 자동으로 JSON으로 변환해 반환한다. jsonify()를 호출하면 딕셔너리를 포함한 모든 데이터 유형에 대해 명시적으로 작동한다.

7.1.2 쿼리 매개변수

[예시 7-3]은 [예시 3-15]의 who를 쿼리 매개변수(URL에서 ? 뒤 문자열)로 전달한다.

예시 7-3 FastAPI 쿼리 매개변수

```python
from fastapi import FastAPI

app = FastAPI()

@app.get("/hi")
def greet(who):
    return f"Hello? {who}?"
```

Flask의 예가 [예시 7-4]에 나와 있다.

예시 7-4 Flask 쿼리 매개변수

```python
from flask import Flask, request, jsonify

app = Flask(__name__)

@app.route("/hi", methods=["GET"])
def greet():
```

```
    who: str = request.args.get("who")
    return jsonify(f"Hello? {who}?")
```

Flask는 request 객체에서 요청 값을 가져온다. 이 경우, args는 쿼리 매개변수가 포함된 딕
셔너리를 생성한다.

7.1.3 본문

[예시 7-5]는 [예시 3-21]과 같다.

예시 7-5 FastAPI 본문

```
from fastapi import FastAPI, Body

app = FastAPI()

@app.post("/hi")
def greet(who: str = Body(embed=True)):
    return f"Hello? {who}?"
```

Flask로 구현한 예시는 다음과 같다.

예시 7-6 Flask 본문

```
from flask import Flask, request, jsonify

app = Flask(__name__)

@app.route("/hi", methods=["POST"])
def greet():
    who: str = request.json["who"]
    return jsonify(f"Hello? {who}?")
```

Flask는 JSON 입력을 request.json에 저장한다.

7.1.4 헤더

마지막으로 [예시 3–24]를 [예시 7–7]에서 다시 사용하겠다.

예시 7-7 FastAPI 헤더

```
from fastapi import FastAPI, Header

app = FastAPI()

@app.get("/hi")
def greet(who:str = Header()):
    return f"Hello? {who}?"
```

[예시 7–8]은 [예시 7–7]을 Flask에서 작성한 코드다.

예시 7-8 Flask 헤더

```
from flask import Flask, request, jsonify

app = Flask(__name__)

@app.route("/hi", methods=["GET"])
def greet():
    who: str = request.headers.get("who")
    return jsonify(f"Hello? {who}?")
```

쿼리 매개변수와 마찬가지로, Flask는 request 객체에 요청 데이터를 보관한다. 이번에는 headers dict 속성이다. 헤더 키는 대소문자를 구분하지 않아야 한다.

7.2 Django

홈페이지 설명에 따르면 Django(https://www.djangoproject.com)는 Flask나 FastAPI보다 더 크고 복잡하며, '마감 기한이 있는 완벽주의자'를 타깃으로 한다. 내장된 객체 관계형 매퍼object–relational mapper(ORM)는 주요 데이터베이스를 백엔드로 사용하는 웹사이트에 유용하다.

이 프레임워크는 툴킷보다는 모놀리스에 가깝다. 마이크로프레임워크에 복잡성이 추가될지와 학습 곡선이 적정한지 여부는 애플리케이션 요구사항에 따라 다르다.

Django는 전통적인 WSGI 애플리케이션이었지만, 버전 3.0에서 ASGI에 대한 지원이 추가됐다. Flask 및 FastAPI와 달리, Django는 데코레이터를 사용하지 않고 단일 URLConf 테이블에서 경로(URL을 뷰 함수view functions라는 웹 함수와 연결하는)를 정의하기를 선호한다. 이 경우 모든 경로를 한 곳에서 쉽게 볼 수 있지만, 함수만 볼 때는 어떤 URL이 함수와 연결됐는지 확인하기가 더 어려워진다.

7.3 기타 웹 프레임워크 기능

이전 절의 세 가지 프레임워크 비교에서는 주로 경로를 정의하는 방법을 비교했다. 웹 프레임워크는 다음 영역에서도 도움이 된다.

- **양식**: 세 가지 패키지가 모두 표준 HTML 양식을 지원한다.
- **파일**: 이 모든 패키지가 멀티파트 HTTP 요청 및 응답을 포함한 파일 업로드와 다운로드를 처리한다.
- **템플릿**: 템플릿 언어를 사용하면 텍스트와 코드를 혼합할 수 있으며, API 웹사이트가 아닌 콘텐츠 중심 웹사이트(동적으로 삽입된 데이터가 있는 HTML 텍스트)에 유용하다. 가장 잘 알려진 파이썬 템플릿 패키지는 진자jinja(https://jinja.palletsprojects.com)이며, Flask, Django, FastAPI에서 지원된다. Django에는 자체 템플릿 언어도 있다(https://oreil.ly/OIbVJ).

기본 HTTP 이외의 네트워킹 방법을 사용하려면 다음을 시도해보자.

- **서버에서 보낸 이벤트**: 필요에 따라 클라이언트에 데이터를 푸시한다. FastAPI는 sse-starlette(https://oreil.ly/Hv-QP)으로, Flask는 Flask-SSE(https://oreil.ly/oz518)로, Django는 Django 이벤트스트림(https://oreil.ly/NlBE5)으로 지원한다.
- **큐**: 작업 큐, 게시-구독, 기타 네트워킹 패턴은 제로MQZeroMQ, 셀러리Celery, 레디스Redis, 래빗MQRabbitMQ 같은 외부 패키지에서 지원한다.
- **웹소켓**: FastAPI는 직접, Django는 Django 채널Django Channels(https://channels.readthedocs.io)로, Flask는 서드파티 패키지로 지원한다.

7.4 데이터베이스

데이터베이스 처리는 Flask와 FastAPI의 경우 기본 패키지에 포함되지 않지만, Django에서는 핵심 기능이다. 웹 프레임워크의 데이터 계층은 다양한 수준의 데이터베이스에 접근할 수 있다.

- SQL(PostgreSQL, SQLite) 직접 접근
- NoSQL(레디스, 몽고DB^MongoDB, 엘라스틱서치^Elasticsearch) 직접 접근
- SQL을 생성하는 ORM
- NoSQL을 생성하는 객체 문서/데이터 매퍼/관리자(ODM)

관계형 데이터베이스의 경우, SQLAlchemy^SQL알케미(https://www.sqlalchemy.org)는 직접 SQL부터 ORM까지 접근 수준이 다양한 매우 훌륭한 패키지다. 이 패키지는 Flask 및 FastAPI 개발자가 많이 선택한다. FastAPI의 저자는 14장에서 자세히 설명하는 SQLModel 패키지(https://sqlmodel.tiangolo.com)를 작성하고 SQLAlchemy와 Pydantic을 모두 활용했다.

대량의 데이터베이스를 사용하는 사이트에는 자체 ORM(https://oreil.ly/eFzZn)과 자동화된 데이터베이스 관리자 페이지(https://oreil.ly/_al42)를 지원하는 Django를 추천한다. 일부 자료에서는 비개발직군 종사자가 관리자 페이지를 사용해 일상적인 데이터 관리를 하도록 권장하지만, 주의해야 한다. 실제로 비개발직군 종사자가 관리자 페이지의 경고 메시지를 잘못 이해해서 데이터베이스를 날리고 수동으로 복원하는 걸 본 적이 있다. FastAPI와 데이터베이스의 깊이 있는 내용은 14장에서 다룬다.

7.5 추천

API 기반 서비스의 경우 현재 최선의 선택은 FastAPI 같다. 서비스를 빠르게 시작하고 실행하는 점에서는 Flask와 FastAPI가 엇비슷하다. Django는 이해하는 데 시간이 더 걸리지만 대규모 사이트와 데이터베이스 의존도가 높은 사이트에서 사용하는 기능을 많이 제공한다.

7.6 기타 파이썬 웹 프레임워크

현재 파이썬의 3대 웹 프레임워크는 Flask, Django, FastAPI다. 구글에서 'python web frameworks'로 검색하면 다양한 프레임워크를 추천받는다. 눈에 띄지는 않아도 흥미로운 프레임워크를 몇 가지 소개하겠다.

- **Bottle**(https://bottlepy.org/docs/dev): 빠른 프로토타입 개발에 적합한 아주 작은 패키지(파이썬 파일 1개로 구성)다.
- **Litestar**(https://litestar.dev): FastAPI와 유사하지만 차별점이 있는 프레임워크로 ASGI/스탈렛 및 Pydantic을 기반으로 한다.
- **AIOHTTP**(https://docs.aiohttp.org): 유용한 데모 코드가 포함된 ASGI 클라이언트 및 서버다.
- **Socketify.py**(https://docs.socketify.dev): 성능이 매우 좋다고 주장하는 신생 프레임워크다.

7.7 정리

Flask와 Django는 예전부터 인기 있는 파이썬 웹 프레임워크지만, FastAPI의 인기가 빠르게 상승하고 있다. 세 프레임워크는 모두 기본적인 웹 서버 작업을 처리하지만 학습 곡선이 다르다. FastAPI는 경로를 지정하는 구문이 더 깔끔하고, ASGI를 지원하므로 많은 경우 경쟁사보다 더 빠르게 실행할 수 있다. 다음 장에서 드디어 FastAPI를 사용해 웹사이트를 만든다.

웹사이트 만들기

2부에서는 FastAPI를 빠르게 익힐 수 있도록 간략하게 살펴보았다. 3부에서는 더 넓고 깊은 내용을 다룬다. 가상의 생명체인 크립티드와 이를 찾는 탐험가의 데이터를 관리하는 중간 규모의 웹 서비스를 구축한다.

## CHAPTER 8

웹 계층

3장에서는 FastAPI 웹 엔드포인트를 정의해서, 간단한 문자열 입력을 전달하고 응답을 받는 방법을 간략하게 살펴보았다. 이 장에서는 인터페이스^{interface} 또는 라우터^{router} 계층이라고도 할 수 있는 FastAPI 애플리케이션의 최상위 계층에 대해 알아본다. 또 서비스 계층과 데이터 계층과의 통합에 대해 자세히 살펴본다.

이전과 마찬가지로 작은 예시로 시작한다. 그런 다음 계층을 여러 부분으로 나누는 방법을 소개한다. 이를 통해 더 깔끔하게 개발하고 사이트를 확장할 수 있다. 코드를 적게 작성할수록 나중에 기억하거나 수정할 일이 줄어든다.

이 책의 예시에서는 가상의 생명체인 '크립티드'와 탐험가의 샘플 데이터를 사용한다. 아마 여러분은 다른 도메인 영역에서 비슷한 점을 발견할 것이다.

일반적으로 정보를 가지고 무엇을 하는가? 대부분의 웹사이트가 그러하듯, 우리가 만드는 웹사이트도 다음 기능을 제공한다.

- 검색
- 생성
- 수정
- 교체
- 삭제

데이터를 다루는 이러한 기능을 수행하는 웹 엔드포인트를 차례로 만든다. 처음에는 엔드포인트가 모든 웹 클라이언트에서 작동할 수 있도록 가짜 데이터를 제공한다. 후속 장들에서는 가짜 데이터 코드를 하위 계층으로 이동한다. 각 단계에서 사이트가 여전히 작동하고 데이터를 올바르게 전달하는지 확인한다.

마지막으로 10장에서는 완전한 종단 간 서비스(웹 → 서비스 → 데이터)를 지원하는 웹사이트를 완성하기 위해 가짜 데이터를 삭제하고 실제 데이터를 데이터베이스에 저장하는 방법을 알아본다.

> **NOTE** 사이트에 아무나 들어와서 어느 작업이든 수행할 수 있도록 허용하면, '우리 서비스에 필요한 기능이 무엇인지' 깨달을 것이다. 11장에서는 역할을 정의하고 유저의 행위를 제한하는 인증[auth](인증과 인가)에 대해 설명한다. 이 장에서는 인증을 고려하지 않고 웹 함수를 그대로 처리하는 방법만 설명한다.

8.1 쉬는 시간: 상향식, 하향식, 양방향?

웹사이트를 구축할 때 다음과 같은 방법으로 작업을 시작할 수 있다.

- 웹 계층에서 시작하는 하향식 작업
- 데이터 계층에서 시작하는 상향식 작업
- 서비스 계층에서 시작하는 양방향 작업

데이터베이스 설치를 끝내고 데이터를 가져와서 세상과 공유할 방법을 찾고 있는가? 그렇다면 데이터 계층의 코드와 테스트를 먼저 처리한 다음, 서비스 계층을 작성하고, 마지막으로 웹 계층을 작성하는 것이 좋다.

도메인 주도 설계(https://oreil.ly/iJu9Q)를 따르는 경우, 중간 서비스 계층에서 시작해 핵심 엔티티와 데이터 모델을 정의할 수 있다. 아니면 웹 인터페이스를 먼저 발전시키고 하위 계층에 대해 무엇을 기대할 수 있는지 알 때까지 하위 계층으로 가짜 호출을 할 수도 있다. 파이썬 소프트웨어 설계를 다룬 훌륭한 책을 소개한다.

- 『파이썬에 적용하는 클린 아키텍처』(https://bit.ly/49DM9qY)
- 『파이썬으로 살펴보는 아키텍처 패턴』(https://bit.ly/3Tkk4ze)
- 『마이크로서비스 API』(https://oreil.ly/Gk0z2)

여러 자료에서 육각형 아키텍처, 포트, 어댑터 등의 용어를 사용한다. 작업의 진행 방식은 보유한 데이터가 무엇인지 또는 사이트를 어떤 방식으로 구축하고 싶은지에 따라 달라진다.

내 생각에는, 많은 독자가 FastAPI와 관련 기술을 사용하는 데 관심이 있고, 당장 활용하고자 하는 성숙한 데이터 도메인이 이미 정의된 상태는 아닐 것이다.

그래서 이 책에서는 웹 계층부터 단계별로 적용하는 방식을 택한다. 핵심적인 부분을 먼저 적용하고 필요에 따라 그 외 부분을 추가한다. 실험이 성공할 때도 있고 실패할 때도 있지만 처음부터 모든 것을 웹 계층에 넣으려는 충동은 자제하겠다.

> **NOTE** 웹 계층은 유저와 서비스 간에 데이터를 전달하는 방법의 하나일 뿐이다. CLI 또는 소프트웨어 개발 키트(SDK) 같은 방법도 있다. 웹 계층은 다른 프레임워크에서 뷰view 또는 프레젠테이션presentation 계층이라고 한다.

8.2 RESTful API 설계

HTTP는 웹 클라이언트와 서버 간에 명령과 데이터를 주고받는 방법이다. 하지만 냉장고에 있는 같은 식재료를 사용해도 괴이한 요리부터 맛있는 요리까지 다양한 요리가 만들어지듯, HTTP의 사용법 역시 다른 방법보다 더 잘 작동하는 레시피가 있다.

RESTful이 HTTP 개발에 유용하나 때로는 모호한 모델이라고 1장에서 언급한 바 있다. RESTful 설계는 다음 요소로 구성된다.

- **리소스**: 애플리케이션에서 관리하는 데이터 요소
- **ID**: 고유 리소스 식별자
- **URL**: 구조화된 리소스와 ID로 이루어진 문자열
- **동작**: URL과 함께 등장하는 용어로, 다음과 같이 사용한다.
    - **GET**: 리소스를 검색한다.
    - **POST**: 새 리소스를 만든다.
    - **PUT**: 리소스를 전체적으로 교체한다.
    - **PATCH**: 리소스를 부분적으로 교체한다.
    - **DELETE**: 리소스를 폭파한다.

리소스와 ID가 포함된 URL과 동사를 결합하는 일반적인 RESTful 규칙은 경로 매개변수(URL 의 / 사이의 내용)의 패턴을 사용한다.

- <동작> /resource/: resource 유형의 모든 리소스에 <동작>을 적용한다.
- <동작> /resource/id: id가 있는 resource에 <동작>을 적용한다.

이 책에서는 예시 데이터를 사용해, 엔드포인트 /thing에 대한 GET 요청은 모든 thing 리소스 데이터를 반환하지만, /thing/abc에 대한 GET 요청은 ID가 abc인 thing 리소스에 대한 데이 터만 반환한다.

마지막으로, 웹 요청은 종종 더 많은 정보를 전달해 다음과 같은 사항을 수행하도록 지시한다.

- 결과 정렬
- 결과 페이지 매기기(페이징)^{paginate}
- 또 다른 기능 수행

이러한 매개변수는 경로 매개변수(/ 뒤에 붙은 변수)로 표현되기도 하지만, 쿼리 매개변수 (URL의 ? 뒤에 있는 var=val 같은 항목)로 포함되는 경우도 많다. URL에는 길이 제한이 있 기 때문에 대용량의 요청 데이터는 종종 HTTP 본문으로 전달된다.

8.3 파일 및 디렉터리 구조

여기서 다루는 데이터는 주로 가상의 생명체와 탐험가에 대한 것이다. 이들 데이터에 접근하기 위해, 무엇보다 먼저 모든 URL과 FastAPI 경로 함수를 하나의 파이썬 파일에 정의할 수도 있다. 이런 유혹을 뿌리치고, 이미 크립티드 커뮤니티에서 떠오르는 스타가 된 것처럼 행동하자. 기초가 탄탄하면 멋진 신규 기능을 추가하기가 훨씬 쉽다.

먼저, 컴퓨터에서 디렉터리를 선택한다. 이름을 fastapi 또는 위치를 기억하기 쉬운 이름으로 지정한다. 그 안에 다음과 같은 하위 디렉터리를 만든다.

- **src**: 모든 웹사이트의 코드를 포함한다.
    - **web**: FastAPI 웹 계층
    - **service**: 비즈니스 로직 계층
    - **data**: 저장소와의 인터페이스 계층
    - **model**: Pydantic 모델 정의
    - **fake**: 미리 하드코딩된(스텁) 데이터

각 디렉터리에 파일을 3개씩 추가한다.

- **__init__.py**: 디렉터리를 패키지로 취급
- **creature.py**: 현재 계층에서 다루는 생명체에 대한 코드
- **explorer.py**: 현재 계층에서 다루는 탐험가에 대한 코드

파일 및 디렉터리 구조에 대해서는 의견이 '다양할' 것이다. 현재 디자인은 계층을 분리하고 향후 추가할 구성 요소를 위해 공간을 의도적으로 남겨 둔 것이다.

더 진행하기 전에 몇 가지 설명이 필요하다. 첫째, __init__.py 파일이 비어 있다. 이 파일은 일종의 파이썬 해킹으로, 해당 디렉터리를 가져올^{import} 수 있는 파이썬 '패키지'로 취급한다. 둘째, fake 디렉터리가 하위 계층을 빌드할 때 상위 계층에 일부 스텁 데이터^{stub data}를 제공한다.

또한 파이썬의 '가져오기' 로직은 디렉터리 계층 구조에서 엄격하게 작동하지 않는다. 이는 파이썬 '패키지'와 '모듈'에 의존한다. 앞서 설명한 트리 구조에 나열된 .py 파일은 파이썬 모듈(소스 파일)이다. 부모 디렉터리에 __init__.py 파일이 포함됐으면 해당 디렉터리는 패키지가 된다. 이는 sys라는 디렉터리인데, import sys를 입력하는 경우 실제 시스템 디렉터리를

원하는지 로컬 디렉터리를 원하는지를 파이썬에 알리는 규칙이다.

프로젝트 루트 디렉터리에서 FastAPI 서비스를 구동하려면 다음 명령어를 사용한다.

```
$ python src/main.py
```

8.4 첫 번째 웹사이트 코드

이 절에서는 FastAPI를 이용해 구축한 RESTful API 사이트와 요청과 응답을 주고받는 방법을 설명한다. 그런 다음 점점 더 복잡한 실제 사이트로 확장한다.

[예시 8-1]로 시작하자. src 디렉터리 내에 Uvicorn과 FastAPI 패키지를 시작할 새로운 최상위 main.py 프로그램을 작성한다.

예시 8-1 메인 프로그램: main.py

```
from fastapi import FastAPI

app = FastAPI()

@app.get("/")
def top():
    return "top here"

if __name__ == "__main__":
    import uvicorn
    uvicorn.run("main:app", reload=True)
```

app은 모든 것을 하나로 묶는 FastAPI 객체다. Uvicorn의 첫 번째 인수는 main:app 이다. 파일 이름이 main.py이므로 main이 앞에 오고, FastAPI 객체의 이름인 app이 그 뒤에 나온다.

같은 디렉터리나 하위 디렉터리에서 코드가 변경되면 Uvicorn은 실행 상태를 유지하며 재시작된다. reload=True를 사용하지 않으면 코드를 수정할 때마다 Uvicorn을 수동으로 종료했다가 재시작해야 한다. 이후의 예시에서는 main2.py, main3.py 등을 만드는 대신 같은 main.

py 파일을 계속 변경하며 강제로 재시작한다.

[예시 8-2]를 따라 main.py를 실행하자.

예시 8-2 메인 프로그램 실행

```
$ python src/main.py &
INFO:      Will watch for changes in these directories: [.../fastapi']
INFO:      Uvicorn running on http://127.0.0.1:8000 (Press CTRL+C to quit)
INFO:      Started reloader process [92543] using StatReload
INFO:      Started server process [92551]
INFO:      Waiting for application startup.
INFO:      Application startup complete.
```

명령어의 마지막 &는 프로그램을 백그라운드에서 실행한다는 뜻이다. 그러면 동일한 터미널 창에서 다른 프로그램을 실행할 수 있다. 아니면 &를 생략하고 다른 창이나 탭에서 다른 코드를 실행할 수도 있다.

브라우저나 앞에서 살펴본 테스트 프로그램을 사용해 localhost:8000에 접근하자. [예시 8-3]은 HTTPie를 사용한다.

예시 8-3 메인 프로그램 테스트

```
$ http localhost:8000
HTTP/1.1 200 OK
content-length: 8
content-type: application/json
date: Sun, 05 Feb 2023 03:54:29 GMT
server: uvicorn

"top here"
```

이제부터는 변경 사항을 적용하면 웹 서버가 자동으로 다시 시작된다. 서버가 오류로 인해 종료되면 python src/main.py로 다시 시작하자.

[예시 8-4]는 경로 매개변수(URL의 일부)를 사용해 또 다른 테스트 엔드포인트를 추가한다.

```python
import uvicorn
from fastapi import FastAPI

app = FastAPI()
@app.get("/")
def top():
    return "top here"

@app.get("/echo/{thing}")
def echo(thing):
    return f"echoing {thing}"

if __name__ == "__main__":
    uvicorn.run("main:app", reload=True)
```

편집기에서 main.py에 변경 사항을 저장하자마자, 웹 서버가 실행 중인 창에 다음 내용이 출력된다.

```
WARNING:  StatReload detected changes in 'main.py'. Reloading...
INFO:     Shutting down
INFO:     Waiting for application shutdown.
INFO:     Application shutdown complete.
INFO:     Finished server process [92862]
INFO:     Started server process [92872]
INFO:     Waiting for application startup.
INFO:     Application startup complete.
```

[예시 8-5]는 새 엔드포인트가 올바르게 처리됐는지 여부를 보여준다(-b는 응답 본문만 출력하는 옵션이다).

예시 8-5 새로운 엔드포인트 테스트

```
$ http -b localhost:8000/echo/argh
"echoing argh"
```

다음 절에서는 main.py에 엔드포인트를 더 추가한다.

8.5 요청

HTTP 요청은 텍스트로 된 헤더와 하나 이상의 본문으로 구성된다. HTTP 데이터를 파이썬 데이터 구조로 변환하는 코드를 직접 작성할 수도 있다. 하지만 여러분이 HTTP 요청을 다루는 게 처음은 아닐 것이다. 웹 애플리케이션에서는 이러한 세부 사항을 프레임워크가 대신 처리해야 더 생산적이다.

이때 특히 유용한 기능이 FastAPI의 의존성 주입이다. 데이터는 HTTP 메시지의 여러 부분에서 가져올 수 있다. 이러한 의존성 중 하나 이상을 지정해 데이터 위치를 지정하는 방법은 이미 살펴보았다.

- **Header**: HTTP 헤더에서 가져온다.
- **Path**: URL에서 가져온다.
- **Query**: URL의 ? 뒤에서 가져온다.
- **Body**: HTTP 본문에서 가져온다.

간접적으로 가져오는 데이터도 있다.

- 환경 변수
- 구성 설정

[예시 8-6]은 우리의 오랜 친구인 HTTPie를 사용해, 반환된 HTML 본문 데이터를 무시하는 HTTP 요청을 보여준다.

예시 8-6 HTTP 요청 및 응답 헤더

```
$ http -p HBh http://example.com/
GET / HTTP/1.1
Accept: /
Accept-Encoding: gzip, deflate
Connection: keep-alive
Host: example.com
User-Agent: HTTPie/3.2.1

HTTP/1.1 200 OK
Age: 374045
Cache-Control: max-age=604800
```

```
Content-Encoding: gzip
Content-Length: 648
Content-Type: text/html; charset=UTF-8
Date: Sat, 04 Feb 2023 01:00:21 GMT
Etag: "3147526947+gzip"
Expires: Sat, 11 Feb 2023 01:00:21 GMT
Last-Modified: Thu, 17 Oct 2019 07:18:26 GMT
Server: ECS (cha/80E2)
Vary: Accept-Encoding
X-Cache: HIT
```

첫 번째 줄에서 example.com(누구나 예시로 사용할 수 있는 무료 웹사이트)의 최상위 페이지
를 요청했다. 다른 매개변수 없이 URL만 요청했다. 응답의 첫 번째 블록은 웹사이트로 전송되
는 HTTP 요청 헤더이고, 다음 블록에는 HTTP 응답 헤더가 나타나 있다.

> **NOTE** 이후의 예시에서는 대부분 요청 및 응답 헤더가 모두 필요하지 않으므로 http -b를 더 많이 사용
> 한다.

8.6 다중 라우터

대부분의 웹 서비스는 여러 종류의 리소스를 처리한다. 모든 경로를 처리하는 코드를 하나의
파일에 넣고 행복한 시간을 보낼 수도 있지만, 지금까지 대부분의 예시에서 사용한 단일 app
변수 대신 여러 개의 하위 라우터를 사용하는 것이 더 편리할 때가 많다.

지금까지 수정한 main.py 파일과 동일한 위치에 있는 web 디렉터리 아래에 [예시 8-7]과 같이
explorer.py라는 파일을 만든다.

예시 8-7 web/explorer.py에 APIRouter 적용

```python
from fastapi import APIRouter

router = APIRouter(prefix="/explorer")
```

```
@router.get("/")
def top():
    return "top explorer endpoint"
```

이제 [예시 8-8]에서 최상위 애플리케이션인 main.py에 /explorer로 시작하는 모든 URL을 처리하는 새로운 하위 라우터를 연결한다.

예시 8-8 메인 애플리케이션(main.py)과 하위 라우터 연결

```
from fastapi import FastAPI
from .web import explorer

app = FastAPI()

app.include_router(explorer.router)
```

Uvicorn은 이 새로운 파일을 선택한다. 잘 작동하리라고 넘겨짚지 말고 언제나 테스트하길 권한다(예시 8-9).

예시 8-9 하위 라우터 테스트

```
$ http -b localhost:8000/explorer/
"top explorer endpoint"
```

8.7 웹 계층 구축

이제 웹 계층에 실제 핵심 함수를 추가한다. 처음에는 웹 함수에서 사용하는 모든 데이터를 가짜로 만든다. 9장에서는 가짜 데이터를 해당 서비스 함수로, 10장에서는 데이터 함수로 이동한다. 마지막으로 데이터 계층이 접근할 수 있는 실제 데이터베이스를 추가한다. 각 개발 단계에서 웹 엔드포인트에 대한 호출은 계속 작동해야 한다.

8.8 데이터 모델 정의

먼저 계층 간에 전달할 데이터를 정의한다. 도메인에는 탐험가와 생명체 정보가 포함된다. 이들에 대한 초기 Pydantic 모델을 정의한다. 나중에 탐험이나 저널, 커피 머그잔의 온라인 판매와 같은 아이디어가 떠오를 수 있다. 하지만 지금은 [예시 8-10]에 있는 두 개의 속성만 모델에 추가하자.

예시 8-10 탐험가 모델 정의: model/explorer.py

```
from pydantic import BaseModel

class Explorer(BaseModel):
    name: str
    country: str
    description: str = ""
```

이전 장에서 본 생명체를 [예시 8-11]에서 재정의한다.

예시 8-11 생명체 모델 정의: model/creature.py

```
from pydantic import BaseModel

class Creature(BaseModel):
    name: str
    country: str
    area: str
    description: str
    aka: str
```

매우 간단한 초기 모델이다. Pydantic이 제공하는 필수값과 선택값 또는 제약 사항 같은 기능을 사용하지 않았다. 이 코드는 나중에 로직을 크게 변경하지 않고 개선하는 방법이 있다.

country의 경우 두 문자로 된 ISO 국가 코드를 사용해, 자주 사용하지 않는 국가 코드를 조회하는 데 드는 시간과 타이핑하는 수고를 줄인다.

8.9 스텁과 가짜 데이터

모의^{mock} 데이터라고도 하는 스텁^{stub}은 '동작 중인' 모듈을 호출하지 않고 반환되는, 미리 준비된 응답을 말한다. 스텁을 이용하면 경로와 응답을 빠르게 테스트할 수 있다.

가짜^{fake} 데이터는 일부 동일한 기능을 수행하는 데 사용되는 실제 데이터 소스를 대신한다. 데이터베이스를 모방하는 인메모리 클래스를 예로 들 수 있다. 이 장과 다음 장에서 가짜 데이터 몇 가지를 만들면서 계층 및 계층 간 통신을 정의하는 코드를 작성한다. 10장에서는 이러한 가짜 데이터를 대체할 실제 살아 있는 데이터 저장소(데이터베이스)를 정의한다.

8.10 단계별로 구현하는 공통 기능

이번에 구축할 사이트 역시 데이터 정의부터 탐색적으로 진행한다. 종종 최종적으로 무엇이 필요한지가 불명확한 경우가 생긴다. 따라서 공통으로 적용할 몇 가지 사항부터 시작한다. 데이터를 다루는 프런트엔드의 일반적인 모습은 다음과 같다.

- 일부 또는 전체 '조회'
- '생성'
- 전체 '교체'
- 부분 '수정'
- '삭제'

데이터베이스의 기본 CRUD에서 업데이트 U를 부분 업데이트('수정')와 전체 업데이트('교체')로 나누었다. 이런 구분은 데이터가 어디로 연결되느냐에 따라 달라지므로 필요가 없을 수도 있다!

8.11 가짜 데이터 생성

하향식으로 작업하면 세 계층 모두에서 몇몇 함수를 복제하게 된다. 타이핑을 줄이기 위해 최

상위에 fake 디렉터리를 만들고, 여기에 탐험가와 생명체에 대한 가짜 데이터를 제공하는 모
듈을 만든다.

예시 8-12 새로운 모듈: fake/explorer.py

```python
from model.explorer import Explorer

# 가짜 데이터. 10장에서 실제 데이터베이스와 SQL로 바꾼다.
_explorers = [
    Explorer(name="Claude Hande",
             country="FR",
             description="보름달이 뜨면 만나기 힘듦"),
    Explorer(name="Noah Weiser",
             country="DE",
             description="눈이 나쁘고 벌목도를 가지고 다님"),
]

def get_all() -> list[Explorer]:
    """탐험가 목록을 반환한다."""
    return _explorers

def get_one(name: str) -> Explorer:
    """검색한 탐험가를 반환한다."""
    for _explorer in _explorers:
        if _explorer.name == name:
            return _explorer
    return None

# 다음 함수는 현재 올바로 동작하지 않는다.
# 실제로는 _explorers 목록을 수정하지 않지만,
# 마치 작동하는 것처럼 동작한다.
def create(explorer: Explorer) -> Explorer:
    """탐험가를 추가한다."""
    return explorer

def modify(name: str, explorer: Explorer) -> Explorer:
    """탐험가의 정보를 일부 수정한다."""
    return explorer

def replace(name: str, explorer: Explorer) -> Explorer:
    """탐험가를 완전히 교체한다."""
    return explorer
```

```python
def delete(name: str) -> bool:
    """탐험가를 삭제한다. 만약 대상이 없다면 False를 반환한다."""
    for _explorer in _explorers:
        if _explorer.name == name:
            return True
    return False
```

생명체를 다루는 [예시 8-13] 코드도 비슷하다.

예시 8-13 새로운 모듈: fake/creature.py

```python
from model.creature import Creature

# 데이터베이스와 SQL로 바꿀 때까지 사용할 가짜 데이터
_creatures = [
    Creature(name="Yeti",
             aka="Abominable Snowman",
             country="CN",
             area="Himalayas",
             description="Hirsute Himalayan"),

    Creature(name="Bigfoot",
             description="Yeti's Cousin Eddie",
             country="US",
             area="*",
             aka="Sasquatch"),
]

def get_all() -> list[Creature]:
    """생명체 목록을 반환한다."""
    return _creatures

def get_one(name: str) -> Creature | None:
    """검색한 생명체를 반환한다."""
    for _creature in _creatures:
        if _creature.name == name:
            return _creature
    return None

# 다음 함수는 현재 올바로 동작하지 않는다.
# 실제로는 _creatures 목록을 수정하지 않지만,
# 마치 작동하는 것처럼 동작한다.
```

```python
    def create(creature: Creature) -> Creature:
        """생명체를 추가한다."""
        return creature

    def modify(name: str, creature: Creature) -> Creature:
        """생명체의 정보를 일부 수정한다."""
        return creature

    def replace(name: str, creature: Creature) -> Creature:
        """생명체를 완전히 교체한다."""
        return creature

    def delete(name: str) -> bool:
        """생명체를 삭제한다. 만약 대상이 없다면 False를 반환한다."""
        for _creature in _creatures:
            if _creature.name == name:
                return True
        return False
```

> **NOTE** 두 모듈이 가진 기능은 거의 비슷하다. 나중에 실제 데이터베이스를 도입해 두 모델에 필요한 다른 필드를 처리할 때는 구현이 달라진다. 또한 Fake 클래스나 추상 클래스를 정의하는 대신 별도의 함수를 사용하고 있다. 모듈에는 고유한 네임스페이스가 있으므로 데이터와 함수를 함께 묶어 다루었다.

이제 [예시 8-12]와 [예시 8-13]에 있는 웹 함수를 수정해보자. 이후에 구축할 서비스 계층과 데이터 계층을 위해 방금 정의한 가짜 데이터를 공급하는 모듈을 가져온다. 이 모듈의 이름을 service라고 한다([예시 8-14]의 `import fake.explorer as service` 참고). 9장에서는 다음 작업을 수행한다.

- 새로운 service/explorer.py 파일을 생성한다.
- 가짜 데이터를 가져온다.
- web/explorer.py가 가짜 모듈 대신 새로운 서비스 모듈을 가져오도록 한다.

10장에서는 이와 동일한 작업을 데이터 계층에서 수행한다. 이 모든 작업은 부품을 추가하고 서로 연결만 해서 가능한 한 코드 재작업을 줄인다. 전기를 켜는 일(실제 데이터베이스와 영속화된 데이터 적용)은 10장 후반부에서나 진행한다.

```python
from fastapi import APIRouter
from model.explorer import Explorer
import fake.explorer as service

router = APIRouter(prefix="/explorer")

@router.get("/")
def get_all() -> list[Explorer]:
    return service.get_all()

@router.get("/{name}")
def get_one(name) -> Explorer | None:
    return service.get_one(name)

# 나머지 엔드포인트. 현재는 아무 일도 하지 않는다.
@router.post("/")
def create(explorer: Explorer) -> Explorer:
    return service.create(explorer)

@router.patch("/{name}")
def modify(name, explorer: Explorer) -> Explorer:
    return service.modify(name, explorer)

@router.put("/{name}")
def replace(name, explorer: Explorer) -> Explorer:
    return service.replace(name, explorer)

@router.delete("/{name}")
def delete(name: str):
    return None
```

이제 [예시 8-15]의 /creature 엔드포인트에도 동일하게 수행한다. 현재로서는 복사/붙여넣기 수준의 코드이지만, 이 작업을 미리 수행하면 나중에 변경하기가 수월하다. 변경은 언제든 일어나기 마련이다.

예시 8-15 web/creature.py의 새로운 엔드포인트

```python
from fastapi import APIRouter
from model.creature import Creature
import fake.creature as service
```

```
router = APIRouter(prefix = "/creature")

@router.get("/")
def get_all() -> list[Creature]:
    return service.get_all()

@router.get("/{name}")
def get_one(name) -> Creature:
    return service.get_one(name)

# 나머지 엔드포인트. 현재는 아무 일도 하지 않는다.
@router.post("/")
def create(creature: Creature) -> Creature:
    return service.create(creature)

@router.patch("/{name}")
def modify(name, creature: Creature) -> Creature:
    return service.modify(name, creature)

@router.put("/{name}")
def replace(name, creature: Creature) -> Creature:
    return service.replace(name, creature)

@router.delete("/{name}")
def delete(name: str):
    return service.delete(name)
```

앞서 main.py를 수정했을 때 /explorer URL에 대한 하위 라우터를 추가했다. [예시 8-16]
에서도 /creature URL에 대해 하위 라우터를 하나 더 추가한다.

예시 8-16 main.py에 생명체에 대한 하위 라우터 추가

```
import uvicorn
from fastapi import FastAPI
from web import creature, explorer

app = FastAPI()

app.include_router(explorer.router)
app.include_router(creature.router)

if __name__ == "__main__":
    uvicorn.run("main:app", reload=True)
```

8.12 테스트!

12장에서는 pytest를 사용해 다양한 수준에서 테스트를 자동화하는 방법을 배운다. [예시 8-17]부터 [예시 8-21]에서 HTTPie를 사용해 웹 계층의 몇 가지 탐험가 엔드포인트에 대해 수동 테스트를 수행한다.

예시 8-17 탐험가 목록 조회 엔드포인트 테스트

```
$ http -b localhost:8000/explorer/
[
    {
        "country": "FR",
        "name": "Claude Hande",
        "description": "보름달이 뜨면 만나기 힘듦"
    },
    {
        "country": "DE",
        "name": "Noah Weiser",
        "description": "눈이 나쁘고 벌목도를 가지고 다님"
    }
]
```

예시 8-18 탐험가 조회 엔드포인트 테스트

```
$ http -b localhost:8000/explorer/"Noah Weiser"
{
    "country": "DE",
    "name": "Noah Weiser",
    "description": "눈이 나쁘고 벌목도를 가지고 다님"
}
```

예시 8-19 탐험가 교체 엔드포인트 테스트

```
$ http -b PUT localhost:8000/explorer/"Noah Weiser" <<<'{"country": "DE","name": "Noah
Weiser","description": "눈이 나쁘고 벌목도를 가지고 다님"}'
{
```

```
    "country": "DE",
    "name": "Noah Weiser",
    "description": "눈이 나쁘고 벌목도를 가지고 다님"
}
```

예시 8-20 탐험가 수정 엔드포인트 테스트

```
$ http -b PATCH localhost:8000/explorer/"Noah Weiser" <<<'{"country": "DE","name":
"Noah Weiser","description": "눈이 나쁘고 벌목도를 가지고 다님"}'
{
    "country": "DE",
    "name": "Noah Weiser",
    "description": "눈이 나쁘고 벌목도를 가지고 다님"
}
```

예시 8-21 탐험가 삭제 엔드포인트 테스트

```
$ http -b DELETE localhost:8000/explorer/Noah%20Weiser
true

$ http -b DELETE localhost:8000/explorer/Edmund%20Hillary
false
```

/creature 엔드포인트에도 동일한 테스트를 할 수 있다.

8.13 FastAPI가 자동 생성한 테스트 양식

대부분의 예시에서 사용한 수동 테스트 외에, FastAPI는 /docs 및 /redocs 엔드포인트를 통해 매우 훌륭한 테스트 양식을 제공한다. 이는 자동으로 생성된다. 같은 API에 대해 두 가지 스타일의 양식이 생성된다. [그림 8-1]은 /docs 페이지의 일부다.

그림 8-1 생성된 문서 페이지

이를 이용해 테스트를 해보자.

1 상단의 GET /explorer/ 상자 오른쪽의 화살표를 클릭한다. 그러면 커다란 테스트용 양식이 열릴 것이다.

2 하단의 [Execute](실행) 버튼을 클릭한다. [그림 8-2]와 같이 수행 결과가 상단에 나타난다.

그림 8-2 GET /explorer/를 수행한 결과

그 아래의 '응답 본문^{Response body}' 영역에 지금까지 정의한 (가짜) 탐험가 데이터가 반환된 결과 (JSON)를 확인할 수 있다.

```
[
  {
    "name": "Claude Hande",
    "country": "FE",
    "description": "보름달이 뜨면 만나기 힘듦"
  },
  {
    "name": "Noah Weiser",
    "country": "DE",
    "description": "눈이 나쁘고 벌목도를 가지고 다님"
  }
]
```

다른 API도 모두 테스트해보자. `GET /explorer/{name}` 같은 일부 API의 경우 입력값을 제공해야 한다. 데이터베이스 코드가 추가될 때까지 아무런 작업도 수행하지 않는 경우도 있지만, 각 API에 대한 응답을 얻을 수 있다. 9장과 10장의 마지막 부분에서 이러한 테스트를 반복한다. 이를 통해 코드를 변경하는 동안 데이터 파이프라인에 구멍이 나지 않았는지 확인할 수 있다.

8.14 서비스 계층과 데이터 계층의 대화

웹 계층의 함수는 데이터 계층에서 관리하는 데이터가 필요할 때마다 해당 함수는 서비스 계층에 중개자 역할을 해 달라고 요청해야 한다. 이같은 요청은 더 많은 코드가 필요해서 굳이 그럴 이유가 없어 보이지만, 다음과 같은 이점이 있다.

- 음료수병의 레이블에서 알 수 있듯이 웹 계층은 웹을 다루고 데이터 계층은 외부 데이터 저장소와 서비스를 다룬다. 각각의 세부 정보를 완전히 분리하는 것이 훨씬 더 안전하다.
- 계층을 독립적으로 테스트할 수 있다. 계층 메커니즘을 분리하면 테스트를 수행하기 쉽다.

> **NOTE** 사이트 규모가 매우 작아서 이 같은 작업을 할 가치가 없다면 서비스 계층은 건너뛰어도 된다. 9장에서는 먼저 웹 계층과 데이터 계층 간에 요청과 응답을 전달하는 역할만 하는 서비스 함수를 정의한다. 하지만 최소한 웹 계층과 데이터 계층은 분리하자.

서비스 계층은 무슨 역할을 맡고 있는가? 다음 장에서 살펴본다. 살짝 힌트를 주자면, 서비스 계층은 데이터 계층과 대화하지만 웹 계층이 정확히 무슨 말을 하는지 알지 못하게 나지막하게 말한다. 하지만 리소스 간의 상호작용 같은 특정 비즈니스 로직도 정의한다. 주로 웹과 데이터 계층은 그 안에서 무슨 일이 일어나는지 신경 쓰지 않아야 한다(서비스 계층은 비밀 서비스다).

8.15 페이징과 정렬

웹 인터페이스에서 `GET /resource` 같은 URL 패턴으로 여러 항목을 반환할 때, 여러분은 종종 다음과 같은 사항을 찾아 돌려 달라고 요청한다.

- 단 하나의 항목
- 아마도 여러 항목
- 모든 항목

여러분이라면 돌려줄 의사가 있겠지만, 지극히 문자 그대로 해석하는 컴퓨터가 이러한 작업을 수행하게 하려면 어떻게 해야 할까? 첫 번째의 경우, 앞서 언급한 RESTful 패턴으로 URL 경로에 리소스의 ID를 포함한다. 여러 리소스를 조회할 때는 특정 순서대로 결과를 보고 싶을 수 있다.

- **정렬**: 한 번에 한 묶음만 돌려받더라도 모든 결과가 정렬된다.
- **페이징**: 정렬을 유지하면서 한 번에 일부 결과만 반환한다.

각각의 경우에서 유저가 지정한 매개변수 그룹은 원하는 바를 표현한다. 이러한 매개변수는 보통 쿼리 매개변수로 제공한다.

- **정렬**(GET /explorer?sort=country): 국가 코드별로 정렬된 탐험가를 모두 조회한다.
- **페이징**(GET /explorer?offset=10&size=10): 전체 목록에서 10번부터 19번까지에 있는 탐험가를 조회한다(이 경우 정렬은 되지 않는다).
- **모두**: 정렬과 페이징을 모두 적용한다(GET /explorer?sort=country&offset=10&size=10).

개별 쿼리 매개변수로 지정할 수도 있지만, FastAPI의 의존성 주입이 도움이 된다.

- 정렬 및 페이징 매개변수를 Pydantic 모델로 정의한다.
- get_all() 경로 함수의 인자로 Depends 기능을 이용해 매개변수 모델을 전달한다.

정렬sort과 페이징paginate은 어디에서 이루어져야 할까? 데이터베이스 전체 쿼리 결과를 웹 계층으로 전달하고 거기서 파이썬 구문으로 데이터를 정리하는 편이 가장 쉬워 보일 수 있다. 하지만 이는 그다지 효율적이지 않다. 이러한 작업은 대개 데이터 계층에 가장 적합한데, 데이터베이스가 이 작업에 능숙하기 때문이다. 10장에서 설명하겠지만 17장에도 데이터베이스와 관련해 더 많은 내용을 담았다.

8.16 정리

이 장에서는 3장과 그 외 장들의 내용을 더 상세히 설명했다. 가상의 생명체와 그 탐험가에 대한 정보를 제공하는 전체 사이트를 만드는 과정으로 시작했다. 웹 계층으로 시작해 FastAPI 경로 데코레이터와 경로 함수를 사용해 엔드포인트를 정의했다. 경로 함수는 HTTP 요청 바이트의 어느 위치에 있든 요청 데이터를 수집한다. 모델 데이터는 Pydantic에 의해 자동으로 확인되고 유효성이 검사된다. 경로 함수는 일반적으로 해당 서비스 함수와 관련한 인자를 전달한다. 이에 대해 다음 장에서 설명한다.

## CHAPTER 9

서비스 계층

> 중간에 뭐라고 했죠?
>
> **– 오토 웨스트**Otto West, 〈완다라는 이름의 물고기〉

이 장에서는 중간 단계인 서비스 계층을 자세히 설명한다. 집에 누수가 생기면 막대한 경비가 지출된다. 소프트웨어 누수는 집 누수처럼 명확하게 드러나지 않지만, 많은 시간과 노력을 소모한다. 각 계층에 누수가 없도록 애플리케이션을 구성하는 방법이 있을까? 특히, 중간 서비스 계층에 들어가야 하는 것과 들어가서는 안 되는 것은 무엇일까?

9.1 서비스 정의

서비스 계층은 웹사이트의 심장이자 존재 이유다. 다양한 소스로부터 요청을 받고, 웹사이트의 DNA와 같은 데이터에 접근하고, 응답을 반환한다. 일반적인 서비스 패턴은 다음과 같이 조합된다.

- 생성 / 검색 / 변경(부분 또는 전체) / 삭제
- 한 가지 / 여러 가지

RESTful 라우터 계층에서 명사는 리소스^{resources}다. 이 책으로 보자면 크립티드(가상의 생명체)와 사람(크립티드 탐험가)이 리소스다.

나중에 다음과 같은 관련 리소스를 정의할 수도 있다.

- 장소
- 이벤트(예: 탐험, 목격담)

9.2 레이아웃

현재 파일 및 디렉터리 레이아웃은 다음과 같다.

```
main.py
web
├── __init__.py
├── creature.py
├── explorer.py
service
├── __init__.py
├── creature.py
├── explorer.py
data
├── __init__.py
├── creature.py
├── explorer.py
model
├── __init__.py
├── creature.py
├── explorer.py
fake
├── __init__.py
├── creature.py
└── explorer.py
```

이 장에서는 service 디렉터리를 주로 다룬다.

9.3 보호

계층화의 좋은 점은 모든 것을 챙길 필요가 없다는 것이다. 서비스 계층은 데이터 계층에 들어가고 나오는 것만 신경 쓰면 된다. 11장에서 살펴보겠지만, 인증과 인가의 복잡성은 상위 계층(이 책에서는 웹 계층)에서 처리할 수 있다. 생성, 수정, 삭제 함수는 광범위하게 개방돼서는 안 되며, get 함수조차도 결국에는 어느 정도 제한이 필요하다.

9.4 기능

creature.py부터 시작한다. 이 시점에서 explorer.py의 요구사항은 거의 동일하며 대부분 creature.py에서 빌려올 수 있다. 둘을 한 번에 처리하는 단일 서비스 파일을 작성하고픈 유혹이 들겠지만, 어쩔 수 없이 두 파일을 다르게 처리해야 하는 순간이 온다.

또한 현재 시점에서 서비스 파일은 거의 단순 통과 계층에 가깝다. 지금은 불필요한 구조처럼 보여도 나중에 큰 도움이 될 것이다. 8장에서 web/creature.py와 web/explorer.py처럼 두 파일에 정의한 두 가지 서비스 모듈을 해당 가짜 데이터 모듈에 연결한다.

예시 9-1 service/creature.py

```
from model.creature import Creature
import fake.creature as data

def get_all() -> list[Creature]:
    return data.get_all()

def get_one(name: str) -> Creature | None:
    return data.get_one(name)

def create(creature: Creature) -> Creature:
    return data.create(creature)

def replace(name: str, creature: Creature) -> Creature:
    return data.replace(name, creature)

def modify(name: str, creature: Creature) -> Creature:
    return data.modify(name, creature)
```

```
def delete(name: str) -> bool:
    return data.delete(name)
```

예시 9-2 service/explorer.py

```
from model.explorer import Explorer
import fake.explorer as data

def get_all() -> list[Explorer]:
    return data.get_all()

def get_one(name: str) -> Explorer | None:
    return data.get_one(name)

def create(explorer: Explorer) -> Explorer:
    return data.create(explorer)

def replace(name: str, explorer: Explorer) -> Explorer:
    return data.replace(name, explorer)

def modify(name: str, explorer: Explorer) -> Explorer:
    return data.modify(name, explorer)

def delete(name: str) -> bool:
    return data.delete(name)
```

NOTE get_one() 함수 반환 값 구문(**Creature | None**)을 사용하려면 파이썬 3.9 이상이 필요하다. 그 이전 버전에서는 **Optional**을 사용해야 한다.

```
from typing import Optional
...
def get_one(name: str) -> Optional[Creature]:
...
```

9.5 테스트!

코드베이스가 어느 정도 채워졌으니 자동화된 테스트를 도입하기에 좋은 타이밍이다(이전 장의 웹 테스트는 전부 수동 테스트였다). 이제 몇 가지 디렉터리를 만들자.

- test: web, service, data, model과 나란한 최상위 디렉터리다.
  - unit: 단일 기능을 실행하되 계층 경계를 넘지 말자.
    - web: 웹 계층 단위 테스트
    - service: 서비스 계층 단위 테스트
    - data: 데이터 계층 단위 테스트
  - full: 엔드투엔드end-to-end 또는 컨트랙트contract 테스트라고도 하는 이 테스트는 모든 계층에 걸쳐 한 번에 수행된다. 웹 계층의 API 엔드포인트를 처리한다.

디렉터리의 내부에 있는 모듈과 함수는 pytest에서 사용할 접두사 test_ 또는 접미사 _test를 붙여야 한다. 이 용법은 [예시 9-3]을 테스트하는 [예시 9-4]에서 볼 수 있다.

테스트하기 전에 몇 가지 API 설계를 선택한다. 일치하는 Creature 또는 Explorer를 찾지 못하면 get_one() 함수는 무엇을 반환할까? [예시 9-2]와 같이 None을 반환하거나 예외를 발생시킬 수도 있다. 내장된 파이썬 예외 유형 중 누락된 값을 직접 처리하는 경우는 없다.

- None은 Creature와 타입이 다르므로 TypeError가 가장 근접할 수 있다.
- ValueError는 타입에 잘못된 값이 주어진 경우 더 적합하지만, 누락된 문자열 id를 get_one(id)에 전달한다고 보면 말이 된다.
- 원한다면 자신만의 MissingError를 정의할 수도 있다.

어떤 방법을 선택하든 결과는 최상위 계층까지 전파된다. 지금은 예외를 사용하지 않고, None을 사용한다. 말 그대로 없는 상황이니 말이다. [예시 9-3]은 테스트다.

예시 9-3 서비스 테스트: test/unit/service/test_creature.py

```
from model.creature import Creature
from service import creature as code

sample = Creature(
    name="Yeti",
    country="CN",
```

```
            area="Himalayas",
            description="Hirsute Himalayan",
            aka="Abominable Snowman")

def test_create():
    resp = code.create(sample)
    assert resp == sample

def test_get_exists():
    resp = code.get_one("Yeti")
    assert resp == sample

def test_get_missing():
    resp = code.get_one("boxturtle")
    assert resp is None
```

테스트를 실행하기 전에 pytest가 모듈을 찾을 수 있도록 **pytest.ini** 파일을 프로젝트의 최상위 디렉터리에 만들고 다음과 같이 작성한다.

```
[pytest]
pythonpath = src
```

[예시 9-4]에서 테스트를 실행한다.

예시 9-4 서비스 테스트 실행

```
$ pytest -v test/unit/service/test_creature.py
test_creature.py::test_create PASSED          [ 33%]
test_creature.py::test_get_exists PASSED [ 66%]
test_creature.py::test_get_missing PASSED[100%]
========================= 3 passed in 0.06s =========================
```

NOTE 10장부터는 get_one()이 누락된 생명체에 대해 **None**을 반환하지 않으며, [예시 9-4]의 test_get_missing() 테스트는 실패한다. 하지만 이는 곧 수정될 예정이다.

9.6 웹 계층 수정

서비스 계층을 완성했으니 웹 계층에서 fake를 service로 변경한다.

예시 9-5 수정: web/explorer.py

```
- import fake.explorer as service

+ import service.explorer as service
```

예시 9-6 수정: web/creature.py

```
- import fake.creature as service

+ import service.creature as service
```

9.7 기타 서비스 수준 고려 사항

이제 스택의 중간, 즉 사이트의 목적을 실제로 정의하는 부분에 도달했다. 지금까지는 웹 요청을 데이터 계층(10장에서 다루는)으로 전달하는 데만 사용했다.

지금까지 사이트를 반복적으로 개발하며 차후 작업을 위한 최소한의 기반을 구축했다. 가지고 있는 것, 할 수 있는 것, 사용자가 원하는 것에 대해 더 많이 알게 되면 더 많은 것을 실험할 수 있다. 일부 아이디어는 규모가 있는 사이트에만 유용하지만, 다음에 소개하는 기술 아이디어는 소규모 사이트에도 도움이 된다.

- 로깅
- 지표
- 모니터링
- 추적

이 절에서는 옵션들을 간단하게 설명한다. 이 옵션들을 활용해 문제를 진단하는 13.4절 '트러블슈팅'에서 이 내용을 다시 다룰 것이다.

9.7.1 로깅

FastAPI는 타임스탬프, 메서드, URL을 포함해 엔드포인트에 대한 각 API 호출을 기록하지만, 본문이나 헤더를 통해 전달되는 데이터는 기록하지 않는다.

9.7.2 지표, 모니터링, 통합 가시성

웹사이트를 운영한다면 웹사이트가 어떻게 운영되는지 알고 싶을 것이다. API 웹사이트의 경우 어떤 엔드포인트가 접근되는지, 얼마나 많은 사람이 방문하는지 등이 궁금할 수 있다. 이러한 요소에 대한 통계를 메트릭(지표)metrics이라고 하며, 이를 수집하는 것이 모니터링monitoring 또는 관찰 가능성observability이다. 요즘 인기 있는 메트릭 도구로는 메트릭을 수집하는 Prometheus프로메테우스(https://prometheus.io)와 메트릭을 표시하는 Grafana그라파나(https://grafana.com)가 있다.

9.7.3 추적

사이트의 성능은 어느 정도일까? 지표는 전반적으로 양호하지만 여기저기서 실망스러운 결과가 나오는 경우가 종종 있다. 또는 사이트 전체가 엉망일 수도 있다. 어느 쪽이든, 전체 시간만이 아니라 각 중간 단계의 시간도 측정하는 도구가 있다면 API 호출에 걸리는 시간을 파악하는 데 유용할 것이다. 무언가가 느리다면 체인에서 약한 연결 고리를 찾을 수 있다. 이것이 바로 추적이다. 새로운 오픈 소스 프로젝트에서 Jaeger예거(https://www.jaegertracing.io) 같은 초기 추적 제품을 OpenTelemetry오픈텔레메트리(https://opentelemetry.io)로 브랜드화했다.

그중에는 파이썬 API(https://oreil.ly/gyL70)와 FastAPI(https://oreil.ly/L6RXV)를 통합한 것이 있다. 파이썬으로 OpenTelemetry를 설치하고 구성하려면 파이썬 설치 가이드(https://oreil.ly/MBgd5)를 따른다.

9.7.4 기타

프로덕션은 13장에서 설명한다. 그 밖에 도메인(크립티드와 이와 관련된 모든 것)은 어떤가? 탐험가와 생명체에 대한 기본적인 세부 사항 외에 또 어떤 것을 다루고 싶은가? 모델과 다른 계층을 변경해야 하는 새로운 아이디어가 떠오를 수도 있다. 다음 아이디어는 시도할 만하다.

- 탐험가와 탐험가가 찾는 생명체의 연결 고리
- 관찰 데이터
- 탐험
- 사진 및 동영상
- 사스콰치[1] 머그컵 및 티셔츠(그림 9-1)

그림 9-1 유료 광고 포함

위의 각 항목에는 일반적으로 하나 이상의 새 모델을 정의해야 하고 새 모듈과 기능이 필요하다. 일부는 3부에서 구축한 기반 위에 4부(애플리케이션 갤러리)에 추가할 예정이다.

---

1 옮긴이_ 사스콰치는 아메리카 원주민이 빅풋을 부르는 명칭이다.

9.8 정리

이 장에서는 웹 계층의 일부 함수와 이름이 같은 함수를 서비스 계층에 만들고 가짜 데이터로 동작하도록 했다. 새로운 서비스 계층을 시작한 것으로 이 장의 목표를 이룬 셈이다. 지금까지는 틀에 찍어내는 방법으로 진행됐지만 이후부터는 진화하고 다양해질 것이다. 다음 장에서는 데이터 계층을 구축해 실제로 살아 있는 웹사이트를 제작한다.

## CHAPTER 10

데이터 계층

> 제 생각에 데이터는 스타트렉에서 코믹한 감초 역할을 한 것 같아요.
>
> – 브렌트 스파이너Brent Spiner[1], 〈스타트렉: 넥스트 제너레이션〉

드디어 세 가지 계층을 연결하는 데이터 영구 저장소를 만든다. 이 장에서는 관계형 데이터베이스인 SQLite를 사용한다. 그리고 누구라도 알 수 있게 'DB-API'라는 이름으로 불리는 파이썬 데이터베이스 API를 소개한다. 14장에서는 SQLAlchemy 패키지와 비관계형 데이터베이스를 비롯해 데이터베이스에 대해 훨씬 더 자세히 설명한다.

10.1 DB-API

파이썬에는 관계형 데이터베이스 인터페이스에 대한 스펙(PEP 249, https://oreil.ly/4Gp9T)을 구현한 DB-API가 기본으로 들어 있다. 관계형 데이터베이스용 파이썬 드라이버를 작성한다면 다른 기능은 차치하고 최소한 DB-API는 지원해야 한다.

다음은 DB-API의 주요 기능이다.

---

1 **옮긴이** 브렌트 스파이너는 〈스타트렉: 넥스트 제너레이션〉에서 안드로이드 '데이터'를 연기했다.

- connect() 함수로 데이터베이스에 대한 연결인 conn 객체를 생성한다.
- cursor() 함수로 커서를 생성한다.
- execute(stmt)를 사용해 SQL 문자열(stmt)을 실행한다.

execute() 함수는 다음 옵션을 사용해 SQL 문(stmt 문자열)을 실행한다.

- execute(stmt): 매개변수가 없는 경우
- execute(stmt, params): params 매개변수가 단일 시퀀스(리스트나 튜플) 또는 딕셔너리인 경우
- executemany(stmt, params_seq): params_seq 시퀀스에 매개변수 그룹이 여러 개 있는 경우

매개변수를 지정하는 스타일은 다섯 가지다. 하지만 모든 데이터베이스 드라이버가 이를 지원하지는 않는다. "select * from creature where"로 시작하는 stmt 문이 있고, 생명체의 name 또는 country에 대한 문자열 매개변수를 지정하고자 한다면 stmt 문의 나머지 문자열과 해당 매개변수는 [표 10-1]과 같을 것이다.

표 10-1 매개변수 지정 스타일별 문장 및 매개변수 예시

스타일	문장	매개변수
qmark	name=? 또는 country=?	(name, country)
numeric	name=:0 또는 country=:1	(name, country)
format	name=%s 또는 country=%s	(name, country)
named	name=:name 또는 country=:country	{"name": name, "country": country}
pyformat	name=%(name)s 또는 country=%(country)s	{"name": name, "country": country}

qmark, numeric, format 스타일은 튜플 매개변수를 가진다. 매개변수는 stmt에서 사용하는 ?, :N 또는 %s에 순서대로 대응한다. named, pyformat 스타일은 딕셔너리를 매개변수로 받는데, 딕셔너리의 키와 stmt에 있는 이름과 일치하는 값을 사용한다.

따라서 named 스타일로 작성한 코드는 [예시 10-1]과 같다.

예시 10-1 named 스타일을 매개변수로 사용하는 경우

```
stmt = """select * from creature where
    name=:name or country=:country"""
```

```
params = {"name": "yeti", "country": "CN"}
curs.execute(stmt, params)
```

SQL의 INSERT, DELETE, UPDATE 문의 경우, execute() 함수에서 반환된 값으로 동작 결과를 알 수 있다. SELECT의 경우, fetch 메서드로 반환된 데이터 행을 파이썬 튜플로 순회한다.

- fetchone(): 하나의 튜플 또는 None을 반환한다.
- fetchall(): 튜플 시퀀스를 반환한다.
- fetchmany(num): num 개수만큼의 튜플을 반환한다.

10.2 SQLite

파이썬 표준 패키지에는 sqlite3(https://oreil.ly/CcYtJ) 모듈이 있다. 이를 통해 SQLite(https://www.sqlite.org) 데이터베이스를 지원한다.

SQLite는 특이하게 별도의 데이터베이스 서버가 없다. 모든 코드가 라이브러리에 있고 저장소가 단일 파일에 있다. 이에 비해 다른 데이터베이스는 별도의 서버를 실행한 후 클라이언트가 특정 프로토콜을 사용해 TCP/IP를 통해 서버와 통신한다. 지금 만드는 웹사이트는 먼저 SQLite를 물리적 데이터 저장소로 사용한 뒤, 14장에서 관계형 데이터베이스와 비관계형 데이터베이스를 적용한다. 물론 SQLAlchemy 같은 고급 패키지와 ORM 같은 기술도 다룬다.

먼저 웹사이트에서 사용하던 데이터 구조(모델)를 데이터베이스에서 어떻게 표현할지 정의해야 한다. 지금까지 다룬 모델은 단순하고 유사하지만 똑같지는 않은 모델(Creature와 Explorer)이었다. 앞으로 더 많은 작업을 수행하면서 대규모 코드 변경 없이 데이터 구조를 발전시킬 방법을 고민하며 이 모델을 변경해 나간다.

[예시 10-2]는 순수 DB-API 코드와 SQL을 사용해 테이블을 생성한다. 이 예시에서는 sqlite3 패키지에서 지원하는 명명된 인수 문자열(name과 같이 표현된 값)을 사용한다.

예시 10-2 sqlite3 사용하는: data/creature.py

```
import sqlite3
from model.creature import Creature
```

```python
DB_NAME = "cryptid.db"
conn = sqlite3.connect(DB_NAME)
curs = conn.cursor()

def init():
    curs.execute("create table creature(name, description, country, area, aka)")

def row_to_model(row: tuple) -> Creature:
    name, description, country, area, aka = row
    return Creature(
        name=name,
        description=description,
        country=country,
        area=area,
        aka=aka,
    )

def model_to_dict(creature: Creature) -> dict:
    return creature.model_dump()

def get_one(name: str) -> Creature:
    qry = "select * from creature where name=:name"
    params = {"name": name}
    curs.execute(qry, params)
    row = curs.fetchone()
    return row_to_model(row)

def get_all(name: str) -> list[Creature]:
    qry = "select * from creature"
    curs.execute(qry)
    rows = list(curs.fetchall())
    return [row_to_model(row) for row in rows]

def create(creature: Creature):
    qry = """insert into creature values
        (:name, :description, :country, :area, :aka)"""
    params = model_to_dict(creature)
    curs.execute(qry, params)

def modify(creature: Creature):
    return creature

def replace(creature: Creature):
    return creature
```

```
def delete(creature: Creature):
    qry = "delete from creature where name = :name"
    params = {"name": creature.name}
    curs.execute(qry, params)
```

모듈이 초기화될 때 sqlite3와 연결하고 가짜 'cryptid.db' 데이터베이스를 생성한다. 데이터베이스 연결은 conn 변수에 저장된다. 이 변수는 data/creature.py 모듈 내에서 전역 변수다. 다음으로, curs 변수는 SQL SELECT 문을 실행해 반환된 데이터를 순회하기 위한 커서다. 이 변수 역시 모듈 내에서 전역이다.

다음의 두 유틸리티 함수는 Pydantic 모델과 DB-API 간에 데이터를 변환하는 일을 한다.

- row_to_model(): fetch 함수가 반환한 튜플을 모델 객체로 변환한다.
- model_to_dict(): Pydantic 모델을 딕셔너리로 변환해 'named' 쿼리 매개변수로 알맞게 지정한다.

지금까지 각 계층(웹 → 서비스 → 데이터)에 있던 가짜 CRUD 함수를 이제 바꿀 수 있다. 이 함수는 일반 SQL 문과 sqlite3의 DB-API가 제공하는 메서드만 사용한다.

10.3 레이아웃

지금까지 (가짜) 데이터는 단계적으로 수정을 거쳤다.

1 8장에서 'web/creature.py'에 가짜 생명체 목록을 생성했다.
2 8장에서 'web/explorer.py'에 가짜 탐험가 목록을 생성했다.
3 9장에서 가짜 creatures를 'service/creature.py'로 이동했다.
4 9장에서 가짜 explorers를 'service/explorer.py'로 이동했다.

마지막으로 데이터를 'data/creature.py'로 이동한다. 하지만 이제부터 데이터는 가짜가 아니라 SQLite 데이터베이스 파일(cryptids.db)에 있는 실제 살아 있는 데이터다. 상상력이 부족하니 생명체 데이터를 뻔한 이름의 creature 테이블에 저장한다.

새로 만든 파일을 저장하면 Uvicorn은 최상단의 main.py에서 'web/creature.py'를 호출하고, 이는 'service/creature.py'를 호출하며, 마지막으로 가장 아래에 있는 'data/

`creature.py`를 호출하는 코드로 서버를 재시작한다.

10.4 데이터베이스 초기화

작은 문제가 하나 있다. 이 모듈은 init() 함수를 호출하지 않아 다른 함수가 사용할 수 있는 SQLite의 conn 또는 curs가 존재하지 않는다. 이는 구성과 관련된 문제다. 서버를 시작할 때 데이터베이스 정보를 어떻게 제공할 수 있을까? 방법은 다음과 같다.

- [예시 10-2]와 같이 코드에 데이터베이스 정보를 하드 코딩한다.
- 계층을 통해 정보를 전달한다. 그러나 이는 계층 분리를 위반하는 것이다. 웹 및 서비스 계층은 데이터 계층의 내부를 알면 안 된다.
- 다음과 같이 외부 소스에서 정보를 전달한다.
  - 구성 파일
  - 환경 변수

환경 변수는 간단하다. 이는 12요소 애플리케이션(https://12factor.net/config)[2]에서 권장하는 사항이다. 환경 변수가 지정되지 않은 경우 코드에 기본값을 포함할 수 있다. 이 접근 방식은 운영 데이터베이스와 별도의 테스트 데이터베이스를 분리하기 위해 사용할 수도 있다.

[예시 10-3]에서는 기본값이 cryptid.db인 CRYPTID_SQLITE_DB 환경 변수를 정의한다. 탐험가 코드에도 재사용할 수 있도록 'data/init.py'라는 새로운 파일에 데이터베이스 초기화 코드를 추가하자.

예시 10-3 데이터베이스 초기화 모듈: data/init.py

```
"""SQLite 데이터베이스를 초기화한다."""
import os
from pathlib import Path
from sqlite3 import connect, Connection, Cursor
```

---

2 옮긴이_ 12요소 애플리케이션(Twelve-Factor App)은 소프트웨어 애플리케이션을 구축하는 방법론이다. 애플리케이션을 가볍고, 신뢰할 수 있으며, 확장 가능하고, 유지 보수하기 쉽게 만들기 위해 따라야 하는 12가지 원칙을 제시한다. 12가지 요소는 코드베이스, 의존성, 환경 구성, 기반 서비스, 빌드/릴리스/실행, 프로세스, 포트 바인딩, 동시성, 폐기 가능성, 개발/운영 환경, 로그, 어드민이다.

```
conn: Connection | None = None
curs: Cursor | None = None

def get_db(name: str | None = None, reset: bool = False):
    """SQLite 데이터베이스 파일에 연결한다."""
    global conn, curs
    if conn:
        if not reset:
            return
        conn = None
    if not name:
        name = os.getenv("CRYPTID_SQLITE_DB")
        top_dir = Path(_file_).resolve().parents[1]
        db_dir = top_dir / "db"
        db_dir.mkdir(exist_ok=True)
        db_name = "cryptid.db"
        db_path = str(db_dir / db_name)
        name = os.getenv("CRYPTID_SQLITE_DB", db_path)
    conn = connect(name, check_same_thread=False)
    curs = conn.cursor()

get_db()
```

파이썬 모듈은 여러 번 가져와도 한 번만 호출되는 '싱글톤' 모듈이다. 따라서 'init.py'의 초기화 코드는 처음 가져올 때 한 번만 실행된다. 마지막으로, 이 모듈을 대신 사용하도록 [예시 10-4]에서 'data/creature.py'를 수정하겠다.

예시 10-4 데이터베이스 구성: data/creature.py

```
from .init import conn, curs
from model.creature import Creature

curs.execute("""create table if not exists creature(
                name text primary key,
                description text,
                country text,
                area text,
                aka text)""")

def row_to_model(row: tuple) -> Creature:
    (name, description, country, area, aka) = row
```

```python
        return Creature(name, description, country, area, aka)

    def model_to_dict(creature: Creature) -> dict:
        return creature.model_dump()

    def get_one(name: str) -> Creature:
        qry = "select * from creature where name=:name"
        params = {"name": name}
        curs.execute(qry, params)
        return row_to_model(curs.fetchone())

    def get_all() -> list[Creature]:
        qry = "select * from creature"
        curs.execute(qry)
        return [row_to_model(row) for row in curs.fetchall()]

    def create(creature: Creature) -> Creature:
        qry = "insert into creature values" \
            " (:name, :description, :country, :area, :aka)"
        params = model_to_dict(creature)
        curs.execute(qry, params)
        return get_one(creature.name)

    def modify(creature: Creature) -> Creature:
        qry = """update creature
                set country=:country,
                    name=:name,
                    description=:description,
                    area=:area,
                    aka=:aka
                where name=:name_orig"""
        params = model_to_dict(creature)
        params["name_orig"] = creature.name
        _ = curs.execute(qry, params)
        return get_one(creature.name)

    def delete(creature: Creature) -> bool:
        qry = "delete from creature where name = :name"
        params = {"name": creature.name}
        res = curs.execute(qry, params)
        return bool(res)
```

수정 순서는 다음과 같다.

1 curs를 정의하는 4번 줄부터 8번 줄을 삭제한다.

2 아, creature 테이블을 먼저 생성해야 한다!

3 테이블 필드는 모두 SQL의 text 문자열이다. 이는 대부분의 SQL 데이터베이스와 달리 SQLite 칼럼의 기본 타입이다. 따라서 앞서 text를 포함할 필요가 없었다 하더라도 이를 명시해서 나쁠 건 없다.

4 if not exists 구문은 테이블이 재생성돼 기존 데이터를 잃어버리지 않게 한다.

5 name 필드는 이 테이블의 명시적인 primary key다. 테이블에 생명체 데이터가 많이 있으면 빠른 조회를 위해 기본키가 필요하다. 그렇지 않으면 데이터베이스가 이름과 일치하는 항목을 찾을 때까지 모든 행을 살펴보는, '테이블 스캔^{table scan}'이 일어난다.

'init.py'에서 conn과 curs를 가져왔으므로 'data/creature.py'에서 sqlite3를 가져올 필요가 없다. 나중에 conn이나 curs 객체의 메서드가 아닌 sqlite3 메서드를 호출해야 하는 경우가 아니라면 말이다.

다시 말하지만, 이러한 변경 사항으로 인해 Uvicorn은 모든 것을 재시작한다. 지금까지 해온 방법(HTTPie와 그 친구들 또는 자동화된 '/docs' 양식을 사용한 방법)으로 테스트하면 데이터의 영속화를 확인할 수 있다. 생명체를 추가한 후 생명체를 조회하면 앞서 추가했던 생명체가 함께 조회된다.

[예시 10-5]와 같이 탐험가에도 동일한 작업을 수행한다.

예시 10-5 데이터베이스 구성 추가: data/explorer.py

```
from .init import curs
from model.explorer import Explorer

curs.execute("""create table if not exists explorer(
                name text primary key,
                country text,
                description text)""")

def row_to_model(row: tuple) -> Explorer:
    return Explorer(name=row[0], country=row[1], description=row[2])

def model_to_dict(explorer: Explorer) -> dict:
    return explorer.model_dump() if explorer else None

def get_one(name: str) -> Explorer:
    qry = "select * from explorer where name=:name"
```

```python
        params = {"name": name}
        curs.execute(qry, params)
        return row_to_model(curs.fetchone())

    def get_all() -> list[Explorer]:
        qry = "select * from explorer"
        curs.execute(qry)
        return [row_to_model(row) for row in curs.fetchall()]

    def create(explorer: Explorer) -> Explorer:
        qry = """insert into explorer (name, country, description)
                 values (:name, :country, :description)"""
        params = model_to_dict(explorer)
        _ = curs.execute(qry, params)
        return get_one(explorer.name)

    def modify(name: str, explorer: Explorer) -> Explorer:
        qry = """update explorer
                 set country=:country,
                 name=:name,
                 description=:description
                 where name=:name_orig"""
        params = model_to_dict(explorer)
        params["name_orig"] = explorer.name
        _ = curs.execute(qry, params)
        explorer2 = get_one(explorer.name)
        return explorer2

    def delete(explorer: Explorer) -> bool:
        qry = "delete from explorer where name = :name"
        params = {"name": explorer.name}
        res = curs.execute(qry, params)
        return bool(res)
```

10.5 서비스 계층 연결

데이터 계층의 구현이 완료됐으므로 실제 데이터베이스와 연결해 사용자 요청에 따라 동작하
도록 서비스 계층을 수정해야 한다.

예시 10-6 service/explorer.py 수정

```
import data.explorer as data
```

예시 10-7 service/creature.py 수정

```
import data.creature as data
```

10.6 테스트!

테스트가 없는 코드가 많다. 모두 잘 동작하는가? 그렇다면 놀랄 일이다. 자, 몇 가지 테스트를 설정하자.

test 디렉터리에 하위 디렉터리를 만든다.

- unit: 특정 계층에만 해당하는 테스트
- full: 전 계층에 걸친 테스트

어떤 유형의 테스트를 먼저 작성하고 실행해야 할까? 대부분 자동화된 단위 테스트를 먼저 작성하는데, 이는 규모가 작고 다른 계층이 생겨나기 전이기 때문일 것이다. 이 책에서는 하향식으로 개발을 진행했고, 이제 마지막 계층을 완성하고 있다. 또한 8장과 9장에서는 (HTTPie와 그 친구들과 함께) 수동 테스트를 수행했다. 이러한 테스트는 버그를 찾고 누락된 부분을 빠르게 발견하는 데 도움이 됐다. 자동화된 테스트는 나중에 동일한 오류가 계속 발생하지 않게 방지한다. 그래서 나는 다음 방식을 추천한다.

- 코드를 처음 작성할 때, 몇 가지 수동 테스트를 수행한다.
- 파이썬 구문 오류를 수정한 후, 단위 테스트를 수행한다.
- 모든 계층에 걸쳐 전체 데이터 흐름을 확보한 후, 전체 테스트를 수행한다.

10.6.1 전체 테스트

전체 테스트는 웹 엔드포인트를 호출하는데, 이는 코드 실행을 서비스 계층에서 데이터 계층까지 내려 보냈다가 다시 올라오도록 한다. 이는 엔드투엔드 테스트나 컨트랙트 테스트라고도 부른다.

탐험가 목록 조회

테스트 호수(피라냐 떼의 습격을 받을 수도 있다)에 발을 담그는 용감한 자원봉사자가 있다.

예시 10-8 탐험가 목록 조회 테스트

```
$ http localhost:8000/explorer
HTTP/1.1 307 Temporary Redirect
content-length: 0
date: Mon, 27 Feb 2023 20:05:18 GMT
location: http://localhost:8000/explorer/
server: uvicorn
```

아니! 이게 무슨 일일까?

아, 테스트에서 /explorer/가 아닌 /explorer를 요청했다. 끝에 슬래시(/)가 없는 URL /explorer는 GET 메서드 경로 함수가 없다. 'web/explorer.py'에 있는 get_all() 경로 함수에 대한 경로 데코레이터는 다음과 같다.

```
@router.get("/")
```

이전 코드를 더 살펴보면 다음과 같다.

```
router = APIRouter(prefix = "/explorer")
```

이는 get_all() 경로 함수가 /explorer/가 포함된 URL을 제공한다는 의미다.

[예시 10-9]와 같이 경로 함수당 하나 이상의 경로 데코레이터를 사용할 수 있다.

```python
@router.get("")
@router.get("/")
def get_all() -> list[Explorer]:
    return service.get_all()
```

[예시 10-10]과 [예시 10-11]에 두 URL을 테스트한 결과가 있다.

예시 10-10 슬래시가 없는 엔드포인트

```
$ http localhost:8000/explorer
HTTP/1.1 200 OK
content-length: 2
content-type: application/json
date: Mon, 27 Feb 2023 20:12:44 GMT
server: uvicorn

[]
```

예시 10-11 슬래시가 있는 엔드포인트

```
$ http localhost:8000/explorer/
HTTP/1.1 200 OK
content-length: 2
content-type: application/json
date: Mon, 27 Feb 2023 20:14:39 GMT
server: uvicorn

[]
```

이제 두 가지가 모두 잘 동작한다.[3]

하지만 다시 처음의 응답을 살펴보면 http://localhost:8000/explorer/로 리다이렉트된 것을 알 수 있다. 따라서 위에서 수정한 내용을 작성하지 않아도 브라우저에서 테스트해보면 원하는 대로 동작한다. 다만 HTTPie 또는 기타 방식으로 실행하기 위해서는 리다이렉트 응답

---

3 책에는 생략됐으나, 다른 라우터 역시 마찬가지다.

을 받았을 때 해당 location으로 이동할 수 있도록 처리가 필요하다. HTTPie CLI는 다음과 같이 테스트한다.

```
$ http --follow http://localhost:8000/explorer
```

탐험가를 생성하고 다시 목록 조회 테스트를 해보자. [예시 10-12]에서 테스트를 수행하며 약간의 변형을 가했다.

예시 10-12 입력 오류가 있는 탐험가 생성 테스트

```
$ http post localhost:8000/explorer name="Beau Buffette", contry="US"
HTTP/1.1 422 Unprocessable Entity
content-length: 95
content-type: application/json
date: Mon, 27 Feb 2023 20:17:45 GMT
server: uvicorn

{
    "detail": [
        {
            "loc": ["body", "country"],
            "msg": "field required",
            "type": "value_error.missing"
        }
    ]
}
```

평소에는 오타가 거의 없는데, country의 철자가 틀렸다. 그리고 Pydantic이 웹 계층에서 이를 잡아 422 HTTP 상태 코드와 함께 문제에 대한 설명을 반환했다. 일반적으로 FastAPI가 422를 반환하면 Pydantic이 범인을 찾아냈을 확률이 높다. loc를 보면 오류가 발생한 위치가 나와 있는데, 타이핑을 잘못해서 country 필드가 누락됐다. 오타를 고친 뒤 다시 테스트하자.

```
$ http post localhost:8000/explorer name="Beau Buffette" country="US"
HTTP/1.1 200 Created
content-length: 55
content-type: application/json
date: Mon, 27 Feb 2023 20:20:49 GMT
server: uvicorn

{
    "name": "Beau Buffette,",
    "country": "US",
    "description": ""
}
```

이번에는 리소스가 생성될 때 일반적으로 사용되는 200 상태 코드가 반환된다(모든 2xx 상태 코드는 성공을 나타내는데 200이 가장 일반적이다). 응답에는 방금 만든 탐험가 객체의 JSON 버전도 포함됐다.

이제 처음 테스트로 돌아가자. 탐험가 목록 조회 테스트 결과에 Beau가 포함됐을까? 질문에 대한 해답이 [예시 10–14]에 나와 있다.

예시 10-14 create( ) 동작 결과 확인

```
$ http localhost:8000/explorer
HTTP/1.1 200 OK
content-length: 57
content-type: application/json
date: Mon, 27 Feb 2023 20:26:26 GMT
server: uvicorn

[
    {
        "name": "Beau Buffette",
        "country": "US",
        "description": ""
    }
]
```

좋았어! 이제 제대로 돌아간다.

특정 탐험가 조회

이제 하나의 리소스를 조회하는 엔드포인트(예시 10-15)로 Beau를 조회하면 어떻게 될까?

예시 10-15 리소스를 조회하는 엔드포인트 테스트

```
$ http localhost:8000/explorer/"Beau Buffette"
HTTP/1.1 200 OK
content-length: 55
content-type: application/json
date: Mon, 27 Feb 2023 20:28:48 GMT
server: uvicorn

{
    "name": "Beau Buffette",
    "country": "US",
    "description": ""
}
```

이름과 성 사이의 공백을 유지하기 위해 따옴표를 사용했다. 대신 URL에 `Beau%20Buffette`를 사용할 수도 있다. 여기서 **%20**은 ASCII에서 공백 문자를 뜻하는 16진수 코드다.

누락 및 중복 데이터

지금까지 두 가지 주요 오류 사항을 무시했다.

- 누락된 데이터: 데이터베이스에 없는 이름으로 탐험가를 조회하거나 수정, 삭제하려고 하는 경우
- 중복 데이터: 같은 이름의 탐험가를 두 번 이상 생성하려는 경우

만약 존재하지 않거나 중복된 탐험가를 요청하면 어떻게 될까? 지금까지는 코드를 매우 낙관적으로 작성했으므로, 생각지 못한 심연에서 예외가 튀어나올 것이다.

방금 우리의 친구 Beau가 데이터베이스에 추가됐다. [예시 10-16]에서는 야심한 밤을 틈타 사악한 도플갱어가 Beau의 자리를 차지할 음모를 꾸민다.

예시 10-16 오류: 둘 이상의 탐험가 생성

```
$ http post localhost:8000/explorer name="Beau Buffette" country="US"
HTTP/1.1 500 Internal Server Error
content-length: 3127
content-type: text/plain; charset=utf-8
date: Mon, 27 Feb 2023 21:04:09 GMT
server: uvicorn

Traceback (most recent call last):
  File ".../starlette/middleware/errors.py", line 162, in call
... (어지러운 내부 호출 로그 잔뜩) ...
  File ".../service/explorer.py", line 11, in create
    return data.create(explorer)
           ~~~~~~~~~~~~~~~~~
  File ".../data/explorer.py", line 37, in create
    curs.execute(qry, params)
sqlite3.IntegrityError: UNIQUE constraint failed: explorer.name
```

오류 로그에 있는 대부분의 줄을 생략하고 몇 줄은 괄호로 바꿨다. 그 이유는 대부분 FastAPI 와 기본 Starlette에 의한 내부 호출이 포함됐기 때문이다. 하지만 마지막 줄은 웹 계층의 SQLite 예외다! 정신이 아찔하다.

[예시 10−17]에서는 누군가가 찾아와 존재하지 않는 탐험가를 찾는다.

예시 10-17 존재하지 않는 탐험가 조회

```
$ http localhost:8000/explorer/"Beau Buffalo"
HTTP/1.1 500 Internal Server Error
content-length: 3282
content-type: text/plain; charset=utf-8
date: Mon, 27 Feb 2023 21:09:37 GMT
server: uvicorn

Traceback (most recent call last):
File ".../starlette/middleware/errors.py", line 162, in call
... (고대 문자 한가득) ...
  File ".../data/explorer.py", line 11, in row_to_model
    return Explorer(name=row[0], country=row[1], description=row[2])
                    ~~~~~~
TypeError: 'NoneType' object is not subscriptable
```

최하위 계층(데이터 계층)에서 이런 오류를 잡아서 세부 사항을 최상위 계층(웹 계층)으로 전달하는 좋은 방법은 무엇일까? 다음과 같은 방법을 사용할 수 있다.

- SQLite가 털뭉치(예외)를 토해 내면 웹 계층에서 이를 처리한다.

    - 하지만 이 경우 계층이 혼합돼 '좋지 않다'. 웹 계층은 특정 데이터베이스에 대해 어떤 것도 알 수 없어야 한다.

- 서비스 및 데이터 계층의 모든 함수가 Explorer를 반환하던 것을 Explorer ¦ None을 반환하도록 한다. None은 실패를 나타낸다('model/explorer.py'에서 OptExplorer = Explorer ¦ None을 정의해 코드를 짧게 줄일 수 있다).

    - 하지만 함수는 여러 가지 이유로 실패할 수 있으며 자세한 내용을 알고 싶을 수 있다. 그러려면 코드를 많이 수정해야 한다.

- 문제의 세부 사항을 포함하는 Missing, Duplicate 예외를 정의한다. 이 방법을 사용하면 웹 경로 함수가 이 예외를 잡을 때까지 데이터가 코드 변경 없이 계층을 통해 전달된다. 또한 데이터베이스가 아닌 애플리케이션별로 적용되므로 계층의 무결성을 유지할 수 있다.

    - 사실 나는 이 방식을 선호한다. [예시 10-18]을 보자.

예시 10-18 최상위 디렉터리에 생성한 error.py 파일

```python
class Missing(Exception):
    def _init_(self, msg: str):
        self.msg = msg

class Duplicate(Exception):
    def _init_(self, msg: str):
        self.msg = msg
```

각각의 예외에는 상위 수준 코드에 어떤 일이 발생했는지 알려줄 msg 문자열 속성이 있다.

이를 구현하려면 [예시 10-19]와 같이 SQLite가 중복 요소에 예외를 일으키는 DB-API 예외를 data/init.py에 불러온다.

예시 10-19 data/init.py에 SQLite 예외 불러오기

```python
from sqlite3 import connect, IntegrityError
```

[예시 10-20]은 불러온 오류를 잡아내 처리한다.

예시 10-20 data/explorer.py가 [예외 10-19]에서 불러온 예외를 잡아내도록 수정

```python
from init import (conn, curs, IntegrityError)
from model.explorer import Explorer
from error import Missing, Duplicate

curs.execute("""create table if not exists explorer(
                name text primary key,
                country text,
                description text)""")

def row_to_model(row: tuple) -> Explorer:
    name, country, description = row
    return Explorer(name=name,
        country=country, description=description)

def model_to_dict(explorer: Explorer) -> dict:
    return explorer.model_dump()

def get_one(name: str) -> Explorer:
    qry = "select * from explorer where name=:name"
    params = {"name": name}
    curs.execute(qry, params)
    row = curs.fetchone()
    if row:
        return row_to_model(row)
    else:
        raise Missing(msg=f"Explorer {name} not found")

def get_all() -> list[Explorer]:
    qry = "select * from explorer"
    curs.execute(qry)
    return [row_to_model(row) for row in curs.fetchall()]

def create(explorer: Explorer) -> Explorer:
    if not explorer:
        return None
    qry = """insert into explorer (name, country, description)
            values (:name, :country, :description)"""
    params = model_to_dict(explorer)
    try:
```

```
        curs.execute(qry, params)
    except IntegrityError:
        raise Duplicate(msg=
            f"Explorer {explorer.name} already exists")
    return get_one(explorer.name)

def modify(name: str, explorer: Explorer) -> Explorer:
    if not (name and explorer):
        return None
    qry = """update explorer
            set name=:name,
            country=:country,
            description=:description
            where name=:name_orig"""
    params = model_to_dict(explorer)
    params["name_orig"] = explorer.name
    curs.execute(qry, params)
    if curs.rowcount == 1:
        return get_one(explorer.name)
    else:
        raise Missing(msg=f"Explorer {name} not found")

def delete(name: str):
    if not name:
        return False
    qry = "delete from explorer where name = :name"
    params = {"name": name}
    curs.execute(qry, params)
    if curs.rowcount != 1:
        raise Missing(msg=f"Explorer {name} not found")
```

이렇게 하면 함수마다 Explorer | None 또는 Optional[Explorer]를 반환한다고 선언할 필요가 없다. 예외가 아닌 일반적인 반환 타입에 대해서만 타입 힌트를 표시한다. 예외는 호출 스택과 무관하게 누군가 잡아내기 전까지 위쪽으로 전파되므로, 서비스 계층에서 아무것도 변경할 필요가 없다. [예시 10-21]의 web/explorer.py에는 예외 핸들러와 적절하게 반환되는 HTTP 상태 코드가 나와 있다.

예시 10-21 web/explorer.py에서 Missing 및 Duplicate 예외 처리

```
from fastapi import APIRouter, HTTPException
from model.explorer import Explorer
```

```python
from service import explorer as service
from error import Duplicate, Missing

router = APIRouter(prefix = "/explorer")

@router.get("")
@router.get("/")
def get_all() -> list[Explorer]:
    return service.get_all()

@router.get("/{name}")
@router.get("/{name}/")
def get_one(name) -> Explorer:
    try:
        return service.get_one(name)
    except Missing as exc:
        raise HTTPException(status_code=404, detail=exc.msg)

@router.post("", status_code=201)
@router.post("/", status_code=201)
def create(explorer: Explorer) -> Explorer:
    try:
        return service.create(explorer)
    except Duplicate as exc:
        raise HTTPException(status_code=404, detail=exc.msg)

@router.patch("/{name}")
@router.patch("/{name}/")
def modify(name: str, explorer: Explorer) -> Explorer:
    try:
        return service.modify(name, explorer)
    except Missing as exc:
        raise HTTPException(status_code=404, detail=exc.msg)

@router.put("/{name}")
@router.put("/{name}/")
def replace(name: str, explorer: Explorer) -> Explorer:
    try:
        return service.replace(id, explorer)
    except Missing as exc:
        raise HTTPException(status_code=404, detail=exc.msg)

@router.delete("/{name}", status_code=204)
@router.delete("/{name}/", status_code=204)
```

```
def delete(name: str):
    try:
        return service.delete(name)
    except Missing as exc:
        raise HTTPException(status_code=404, detail=exc.msg)
```

변경된 사항을 테스트하자.

예시 10-22 존재하지 않는 탐험가를 조회하는 테스트. Missing 예외가 발생한다.

```
$ http localhost:8000/explorer/"Beau Buffalo"
HTTP/1.1 404 Not Found
content-length: 44
content-type: application/json
date: Mon, 27 Feb 2023 21:11:27 GMT
server: uvicorn
{
    "detail": "Explorer Beau Buffalo not found"
}
```

좋다. 이번에는 도플갱어를 다시 테스트하자.

예시 10-23 중복 오류가 수정된 테스트

```
$ http post localhost:8000/explorer name="Beau Buffette" country="US"
HTTP/1.1 404 Not Found
content-length: 50
content-type: application/json
date: Mon, 27 Feb 2023 21:14:00 GMT
server: uvicorn

{
    "detail": "Explorer Beau Buffette already exists"
}
```

누락과 관련한 테스트는 수정, 삭제 엔드포인트에도 적용할 수 있다. 직접 테스트를 작성하길
권한다.

10.6.2 단위 테스트

이 장의 단위 테스트^{unit test}는 데이터 계층만 다루며, 데이터베이스에 대한 호출과 SQL 구문을 검사한다. 이 절을 전체 테스트 뒤에 배치한 이유는 이미 data/creature.py에 정의하고, 설명하고, 코딩한 Missing 및 Duplicate 예외를 이용하고 싶었기 때문이다. [예시 10-24] (test/unit/data/test_creature.py)에 테스트 스크립트 목록이 있다. 단위 테스트에서는 다음 사항에 주의한다.

- data로부터 init 또는 creature를 가져오기 '전에' 환경 변수 CRYPTID_SQLITE_DATABASE를 ":memory:"로 설정한다. 이 값을 설정하면 SQLite가 기존 데이터베이스 파일을 손상시키거나 디스크에 파일을 생성하지 않고 완전히 메모리에서 작동하도록 할 수 있다. 이 값은 해당 모듈을 처음 가져올 때 data/init.py에서 초기화된다.
- sample이라는 이름의 픽스처^{fixture}는 Creature 객체가 필요한 함수에 전달된다.
- 테스트가 순서대로 실행된다. 이 경우 데이터베이스가 테스트 함수마다 재설정되지 않고 동일한 데이터베이스가 계속 유지된다. 그 이유는 이전 함수의 변경 사항이 지속되도록 하기 위함이다. pytest를 사용하면 다음과 같은 스코프를 설정할 수 있다.
  - 함수 스코프(기본값): 모든 테스트 함수를 수행하기 전에 새로운 것으로 호출된다.
  - 세션 스코프: 처음에 한 번만 호출된다.
- 일부 테스트는 Missing 또는 Duplicate 예외를 강제로 일으키고 이 예외가 잘 잡히는지 확인한다.

[예시 10-24]의 각 테스트는 sample이라는 이름을 가진, 변경되지 않은 새로운 Creature 객체를 사용한다.

예시 10-24 data/creature.py에 대한 단위 테스트: test/unit/data/test_creature.py

---

```
import os
import pytest
from model.creature import Creature
from error import Missing, Duplicate

# 아래 줄에 있는 data.init에 메모리 DB를 사용하도록 data 모듈을 가져오기 전에 설정한다.
os.environ["CRYPTID_SQLITE_DB"] = ":memory:"
# data 모듈이 중복돼 explorer를 찾지 못해 src를 명시한다.
from src.data import explorer

@pytest.fixture
def sample() -> Creature:
```

```python
    return Creature(name="yeti", country="CN", area="Himalayas",
        description="Harmless Himalayan",
        aka="Abominable Snowman")

def test_create(sample):
    resp = creature.create(sample)
    assert resp == sample

def test_create_duplicate(sample):
    with pytest.raises(Duplicate):
        _ = creature.create(sample)

def test_get_one(sample):
    resp = creature.get_one(sample.name)
    assert resp == sample

def test_get_one_missing():
    with pytest.raises(Missing):
        _ = creature.get_one("boxturtle")

def test_modify(sample):
    creature.area = "Sesame Street"
    resp = creature.modify(sample.name, sample)
    assert resp == sample

def test_modify_missing():
    thing: Creature = Creature(name="snurfle", country="RU", area="",
        description="some thing", aka="")
    with pytest.raises(Missing):
        _ = creature.modify(thing.name, thing)

def test_delete(sample):
    resp = creature.delete(sample.name)
    assert resp is None

def test_delete_missing(sample):
    with pytest.raises(Missing):
        _ = creature.delete(sample.name)
```

pytest 실행 시 ModuleNotFoundError: No module named 'src' 오류가 발생하면 터미널 (맥 또는 리눅스)에서 아래 명령어를 입력한 뒤 재실행하자.

```
$ export PYTHONPATH=${PWD}/src:${PWD}
```

힌트: 이제 여러분은 스스로 test/unit/data/test_explorer.py를 작성할 수 있다.

10.7 정리

이 장에서는 필요에 따라 계층을 몇 번 위아래로 이동하면서 데이터를 처리하는 간단한 데이터 계층을 소개했다. 12장에서는 각 계층에 대한 단위 테스트와 계층 간 통합 테스트 및 전체 종단 간 테스트에 대해 설명한다. 14장에서는 데이터베이스를 좀 더 자세히 살펴본다.

## CHAPTER 11

인증 및 인가

내 권위를 존중해!

— 에릭 카트먼Eric Cartman, 〈사우스 파크〉

어떤 웹사이트는 누가 방문하든 모든 페이지에 들어갈 수 있다. 하지만 사이트 내 콘텐츠를 수정할 수 있다면, 일부 엔드포인트의 접근을 특정 유저나 그룹으로 제한해야 한다. 아마존의 웹 페이지를 아무나 변경한다고 생각해보자. 이상한 상품이 등장하고, 불시에 특정 사용자에게 엄청난 할인이 적용될 것이다. 안타깝지만, 다른 사람은 교묘히 숨은 세금을 납부하는 사이 자신은 편법으로 이득을 챙기는 게 (일부) 인간의 본성이다.

우리가 만드는 크립티드 사이트도 모든 유저가 엔드포인트에 접근하게 열어 두어야 할까? 절대 안 된다! 거의 모든 규모의 웹 서비스는 이런 문제를 처리하기 위해 인증authentication (authn) 과 인가authorization (authz)가 절대적으로 필요하다.

인증과 인가를 담당하는 별도의 새로운 계층이 웹과 서비스 사이에 있어야 할까? 아니면 웹 계층이나 서비스 계층 각각에서 모든 일을 처리해야 할까? 이 장에서는 인증 기술과 이를 배치할 위치를 자세히 살펴본다.

> **NOTE** 여러 번 언급했듯, 공식 FastAPI 문서는 매우 훌륭하다. 이 장에서 제공하는 정보로 부족하다면 보안 절(https://oreil.ly/oYsKl)을 참조하자.

이제 이 과정을 단계별로 살펴보자. 테스트를 위해 웹 엔드포인트에 인증 정보를 연결하는 간단한 코드로 시작하겠지만, 이 코드는 공개 웹사이트에서는 사용할 수 없다.

11.1 인증의 필요성

인증은 정체성의 문제다. 인증을 구현하려면 비밀 정보를 고유 정체성에 매핑해야 한다. 이를 수행하는 방법은 여러 가지이며 복잡성도 매우 다양하다. 작은 것부터 차근차근 진행해보자.

웹 개발 관련 글들을 보면 인증과 인가 세부 사항으로 바로 넘어갈 때가 많다. 때로는 제일 먼저 던져야 할 질문인 '정말 필요할까'를 건너뛰기도 한다. 웹사이트의 페이지마다 완전한 익명 접근을 허용할 수 있다. 하지만 그렇게 하면 서비스 거부 공격[1] 같은 공격에 노출될 위험이 커진다. 속도 제한 같은 일부 기능을 웹 서버 외부에서 구현할 수 있지만(13장 참조), 거의 모든 공개 API 제공업체는 최소한의 인증을 요구한다.

보안에 관해 알아보기 전에, 웹사이트가 얼마나 효율적으로 작동하는지 확인하는 질문을 정리해보자.

- 순 방문자 수가 몇 명인가?
- 가장 인기 있는 페이지가 무엇인가?
- 변경 사항을 적용하면 조회수가 증가하는가?
- 어떤 페이지 순서가 일반적인가?

이 같은 질문에 답하려면 특정 방문자가 인증을 해야 한다. 인증 없이는 총 조회수만 얻게 된다.

> **NOTE** 사이트에 인증이나 인가가 필요한 경우, 공격자가 일반 텍스트에서 비밀 데이터를 추출하지 못하도록 사이트에 대한 접근을 암호화(HTTP 대신 HTTPS 사용)해야 한다. HTTPS 설정에 대한 자세한 내용은 13장을 참조하자.

---

1 옮긴이_ 시스템을 악의적으로 공격해 해당 시스템의 리소스를 고갈시킴으로써 원래 의도된 용도로 사용하지 못하게 하는 공격이다(출처: https://ko.wikipedia.org/wiki/서비스_거부_공격).

11.2 인증 방법

웹 인증 방법과 도구는 다양하다.

- **유저 아이디/이메일 및 비밀번호**: 전통적인 HTTP 기본 및 다이제스트 인증
- **API 키**: 비밀 정보가 담긴 임의의 긴 문자열
- **OAuth2**: 인증 및 인가를 위한 일련의 표준
- **JSON 웹 토큰(JWT)**: 암호로 서명된 유저 정보가 담긴 인코딩 형식

이 절에서는 앞의 두 가지 방법을 검토하고 전통적으로 구현하는 방법을 보여준다. 하지만 API 와 데이터베이스 코드를 작성하기 전에 멈추겠다. 대신 OAuth2와 JWT를 사용해 좀 더 현대 적인 방식을 완전히 구현한다.

11.3 글로벌 인증: 공유 비밀번호

가장 간단한 인증 방법은 웹 서버만 아는 비밀번호를 전달하는 것이다. 암호가 일치하면 인증 이 완료된다. 이때 API 사이트가 HTTPS가 아닌 HTTP를 통해 대중에게 노출되면 이 방법은 안전하지 않다. 이 방법을 공개 프런트엔드 사이트에서 사용한다면, 프런트엔드와 백엔드는 공 유한 비밀 키를 사용해 통신한다. 하지만 프런트엔드 사이트가 해킹을 당하면 문제가 생긴다. FastAPI가 간단한 인증을 처리하는 방법을 살펴보자.

auth.py라는 최상위 파일을 새로 만든다. 이전 장에서 계속 변경한 main.py 파일을 실행하는 FastAPI 서버가 없는지 확인한다. [예시 11-1]은 웹 초창기부터 도입된 HTTP 기본 인증을 사용해 전송된 아이디와 비밀번호를 반환하는 서버를 구현한다.

예시 11-1 HTTP 기본 인증을 사용해 유저 정보 가져오기: auth.py

```
import uvicorn
from fastapi import Depends, FastAPI
from fastapi.security import HTTPBasic, HTTPBasicCredentials

app = FastAPI()
```

```
basic = HTTPBasic()

@app.get("/who")
def get_user(
    creds: HTTPBasicCredentials = Depends(basic)):
    return {"username": creds.username, "password": creds.password}

if _name_ == "_main_":
    uvicorn.run("auth:app", reload=True)
```

[예시 11−2]는 HTTPie에 기본 인증 요청을 지시한다(인수 -a name:password가 필요). 여기서는 아이디 me와 비밀번호 secret을 사용한다.

예시 11-2 HTTPie로 인증 테스트

```
$ http -a me:secret localhost:8000/who
{
    "password": "secret",
    "username": "me"
}
```

[예시 11−3]과 같이 Requests 패키지로 테스트하는 방법도 비슷하며, 매개변수 auth를 사용한다.

예시 11-3 Requests로 인증 테스트

```
>>> import requests
>>> r = requests.get("http://localhost:8000/who",
    auth=("me", "secret"))
>>> r.json()
{'username': 'me', 'password': 'secret'}
```

[그림 11−1]에 표시된 자동 문서 페이지(http://localhost:8000/docs)를 사용해 [예시 11−1]을 테스트할 수도 있다.

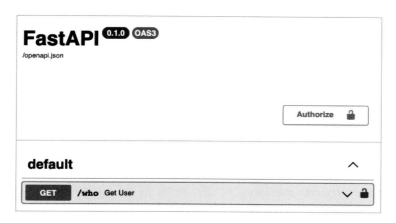

그림 11-1 간편 인증을 위한 문서 페이지

GET /who Get User 상자 오른쪽의 화살표를 클릭한 다음, [Try It Out](사용해보기) 버튼을 클릭하고 [Execute](실행) 버튼을 클릭한다. 사용자의 아이디와 비밀번호를 요청하는 양식이 표시된다. 이 양식에 아무거나 입력한다. 그러면 문서 양식이 해당 서버 엔드포인트에 접속해 해당 값을 응답에 표시한다.

이 테스트는 아이디와 비밀번호를 서버로 보냈다가 (실제로는 아무것도 확인하지 않고) 다시 가져온다. 서버에서 이 이름과 비밀번호가 승인된 값과 일치하는지 확인한다. 따라서 [예시 11−4]의 웹 서버에는 비밀 아이디와 비밀번호가 하나 있다. 지금 입력하는 아이디와 비밀번호는 각각 공유하는 비밀이므로 일치해야 하며, 그렇지 않으면 예외가 발생한다. HTTP 상태 코드 401의 공식적인 뜻은 권한 없음unauthorized이지만, 실제로는 인증되지 않음unauthenticated을 의미한다.

> **NOTE** HTTP 상태 코드를 전부 외우는 대신, 이번에는 FastAPI의 상태 모듈을 사용한다(이 모듈은 스탈렛이 직접 가져온다). 따라서 [예시 11−4]에서 일반적인 `status_code=401` 대신 설명이 담긴 `status_code=HTTP_401_UNAUTHORIZED`를 사용할 수 있다.

예시 11-4 auth.py에 비밀 아이디와 비밀번호 추가

```
import uvicorn
from fastapi import Depends, FastAPI, HTTPException
from fastapi.security import HTTPBasic, HTTPBasicCredentials
```

```
app = FastAPI()

secret_user: str = "newphone"
secret_password: str = "whodis?"

basic: HTTPBasicCredentials = HTTPBasic()

@app.get("/who")
def get_user(
    creds: HTTPBasicCredentials = Depends(basic)) -> dict:
    if (creds.username == secret_user and
        creds.password == secret_password):
        return {"username": creds.username,
            "password": creds.password}
    raise HTTPException(status_code=401, detail="Hey!")

if _name_ == "_main_":
    uvicorn.run("auth:app", reload=True)
```

아이디와 비밀번호를 잘못 입력하면 [예시 11-5]처럼 바로 **401** 경고가 표시된다.

예시 11-5 HTTPie로 일치하지 않는 아이디/비밀번호 테스트

```
$ http -a me:secret localhost:8000/who
HTTP/1.1 401 Unauthorized content-length: 17
content-type: application/json
date: Fri, 03 Mar 2023 03:25:09 GMT
server: uvicorn

{
    "detail": "Hey!"
}
```

일치하는 조합을 사용하면 [예시 11-6]과 같이 아이디와 비밀번호가 반환된다.

예시 11-6 HTTPie로 올바른 아이디/비밀번호 테스트

```
$ http -a newphone:whodis\? localhost:8000/who
{
    "password": "whodis?",
    "username": "newphone"
}
```

11.4 간단한 개인 인증

이전 절에서 공유 비밀번호를 사용해 접근을 제어하는 방법을 설명했다. 이는 광범위한 접근 방식이지만 그다지 안전하지는 않다. 또한 개별 방문자의 정보는 알리지 않고 방문자(또는 지각 있는 인공지능)가 비밀을 알고 있다는 사실만 알려준다.

많은 웹사이트가 다음을 수행하고자 한다.

- 어떤 방식으로든 개별 방문자를 정의한다.
- 특정 엔드포인트에 접근할 때 특정 방문자를 식별(인증)한다.
- 일부 방문자와 엔드포인트에 차등을 두어 권한(인가)을 할당한다.
- 방문자별 특정 정보(관심사, 구매 등)를 저장한다.

방문자가 사람인 경우 아이디나 이메일, 비밀번호를 제공하도록 할 수 있다. 외부 프로그램인 경우 API 키와 비밀번호를 제공하도록 할 수 있다.

> **TIP** 여기부터는 유저가 선택한 이름이나 이메일을 지칭할 때 username만 사용한다.

가짜 유저가 아닌 실제 개별 유저를 인증하려면 조금 더 많은 작업을 수행해야 한다.

- 유저 값(이름 및 비밀번호)을 HTTP 헤더로 API 서버 엔드포인트에 전달한다.
- 이러한 헤더의 텍스트를 탈취하는 사람을 피하려면 HTTP 대신 HTTPS를 사용한다.
- 비밀번호를 다른 문자열로 '해시'한다. 해시 결과는 해제가 불가능하므로 원래 비밀번호를 유추할 수 없다.
- 실제 데이터베이스에 아이디와 해시된 비밀번호(원래 일반 텍스트 비밀번호가 아닌)가 담긴 유저 데이터베이스 테이블을 저장한다.
- 새로 입력한 비밀번호를 해시하고 그 결과를 데이터베이스의 해시된 비밀번호 단어와 비교한다.
- 아이디와 해시된 비밀번호가 일치하면 일치하는 유저 객체를 스택 위로 전달한다. 일치하지 않으면 None을 반환하거나 예외를 발생시킨다.
- 서비스 계층에서 개별 유저 인증과 관련된 모든 지표/로깅 등을 실행한다.
- 웹 계층에서 인증된 유저 정보를 필요한 모든 기능에 전송한다.

다음 절에서는 이 모든 작업을 OAuth2와 JWT 같은 최신 도구로 수행한다.

11.5 더 멋진 개인 인증

개인을 인증하려면, 개인 정보를 최소한 키(아이디나 API 키)와 비밀(비밀번호나 API 비밀번호)이 있는 레코드가 포함된 데이터베이스 같은 곳에 저장해야 한다. 웹사이트 방문자는 보호된 URL에 접근할 때 이러한 정보를 제공하므로 데이터베이스에 이를 일치시킬 수 있는 무언가가 필요하다.

공식 FastAPI 보안 문서(입문(`https://oreil.ly/kkTUB`) 및 고급(`https://oreil.ly/biKwy`))는 로컬 데이터베이스를 사용해 여러 유저를 인증하는 방법을 하향식으로 설명한다. 그러나 예시 웹 함수는 실제 데이터베이스 접근을 위조한다. 여기서는 반대로 데이터 계층에서 시작해 상향식으로 작업한다. 유저/방문자를 정의하고, 저장하고, 접근하는 방법을 정의한다. 그런 다음 웹 계층까지 작업해 유저 식별이 전달, 평가, 인증되는 방법을 정의한다.

11.5.1 OAuth2

> '개방형 인증^{Open Authorization}'의 약자인 OAuth 2.0은 웹사이트나 애플리케이션이 유저를 대신해 웹 앱에서 호스팅하는 리소스에 접근할 수 있도록 설계된 표준이다.
>
> — Auth0

웹을 신뢰하던 시절에는 A라는 웹사이트에 B라는 웹사이트의 아이디와 비밀번호를 제공하면 A에서 B의 콘텐츠에 접근할 수 있었다. B에 대한 접근 권한 전체가 A에 부여돼도 A는 허용된 정보에만 접근할 거라 믿었다. B의 예로는 트위터 팔로워, 페이스북 친구, 이메일 연락처 등이 있다. 물론 이 방식은 오래 지속되지 못했고, 다양한 회사와 그룹이 모여 OAuth를 정의했다. 원래 OAuth는 A가 B의 특정(전체가 아닌) 리소스에만 접근하도록 허용할 목적으로 설계됐다.

OAuth2(`https://oauth.net/2`)는 대중적이지만 복잡한 인증 표준으로, 앞서 예로 든 A/B 웹사이트 같은 사례 외에 다양한 용도로 사용한다. 가벼운 설명(`http://oreil.ly/ehmuf`)부터 무거운 설명(`https://oreil.ly/qAUaM`)까지 다양한 설명이 있다.

OAuth는 다양한 상황에 맞는 다양한 플로(**https://oreil.ly/kRiWh**)를 제공한다. 여기서는 인증 코드 플로를 사용할 것이다. 이 절에서는 평균 크기의 단계를 한 번에 하나씩 구현한다.

먼저 서드파티 파이썬 패키지를 설치하자.

- **JWT 다루기**: `pip install python-jose[cryptography]`
- **비밀번호 다루기**: `pip install bcrypt`
- **양식**form **다루기**: `pip install python-multipart`

다음 절은 유저 데이터 모델과 데이터베이스 관리로 시작해 OAuth가 표시되는 서비스 및 웹 계층 작업으로 마무리한다.

11.5.2 유저 모델

[예시 11-7]의 최소한의 유저 모델 정의로 시작한다. 이 예시를 전 계층에서 사용할 것이다. 여기서는 Pydantic의 상속을 이용한 세 가지 모델을 사용한다.

- `PublicUser`: 유저의 기본 모델

  - `name`: 유저의 이름. 외부로 노출되는 유일한 속성이다.

- `SignInUser`: 유저가 처음 가입 시 사용할 요청 본문의 Pydantic 모델. `PublicUser`를 상속해 `name` 속성을 명시하지 않아도 가지고 있다.

  - `password`: 유저가 가입 시 사용하는 암호

- `PrivateUser`: FastAPI 서버 내부에서 서비스 계층과 데이터 계층의 통신 시 사용. 별도 모델로 구분한 `SignInUser`와 마찬가지로 `name` 속성을 명시하지 않아도 가지고 있다.

  - `hash`: 사용자가 입력한 비밀번호를 암호화한 값. 클라이언트로 전달되면 암호가 유출되는 것이나 다름없으므로 노출되면 안 된다.

예시 11-7 유저 정의: model/user.py

```python
from pydantic import BaseModel

class PublicUser(BaseModel):
    name: str

class SignInUser(PublicUser):
    password: str

class PrivateUser(PublicUser):
    hash: str
```

11.5.3 유저 데이터 계층

[예시 11-8]에는 유저 데이터베이스 코드가 포함됐다.

> **TIP** 이 코드는 user(활성 유저) 및 xuser(삭제된 유저) 테이블을 만든다. 개발자는 종종 유저 테이블에 불리언 deleted 필드를 추가해서, 실제로 테이블에서 레코드를 삭제하지 않고도 유저가 활동하지 않음을 나타낸다. 나는 삭제된 유저의 데이터를 다른 테이블로 옮겨 두는 편이다. 그러면 모든 유저 쿼리에서 삭제된 필드를 반복적으로 확인하지 않아도 된다. 그리고 쿼리 속도도 높아진다(불리언과 같이 카디널리티가 낮은 필드에 대한 인덱스를 만드는 건 좋지 않다).

예시 11-8 데이터 계층: data/user.py

```python
from model.user import PublicUser, PrivateUser, SignInUser
from .init import (conn, curs, get_db, IntegrityError)
from error import Missing, Duplicate

curs.execute("""create table if not exists
                user(
                    name text primary key,
                    hash text)""")
curs.execute("""create table if not exists
                xuser(
                    name text primary key,
                    hash text)""")
```

```python
# is_public 인자에 따라 나가는 모델이 분기된다.
def row_to_model(row: tuple, is_public: bool = True) -> PublicUser | PrivateUser:
    name, hash = row
    if is_public:
        return PublicUser(name=name)
    else:
        return PrivateUser(name=name, hash=hash)


def model_to_dict(user: PrivateUser) -> dict:
    return user.model_dump()


# 유저 조회는 is_public에 따라 PublicUser 또는 PrivateUser를 반환한다.
def get_one(name: str, is_public: bool = True) -> PublicUser | PrivateUser:
    qry = "select * from user where name=:name"
    params = {"name": name}
    curs.execute(qry, params)
    row = curs.fetchone()
    if row:
        return row_to_model(row, is_public=is_public)
    else:
        raise Missing(msg=f"User {name} not found")


# 유저 목록 조회에서는 민감정보(hash)를 포함할 일이 없어 PublicUser 모델 집합을 반환한다.
def get_all() -> list[PublicUser]:
    qry = "select * from user"
    curs.execute(qry)
    return [row_to_model(row) for row in curs.fetchall()]


# 유저 생성을 위해서는 password를 암호화한 hash 값을 저장해야 한다.
# create 함수는 user 인자가 hash 값을 가지고 있는 것으로 간주한다.
# 저장이 완료되면 외부로 노출돼도 되는 PublicUser를 반환한다.
def create(user: PrivateUser, table:str = "user") -> PublicUser:
    """user 테이블 또는 xuser 테이블에 유저를 생성한다"""
    qry = f"""insert into {table}
        (name, hash)
        values
        (:name, :hash)"""
    params = model_to_dict(user)
    try:
        curs.execute(qry, params)
    except IntegrityError:
        raise Duplicate(msg=
            f"{table}: user {user.name} already exists")
    return PublicUser(name=user.name)
```

```python
# name이 외부로 노출되므로 때문에 현재는 name에 대한 변경만 가능하다.
def modify(name: str, user: PublicUser) -> PublicUser:
    """name으로 조회한 유저의 이름을 수정한다"""
    qry = """update user set
                name=:name
                where name=:name0"""
    params = {
        "name": user.name,
        "name0": name}
    curs.execute(qry, params)
    if curs.rowcount == 1:
        return get_one(user.name)
    else:
        raise Missing(msg=f"User {name} not found")


def delete(name: str) -> None:
    """name으로 user 테이블에서 조회한 유저를 삭제하고, xuser 테이블에 추가한다"""
    user = get_one(name, is_public=False)
    qry = "delete from user where name = :name"
    params = {"name": name}
    curs.execute(qry, params)
    if curs.rowcount != 1:
        raise Missing(msg=f"User {name} not found")
    create(user, table="xuser")
```

11.5.4 유저 가짜 데이터 계층

[예시 11-9]의 모듈은 데이터베이스를 제외하지만 일부 유저 데이터가 필요한 테스트에 사용한다.

예시 11-9 가짜 계층: fake/user.py

```python
from model.user import SignInUser, PrivateUser, PublicUser
from error import Missing, Duplicate

from model.user import SignInUser, PrivateUser, PublicUser
from error import Missing, Duplicate

# 이 모듈에서는 hash 비밀번호 검증을 하지 않는다.
fakes = [
```

```python
        PublicUser(name="kwijobo"),
        PublicUser(name="ermagerd"),
]


def find(name: str) -> PublicUser | None:
    for e in fakes:
        if e.name == name:
            return e
    return None


def check_missing(name: str):
    if not find(name):
        raise Missing(msg=f"Missing user {name}")


def check_duplicate(name: str):
    if find(name):
        raise Duplicate(msg=f"Duplicate user {name}")


def get_all() -> list[PublicUser]:
    """모든 유저를 반환한다"""
    return fakes


def get_one(name: str) -> PublicUser:
    """한 유저를 반환한다"""
    check_missing(name)
    return find(name)


def create(user: PublicUser) -> PublicUser:
    """유저를 생성한다"""
    check_duplicate(user.name)
    return PublicUser(name=user.name)


def modify(name: str, user: PublicUser) -> PublicUser:
    """유저를 수정한다"""
    check_missing(name)
    return user


def delete(name: str) -> None:
    """유저를 삭제한다"""
    check_missing(name)
    return None
```

11.5.5 유저 서비스 계층

[예시 11-10]은 유저를 위한 서비스 계층을 정의한다. 유저 서비스 계층은 OAuth2 및 JWT 함수가 추가됐다는 점에서 다른 서비스 계층 모듈과 다르다. 여러 함수가 웹 계층보다 유저 서비스 계층에 있는 것이 더 깔끔하다고 생각하지만, OAuth2 웹 계층 함수 몇 개는 곧 작성될 web/user.py에 있다.

CRUD 함수는 현재로서는 거의 통과 함수지만 차후 메트릭을 만드는 데 유용하다. 생명체 및 탐험가 서비스와 마찬가지로, 이 디자인은 유저 데이터에 접근하기 위해 가짜 또는 실제 데이터 계층을 런타임에 사용할 수 있도록 지원한다.

예시 11-10 서비스 계층: service/user.py

```python
from datetime import timedelta, datetime
import os
from jose import jwt
import bcrypt
from model.user import PublicUser, PrivateUser, SignInUser

if os.getenv("CRYPTID_UNIT_TEST"):
    from fake import user as data
else:
    from data import user as data

# --- 새로운 인증 관련 코드

# SECRET_KEY는 반드시 바꾸고 배포해야 한다!
SECRET_KEY = "keep-it-secret-keep-it-safe"
ALGORITHM = "HS256"

def verify_password(plain: str, hash: str) -> bool:
    """plain을 해시 값과, 데이터베이스의 hash 값과 비교한다"""
    password_bytes = plain.encode('utf-8')
    hash_bytes = hash.encode('utf-8')
    is_valid = bcrypt.checkpw(password_bytes, hash_bytes)
    return is_valid

def get_hash(plain: str) -> str:
    """plain의 해시값을 반환한다"""
    password_bytes = plain.encode('utf-8')
```

```python
    salt = bcrypt.gensalt()
    hashed_password = bcrypt.hashpw(password_bytes, salt)
    return hashed_password.decode('utf-8')


def get_jwt_username(token:str) -> str | None:
    """JWT 접근 토큰으로부터 username을 반환한다"""
    try:
        payload = jwt.decode(token, SECRET_KEY, algorithms=[ALGORITHM])
        if not (username := payload.get("sub")):
            return None
    except jwt.JWTError:
        return None
    return username


def get_current_user(token: str) -> PublicUser | None:
    """OAuth 토큰을 풀어서 PublicUser를 반환한다"""
    if not (username := get_jwt_username(token)):
        return None
    if (user := lookup_user(username)):
        return user
    return None


def lookup_user(username: str, is_public=True) -> PublicUser | PrivateUser | None:
    """데이터베이스에서 username에 매칭되는 User를 반환한다.
    is_public이 True이면 PublicUser를 반환하고, False이면 PrivateUser를 반환한다.
    hash 속성은 PrivateUser만 가지고 있다. 비밀번호 인증을 위해 hash 속성이 필요하다.
    """
    if (user := data.get_one(username, is_public=is_public)):
        return user
    return None


def auth_user(name: str, plain: str) -> PublicUser | PrivateUser | None:
    """name과 plain 암호로 유저를 인증한다"""
    if not (user := lookup_user(name, is_public=False)):
        return None
    if not verify_password(plain, user.hash):
        return None
    return user


def create_access_token(data: dict,
    expires: timedelta | None = None
):
    """JWT 접근 토큰을 반환한다"""
    src = data.copy()
```

```
    now = datetime.utcnow()
    if not expires:
        expires = timedelta(minutes=15)
    src.update({"exp": now + expires})
    encoded_jwt = jwt.encode(src, SECRET_KEY, algorithm=ALGORITHM)
    return encoded_jwt


# --- CRUD 통과 코드

def get_all() -> list[PublicUser]:
    return data.get_all()


def get_one(name) -> PublicUser:
    return data.get_one(name)


# data.create는 hash 속성을 지닌 PrivateUser를 기대한다.
# SignInUser의 password를 해시한 hash 속성을 가지고 있는 PrivateUser를 만들어서 전달한다.
def create(sign_in_user: SignInUser) -> PublicUser:
    user = PrivateUser(name=sign_in_user.name, hash=get_hash(sign_in_user.password))
    return data.create(user)


def modify(name: str, user: PublicUser) -> PublicUser:
    return data.modify(name, user)


def delete(name: str) -> None:
    return data.delete(name)
```

11.5.6 유저 웹 계층

[예시 11-11]은 웹 계층의 기본 유저 모듈을 정의한다. [예시 11-10] service/user.py 모듈의 새 인증 코드를 사용한다.

예시 11-11 웹 계층: web/user.py

```
import os
from fastapi import APIRouter, HTTPException, Depends
from datetime import timedelta
from fastapi.security import OAuth2PasswordBearer, OAuth2PasswordRequestForm
from model.user import PrivateUser, PublicUser, SignInUser
```

```python
if os.getenv("CRYPTID_UNIT_TEST"):
    from fake import user as service
else:
    from service import user as service
from error import Missing, Duplicate

ACCESS_TOKEN_EXPIRE_MINUTES = 30

router = APIRouter(prefix = "/user")

# --- 새로운 인증 관련 코드들

# 이 의존성은 "/user/token"을 동작하게 하고
# (username과 pass를 담고 있는 form을 읽는다.)
# 접근 토큰을 반환한다.

oauth2_dep = OAuth2PasswordBearer(tokenUrl="/user/token")

def unauthed():
    raise HTTPException(
        status_code=401,
        detail="Incorrect username or password",
        headers={"WWW-Authenticate": "Bearer"},
        )

@router.post("/token")
async def create_access_token(
    form_data: OAuth2PasswordRequestForm =  Depends()
):
    """username과 password를 OAuth 양식에서 꺼내고
        JWT 접근 토큰을 반환한다"""
    user = service.auth_user(form_data.username, form_data.password)
    if not user:
        unauthed()
    expires = timedelta(minutes=ACCESS_TOKEN_EXPIRE_MINUTES)
    access_token = service.create_access_token(
        data={"sub": user.name}, expires=expires
    )
    return {"access_token": access_token, "token_type": "bearer"}

# 이 엔드포인트는 oauth2_dep() 의존성을 가지고 있다.
@router.get("/token")
def get_access_token(token: str = Depends(oauth2_dep)) -> dict:
    """현재 접근 토큰을 반환한다"""
```

```python
        return {"token": token}

# --- 이전 CRUD 코드

@router.get("/")
def get_all() -> list[PublicUser]:
    return service.get_all()

@router.get("/{name}")
def get_one(name) -> PublicUser:
    try:
        return service.get_one(name)
    except Missing as exc:
        raise HTTPException(status_code=404, detail=exc.msg)

@router.post("/", status_code=201)
def create(user: SignInUser) -> PublicUser:
    try:
        return service.create(user)
    except Duplicate as exc:
        raise HTTPException(status_code=409, detail=exc.msg)

@router.patch("/{name}")
def modify(name: str, user: PublicUser) -> PublicUser:
    try:
        return service.modify(name, user)
    except Missing as exc:
        raise HTTPException(status_code=404, detail=exc.msg)

@router.delete("/{name}")
def delete(name: str) -> None:
    try:
        return service.delete(name)
    except Missing as exc:
        raise HTTPException(status_code=404, detail=exc.msg)
    except Duplicate as exc:
        raise HTTPException(status_code=409, detail=exc.msg)
```

11.5.7 테스트!

새로운 유저 컴포넌트의 단위 테스트와 전체 테스트는 생명체와 탐험가에 진행한 테스트와 유사하다. 이 내용은 책이 아닌 깃허브 리포지터리[2]에 정리하겠다.

11.5.8 최상위 계층

이전 절에서 /user로 시작하는 URL에 대한 새 router 변수를 정의했으므로 이 하위 라우터를 [예시 11-12]에 추가한다.

예시 11-12 최상위 계층: main.py

```
from fastapi import FastAPI
from web import explorer, creature, user

app = FastAPI()

app.include_router(explorer.router)
app.include_router(creature.router)
app.include_router(user.router)
```

이제 Uvicorn이 자동 로드되면 엔드포인트 /user/...를 사용할 수 있다. 이것도 재미라면 정말 재미있었다. 유저 코드가 모두 완성됐으니 이제 일을 시켜보자.[3]

11.5.9 인증 단계

이전 절의 코드 더미를 정리해보자.

- 엔드포인트에 의존성 oauth2_dep()(web/user.py)이 있는 경우, 아이디와 비밀번호 필드가 담긴 양식이 생성돼 클라이언트로 전송된다.

---

2 https://github.com/rumbarum/fastapi-book-example의 ch_11 브랜치, test 디렉터리 참고(**옮긴이_** 계층별 테스트 코드와, 통합 테스트를 작성해두었다).

3 **옮긴이_** Uvicorn 서버를 동작시키고 (uvicorn main:app --reload) 브라우저 주소창에 localhost:8000/docs를 입력한 후 나오는 페이지에서 API 동작을 테스트할 수 있다.

- 클라이언트가 이 양식을 작성해 제출하면 아이디와 비밀번호(로컬 데이터베이스에 이미 저장된 것과 동일한 알고리즘으로 해시된)가 로컬 데이터베이스와 대조된다.
- 항목이 일치하면 접근 토큰(JWT 형식)이 생성돼 반환된다.
- 이 접근 토큰은 후속 요청에서 인가 HTTP 헤더로 웹 서버에 다시 전달된다. 이 JWT 토큰은 로컬 서버에서 아이디 및 기타 세부 정보로 디코딩된다. 이 이름은 데이터베이스에서 다시 조회할 필요가 없다.
- 유저 아이디가 인증되면 서버는 이 아이디로 원하는 작업을 모두 수행할 수 있다.

서버는 이렇게 어렵게 얻은 인증 정보로 무엇을 할까?

- 무엇을, 누가, 얼마나 보는지 등을 연구하는 데 유용한 메트릭(유저, 엔드포인트, 시간)을 생성한다.
- 유저별 정보를 저장한다.

11.5.10 JWT

JWT(https://jwt.io)는 인증 방법이 아닌 인코딩 체계이며, 저수준의 세부 사항은 RFC 7519(https://oreil.ly/_op1j)에 정의됐다. OAuth2(및 기타 방법)에 대한 인증 정보를 전달하는 데 사용한다.

JWT는 세 가지 섹션이 있는 읽기 가능한 문자열이다.

- 헤더^{Header}: 사용된 암호화 알고리즘 및 토큰 유형
- 페이로드^{Payload}
- 서명^{Signature}

각 섹션은 Base64URL(https://www.base64url.com) 형식으로 인코딩된 JSON 문자열로 구성된다. 다음 예시의 문자열은 한 줄짜리 문자열이지만 지면 관계상 줄바꿈했다.

```
eyJhbGciOiJIUzI1NiIsInR5cCI6IkpXVCJ9.
eyJzdWIiOiIxMjM0NTY3ODkwIiwibmFtZSI6IkpvaG4gRG9lIiwiaWF0IjoxNTE2MjM5MDIyfQ.
SflKxwRJSMeKKF2QT4fwpMeJf36POk6yJV_adQssw5c
```

Base64URL은 URL에도 안전한 일반 ASCII 문자열로, 웹 서버에 URL, 쿼리 매개변수, HTTP 헤더, 쿠키 등으로 전달한다.

JWT가 데이터베이스 조회를 피하는데, 이는 여러분이 해지된 권한을 직접 감지할 수 없다는 의미다.

11.5.11 서드파티 인증: OIDC

많은 웹사이트에서 구글, 페이스북(메타), 링크드인 같은 사이트의 계정을 통해 로그인할 수 있다. 이러한 웹사이트는 OAuth2를 기반으로 구축된 OIDC(`https://openid.net/connect`)라는 표준을 사용하는 경우가 많다. 외부 OIDC 사용 사이트에 연결하면, 이 장의 예시에서와 같이 OAuth2 접근 토큰과 ID 토큰이 반환된다.

공식 FastAPI 문서에는 OIDC와의 통합을 위한 예시 코드가 포함되지 않았다. 직접 구현하는 것보다 시간을 절약하는 다음의 서드파티 패키지(FastAPI 전용 패키지 및 범용 패키지)를 사용하자.

- FastAPI OIDC(`https://oreil.ly/TDABr`)
- fastapi-서드파티 인증(`https://oreil.ly/yGaO6`)
- FastAPI 리소스 서버(`https://oreil.ly/THByF`)
- oauthlib(`https://oreil.ly/J-pDB`)
- OIC(`https://oreil.ly/AgYKZ`)
- OIDC 클라이언트(`https://oreil.ly/e9QGb`)
- OIDC-OP(`https://oreil.ly/cJCF4`)
- OpenID Connect(`https://oreil.ly/WH49I`)

FastAPI 리포지터리 이슈 페이지(`https://oreil.ly/ztR3r`)에는 여러 코드 예시와, 향후에는 공식 문서와 튜토리얼에 FastAPI OIDC 예시가 포함될 거라는 세바스티안 라미레즈의 언급도 담겼다.

11.6 인가

인증은 '누구'(정체성)를, 인가는 '무엇'(어떤 리소스/웹 엔드포인트에 어떤 방식으로 접근할지)을 처리한다. '누구'와 '무엇'을 조합하는 경우의 수는 매우 많다.

지금까지 탐험가와 생명체를 주요 리소스로 설명했다. 탐험가를 조회하거나 그들 모두를 나열하는 작업이 기존 탐험가를 추가하거나 수정하는 작업보다 더 '개방적'이다. 웹사이트가 일부 데이터에 대해 신뢰할 수 있는 인터페이스가 돼야 한다면, 읽기 접근보다 쓰기 접근이 더 제한돼야 한다. 앞서 말한, 인간의 본성 때문이다.

모든 엔드포인트가 완전히 열려 있다면 인가가 필요하지 않으므로 이 절을 건너뛰어도 무방하다. 이 책의 예시에서는 탐험가나 생명체를 추가, 삭제, 수정하기 위해 관리자 권한이 필요할 수 있다. 데이터베이스에 항목이 많은 경우, 관리자가 아닌 유저에 대한 추가 권한으로 `get_all()` 함수를 제한할 수도 있다. 웹사이트가 더 복잡해지면 권한을 더 세분화할 수 있다.

이제 인증 사례의 진행 과정을 살펴보자. 유저 테이블을 사용하는데, 그 이름은 이메일, 아이디, API 키가 될 수 있다. '쌍' 테이블은 두 개의 개별 테이블에서 항목을 일치시키는 관계형 데이터베이스 방식이다.

- 관리자 방문자만 추적하고 나머지는 익명으로 유지하는 경우
  - 인증된 유저 아이디의 `Admin` 테이블을 사용한다. `Admin` 테이블에서 이름을 조회하고, 이름이 일치하는 경우 유저 테이블에서 해시된 비밀번호와 대조한다.
- '모든' 방문자를 인증하지만 일부 엔드포인트는 관리자에게 권한을 부여해야 하는 경우
  - 앞과 같이 유저 테이블에서 모든 유저를 인증한 다음, `Admin` 테이블을 확인해 이 유저가 관리자인지 확인한다.
- 두 가지 이상의 권한 유형(예: 읽기 전용, 읽기, 쓰기)에 대해
  - `Permission` 정의 테이블을 사용한다.
  - `UserPermission` 테이블을 사용한다. 유저와 권한을 쌍으로 묶는 이 테이블을 접근 제어 목록이라고도 한다.
- 권한 조합이 복잡한 경우 레벨을 추가하고 역할(독립된 권한 집합)을 정의한다.
  - `Role` 테이블을 만든다.
  - `User` 및 `Role` 항목을 페어링하는 `UserRole` 테이블을 만든다. 이를 역할 기반 접근 제어[role-based access control](RBAC)라고도 한다.

11.7 미들웨어

FastAPI를 사용하면 웹 계층에서 다음 작업을 수행하는 코드를 삽입할 수 있다.

- 요청을 가로챈다.
- 요청에 대한 작업을 수행한다.
- 요청을 경로 함수에 전달한다.
- 패치 함수가 반환한 응답을 가로챈다.
- 응답으로 무언가를 수행한다.
- 호출자에게 응답을 반환한다.

위의 작업은 파이썬 데코레이터가 '래핑'하는 함수에 수행하는 작업과 유사하다. 경우에 따라 미들웨어나 Depends ( )를 사용한 의존성 주입 기능을 사용할 수 있다. 미들웨어는 CORS 같은 글로벌 보안 문제인 경우 더 편리하다.

11.7.1 CORS

교차 출처 리소스 공유^{cross-origin resource sharing}(CORS)는 웹사이트가 신뢰하는 다른 서버와 통신하는 데 사용한다. 사이트 운영에 필요한 모든 프런트엔드 코드와 백엔드 코드가 한 곳에 위치한다면 문제 될 게 없다. 하지만 요즘은 자바스크립트 프런트엔드가 FastAPI 같은 프레임워크 기반 백엔드와 통신하는 것이 일반적이다. 이러한 서버는 Origin이 동일하지 않다.

- **프로토콜**: HTTP 또는 HTTPS
- **도메인**: google.com 또는 localhost 같은 인터넷 도메인
- **포트**: 80, 443 또는 8000 같은 해당 도메인의 숫자 TCP/IP 포트

백엔드는 신뢰하는 프런트엔드를 어떻게 구분할까? 백엔드가 신뢰할 프런트엔드를 지정하는 것이 바로 CORS다. 가장 대표적으로 설정하는 값은 다음과 같다.

- Origin
- HTTP 메서드
- HTTP 헤더
- CORS 캐시 시간제한

이번에는 웹 수준에서 CORS에 연결한다. [예시 11-13]은 하나의 프런트엔드 서버(`https://ui.cryptids.com`)와 모든 HTTP 헤더 또는 메서드만 허용한다.

예시 11-13 CORS 미들웨어 활성화

```python
from fastapi import FastAPI, Request
from fastapi.middleware.cors import CORSMiddleware

app = FastAPI()

app.add_middleware(
CORSMiddleware,
    allow_origins=["https://ui.cryptids.com",],
    allow_credentials=True,
    allow_methods=["*"],
    allow_headers=["*"],
)

@app.get("/test_cors")
def test_cors(request: Request):
    print(request)
```

이 작업이 완료되면 백엔드 사이트에 연결을 시도하는 도메인은 모두 거부된다.

11.7.2 서드파티 패키지

FastAPI를 사용해 인증 및 인가 솔루션을 코딩하는 방법을 예시를 통해 보았다. 하지만 모든 것을 직접 할 필요는 없다. FastAPI 에코시스템은 빠르게 성장하고 있으며, 많은 패키지가 작업을 대신한다. 몇 가지 패키지를 아래에 소개했는데 테스트되지 않은 것이다. 지금 소개하는 패키지가 시간이 지나도 계속 사용 가능하고 지원된다는 보장은 없지만, 살펴볼 가치는 있다.

- FastAPI Users(`https://oreil.ly/ueVfq`)
- FastAPI JWT Auth(`https://oreil.ly/ooGSK`)
- FastAPI-Login(`https://oreil.ly/oWA3p`)
- fastapi-auth0(`https://oreil.ly/fHfkU`)
- AuthX(`https://authx.yezz.me`)

- FastAPI-User-Auth(`https://oreil.ly/J57xu`)
- fastapi-authz(`https://oreil.ly/aAGzW`)
- fastapi-opa(`https://oreil.ly/Bvzv3`)
- FastAPI-key-auth(`https://oreil.ly/s-Ui5`)
- FastAPI Auth Middleware(`https://oreil.ly/jnR-s`)
- fastapi-jwt(`https://oreil.ly/RrxUZ`)
- fastapi_auth2(`https://oreil.ly/5DXkB`)
- fastapi-sso(`https://oreil.ly/Bvzv3`)
- Fief(`https://www.fief.dev`)

11.8 정리

이 장에서는 다른 장에 비해 무거운 주제를 다뤘다. 방문자를 인증하고 특정 작업을 수행하도록 권한을 부여하는 방법을 설명했는데, 인증과 인가는 웹 보안의 양대 축이다. 또 다른 중요한 웹 보안 주제인 CORS도 설명했다.

## CHAPTER 12

테스트

QA 엔지니어가 술집에 들어간다. 맥주를 주문한다. 맥주를 0잔 주문한다. 맥주를
99999999999잔 주문한다. 도마뱀을 주문한다. −1잔을 주문한다. ueicbksjdhd를 주문한다.
진짜 손님이 들어와 화장실이 어디냐고 묻는다. 술집에 불길이 치솟아 모두 사망한다.[1]

– 브레넌 켈러 Brenan Keller, **트위터**[2]

이 장에서는 FastAPI 사이트에서 수행할 수 있는 '단위 테스트', '통합 테스트', '전체 테스트'에
대해 알아본다. Pytest와 테스트 자동화를 주로 사용한다.

12.1 웹 API 테스트

앞서 엔드포인트를 추가하면서 여러 가지 수동 API 테스트 도구를 소개했다.

- HTTPie
- Requests
- HTTPX

---

1 **옮긴이**_ QA에서 비정상 테스트는 충분히 수행하지만 가장 기본적인 기능 테스트를 가끔 놓치는 관행을 꼬집는 농담이다.
2 https://bit.ly/3V4KAh9

- 웹 브라우저

그 외에도 테스트 도구가 많다.

- Curl(https://curl.se): 매우 잘 알려진 도구지만, 이 책에서는 더 간단한 구문을 위해 HTTPie를 사용한다.
- Httpbin(http://httpbin.org): Requests의 개발자가 만든 도구로, HTTP 요청에 대해 다양한 예시를 제공하는 무료 테스트 서버
- Postman(https://www.postman.com): API 테스트 플랫폼
- 크롬 개발자도구(https://oreil.ly/eUK_R): 크롬 브라우저에 포함된 다양한 도구 세트

이 모든 테스트 도구는 이전 장에서 살펴본 것과 같은 전체(종단 간) 테스트에 사용할 수 있다. 이와 같은 수동 테스트 도구는 코드를 작성한 직후에 빠르게 검증하는 데 유용하다.

하지만 다음에 변경이 일어날 때 변경된 부분이 이전에 수행한 수동 테스트('회귀 테스트') 중 하나를 망가뜨린다면 어떻게 해야 할까? 코드를 변경할 때마다 수십 개 테스트를 다시 실행하고 싶지는 않을 것이다. 바로 이때 '자동화된' 테스트가 중요해진다. 이 장에서는 테스트 자동화와 pytest로 테스트를 구축하는 방법을 중점적으로 다룬다.

12.2 테스트의 종류

앞서 여러 가지 테스트 종류를 언급했다.

- **단위 테스트**: 어떤 계층에서 개별 기능을 테스트한다.
- **통합 테스트**: 여러 계층에 걸쳐 연결성을 테스트한다.
- **전체 테스트**: 전체 API와 그 아래에 있는 스택을 테스트한다.

이를 '테스트 피라미드'로 나타내기도 한다. 각 테스트 그룹에 있어야 하는 테스트 개수가 피라미드의 폭이 된다.

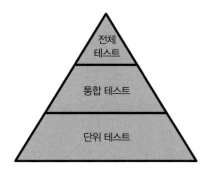

그림 12-1 테스트 피라미드

12.3 테스트 대상

코드를 작성할 때 무엇을 테스트해야 할까? 기본적으로 확인할 것은 주어진 입력대로 출력이 바르게 나오는지 여부다. 그 외에 다음 사항을 확인할 수 있다.

- 입력 누락
- 중복 입력
- 입력 타입 오류
- 입력 순서 오류
- 입력값 오류
- 대규모 입출력

오류는 어디에나 발생할 수 있다.

- **웹 계층**: Pydantic이 모델과의 불일치를 감지하고 422 HTTP 상태 코드를 반환한다.
- **데이터 계층**: 데이터베이스가 누락 데이터, 중복 데이터, SQL 쿼리 구문 오류에 대해 예외를 발생시킨다. 대용량 데이터 결과를 제너레이터나 페이징을 통해 덩어리로 전달하지 않고 한 번에 모두 전달할 경우, 시간 초과 오류가 나고 메모리 부족 오류가 발생할 수도 있다.
- **모든 계층**: 케케묵은 버그나 간과한 부분이 있을 수 있다.

다음 테스트 중 몇 가지는 8장부터 10장에서 다뤘다.

- HTTPie 같은 도구를 사용한 '완전 수동 테스트'

- 파이썬 코드 조각에 대한 '수동 단위 테스트'
- Pytest 스크립트를 사용한 '자동화 테스트'

다음 절에서 pytest에 대해 자세히 알아본다.

12.4 pytest

파이썬에는 오래전부터 Unittest(`https://oreil.ly/3u0M_`)라는 표준 패키지가 있었고, 이를 개선한 Nose(`https://nose.readthedocs.io`)라는 서드파티 패키지도 있다. 그러나 현재 대부분의 파이썬 개발자는 이 두 패키지보다 기능이 더 많고 사용하기도 쉬운 pytest(`https://docs.pytest.org`)를 선호한다. 이 패키지는 파이썬에 내장되어 있지 않아, 아직 설치하지 않았다면 `pip install pytest`를 실행해야 한다. 또한 이 장의 뒷부분에서 설명하는 자동 `mocker` 픽스처를 사용하기 위해 `pip install pytest-mock`을 실행하자.

pytest는 다음과 같은 유용한 기능이 있다.

- **테스트 탐색**: 파일명이 test로 시작하거나 끝나는 파이썬 파일을 찾아 자동으로 실행한다. 하위 디렉터리로 계속 내려가며 파일명 규칙이 일치하는 파일을 찾아서 해당 디렉터리에 있는 모든 테스트를 실행한다.
- **단언**assertion **실패 상세**: 실패한 단언문은 예상 결과와 실제 결과를 출력한다.
- **픽스처**fixture: 픽스처 함수는 전체 테스트 스크립트에 대해 한 번만 실행될 수도 있고, 모든 테스트('스코프')에 대해 실행될 수도 있다. 픽스처는 표준 테스트 데이터나 데이터베이스 초기화 데이터를 테스트 함수에 매개변수로 제공하는 역할을 한다. 픽스처는 일종의 의존성 주입이다. FastAPI가 웹 경로 함수에 의존성을 제공하는 것과 같이, 일반 테스트 함수에 특정 데이터를 전달한다.
- **매개변수화 테스트**: 매개변수화 테스트를 이용하면 테스트 함수에 여러 테스트 데이터를 제공할 수 있다.

12.5 레이아웃

테스트 코드를 어디에 두어야 할까? 널리 일치된 의견은 없지만, 합리적인 방안은 두 가지 있다.

- 최상단 디렉터리 test를 만들고 테스트 대상을 둘 하위 디렉터리(web, service 등)를 만든다.
- 각 디렉터리(web, service 등) 아래에 test 디렉터리를 만든다.

아니면 test/web과 같이 특정 디렉터리 내에 여러 테스트 유형('단위', '통합', '전체')에 대한 디렉터리를 만들 수 있다. 이 책에서는 다음의 계층 구조를 사용한다.

```
test
├── unit
│   ├── web
│   ├── service
│   └── data
├── integration
└── full
```

개별 테스트 스크립트는 최하위 디렉터리에 위치하며, 이 장에도 수록됐다.

12.6 단위 테스트 자동화

단위 테스트는 한 계층 내에서 한 가지 검사를 수행해야 한다. 이는 대개 어떤 함수에 매개변수를 전달하고 반환값을 단언하는 것을 의미한다.

단위 테스트는 테스트 대상과 '격리'돼야 한다. 그렇지 않다면 테스트에서 또 다른 무언가를 테스트하게 될 것이다. 그런데 단위 테스트를 대상 코드와 어떻게 격리할까?

12.6.1 모의

단위 테스트는 간단해 보인다. 코드베이스에 있는 각 함수에 대해 테스트용 인수를 전달하고 예상값을 반환하는지 확인하면 된다. 이 방법은 어떠한 외부 코드도 참조하지 않고 '순수하게' 입력 인수를 받아 응답을 반환하는 함수에 적합하다. 하지만 대부분의 함수는 다른 함수를 호출한다. 따라서 다른 함수가 수행하는 작업을 어떻게 제어할 수 있을까? 외부에서 데이터를 가져오는 경우는 어떻게 다루어야 하는가? 이러한 제어가 필요한 가장 일반적인 외부 요소가 데이터베이스다. 그러나 실제로는 무엇이든 외부 요소가 될 수 있다.

해결책은 각 외부 함수 호출을 '모의mocking'하는 것이다. 파이썬에서 함수는 일급 객체이므로 한 함수를 다른 함수로 대체할 수 있다. unittest 패키지에는 이를 수행하는 mock 모듈이 있다.

많은 개발자가 단위 테스트를 분리하는 가장 좋은 방법이 모의라고 생각한다. 먼저 모의 예시를 살펴볼 텐데, 이 예시는 모의를 하려면 수행 결과에 대한 지식보다 코드가 '어떻게' 동작하는지에 대한 지식이 훨씬 더 많이 필요함을 알려준다. '구조적 테스트structural testing'(모의 테스트에서처럼 테스트 대상이 상당히 눈에 잘 띄는 경우)와 '행위 테스트behavioral testing'(코드 내부 동작을 몰라도 되는 경우)라는 용어를 들어봤을 것이다.

다음은 mod1.py와 mod2.py이다.

예시 12-1 모듈1: mod1.py

```
def preamble() -> str:
    return "The sum is "
```

예시 12-2 모듈2: mod2.py

```
import mod1

def summer(x: int, y: int) -> str:
    return mod1.preamble() + f"{x+y}"
```

summer() 함수는 머리말에 인수로 전달된 숫자를 합한 후, 값을 이어 문자열로 반환한다. [예시 12-3]에 summer()를 검증하는 간단한 pytest 스크립트가 있다.

예시 12-3 pytest 스크립트: test_summer1.py

```
import mod2

def test_summer():
    assert "The sum is 11"
```

[예시 12-4]는 테스트가 성공적으로 수행한 예시다.

예시 12-4 pytest 스크립트 수행 결과

```
$ pytest -q test_summer1.py
.                                                              [100%]
1 passed in 0.04s
```

-q 옵션을 사용하면 부가적인 세부 사항을 출력하지 않고 조용히 테스트를 실행한다. 좋다, 통과했다. 하지만 summer() 함수는 preamble 함수로부터 문자열 일부를 구했다. 만약 덧셈 작업의 성공 여부만 테스트하고 싶다면 어떻게 해야 할까?

두 숫자의 합을 문자열로 변환하는 새로운 함수를 작성하고 preamble()이 반환한 문자열에 이를 덧붙이도록 summer() 함수를 다시 작성할 수 있다.

아니면 [예시 12-5]와 같이 여러 가지 방법으로 preamble()을 모의해 그 효과를 제거할 수도 있다.

예시 12-5 모의 pytest: test_summer2.py

```
from unittest import mock
import mod1
import mod2

def test_caller_a():
    with mock.patch("mod1.preamble", return_value=""):
        assert "11" == mod2.summer(5, 6)

def test_caller_b():
    with mock.patch("mod1.preamble") as mock_preamble:
        mock_preamble.return_value = ""
        assert "11" == mod2.summer(5, 6)

@mock.patch("mod1.preamble", return_value="")
def test_caller_c(mock_preamble):
    assert "11" == mod2.summer(5, 6)

@mock.patch("mod1.preamble")
def test_caller_d(mock_preamble):
    mock_preamble.return_value = ""
    assert "11" == mod2.summer(5, 6)
```

이 테스트는 모의 객체를 여러 가지 방법으로 생성할 수 있음을 보여준다. `test_caller_a()` 함수는 with 구문을 이용해 `mock.patch()`를 파이썬 '컨텍스트 관리자'로 다룬다. 전달하는 인자는 다음과 같다.

- **"mod1.preamble"**: mod1 모듈의 `preamble()` 함수를 나타내는 전체 문자열
- **return_value=""**: 빈 문자열을 반환

`test_caller_b()` 함수는 크게 다르지 않다. `as mock_preamble`로 선언한 모의 객체를 그다음 줄에서 사용했다.

`test_caller_c()` 함수는 파이썬 '데코레이터'로 모의 객체를 정의한다. 모의 객체는 `test_caller_c()`에 인수로 전달했다.

`test_caller_d()` 함수는 `test_caller_b()`와 같이 `mock_preamble` 호출에 대한 `return_value`를 따로 설정했다.

문자열로 된 모의 대상의 이름은 테스트 코드에서 호출되는 방식, 즉 앞선 예에서 `mod1.preamble`과 일치해야 한다. 모의 라이브러리는 이 문자열 이름을 변수로 변환해 해당 이름을 가진 원래 변수에 대한 참조를 가로챈다(파이썬에서 변수는 실제 객체에 대한 참조일 뿐임을 기억하자).

[예시 12-6]을 실행하면 네 개의 `test_caller` 테스트 함수는 모두 `summer(5,6)`을 호출할 때 실제 호출이 아닌 모의 `preamble()`을 호출한다. 모의 객체가 빈 문자열을 반환하므로, 각 테스트는 `summer()`가 수행한 두 인수의 합을 문자열로 변환한 값이 올바른지 확인한다.

예시 12-6 모의 pytest 실행 결과

```
$ pytest -q test_summer2.py
....                                                          [100%]
4 passed in 0.13s
```

> **NOTE** 위 예시는 모의를 간단하게 설명하려고 만든 것이다. 모의는 상당히 복잡할 수 있다. 그 외 예시는 알렉스 론퀼로[Alex Ronquillo](https://oreil.ly/I0bkd)의 '파이썬 모의 객체 라이브러리 이해' 같은 글을 참고하라. 더 자세한 내용은 파이썬 공식 문서(https://oreil.ly/hN9lZ)에서 볼 수 있다.

12.6.2 테스트 더블과 fake

모의 테스트를 수행하려면 summer() 함수가 mod1 모듈에서 preamble() 함수를 가져온다는 사실을 알아야 했다. 이는 특정 변수와 모듈 이름에 대한 지식이 필요한 구조적 테스트였다. (이런 지식이 필요 없는) 행위 테스트를 수행할 방법이 있을까?

한 방법은 테스트 더블test double을 이용하는 것이다. 테스트 더블을 이용하면 테스트 대상 코드에서 우리가 원하는 부분을 분리할 수 있다. 예를 들어 preamble() 함수가 빈 문자열을 반환하도록 할 수 있다. 또 다른 방법은 import 구문을 사용하는 것이다. 이 방법을 먼저 살펴본후, 각 계층에 단위 테스트를 사용하는 방법은 이어지는 세 개 절에서 적용한다.

먼저 [예시 12-7]과 같이 mod2.py를 다시 작성한다.

예시 12-7 단위 테스트에 사용하는 테스트 더블

```
import os

if os.getenv("UNIT_TEST"):
    import fake_mod1 as mod1
else:
    import mod1

def summer(x: int, y:int) -> str:
    return mod1.preamble() + f"{x+y}"
```

[예시 12-8]에 테스트 더블 모듈인 fake.py가 있다.

예시 12-8 더블 모듈: fake_mod1.py

```
def preamble() -> str:
    return ""
```

[예시 12-9]와 같이 테스트 코드를 작성한다.

예시 12-9 테스트 스크립트: test_summer_fake.py

```
import os
os.environ["UNIT_TEST"] = "true"
```

```
import mod2

def test_summer_fake():
    assert "11" == mod2.summer(5, 6)
```

수행 결과는 [예시 12-10]과 같다.

예시 12-10 단위 테스트 수행 결과

```
$ pytest -q test_summer_fake.py
.                                                          [100%]
1 passed in 0.04s
```

import 전환 방법은 환경 변수에 대한 검사를 추가해야 한다. 하지만 함수 호출에 대한 특정 모의 객체를 작성하지 않아도 된다. 어느 쪽이 더 나은지는 여러분 자신이 판단할 일이다. 다음 몇 개의 절에서는 import 방법을 사용한다. 이 방법은 코드 계층을 정의할 때 사용한 가짜 데이터 fake 패키지와 잘 어울린다.

요약하자면, 이번 예시에서는 테스트 스크립트에서 preamble()을 '모의 객체'로 대체하거나 도플갱어 같은 테스트 더블을 가져오는 방법을 사용했다. 테스트 대상 코드를 분리하는 방법도 있다. 하지만 지금 살펴본 방법 역시 효과가 있다. 구글로 찾은 다른 방법만큼 까다롭지 않다.

12.6.3 웹 계층 테스트

이 계층은 API를 구현한다. 이상적으로는 각 경로 함수(엔드포인트)에 하나 이상의 테스트가 있어야 한다. 경로 함수가 여러 가지 방식으로 실패할 수 있다면 테스트 개수는 더 많아야 할 것이다. 웹 계층에서는 일반적으로 엔드포인트가 존재하는지, 올바른 매개변수와 함께 작동하는지, 올바른 상태 코드와 데이터를 반환하는지 확인한다.

> **NOTE** 웹 계층 테스트는 웹 계층 내에서만 독립적으로 수행되는 얕은 API 테스트다. 따라서 서비스 계층에 대한 호출(데이터 계층과 데이터베이스에 대한 호출)과 웹 계층을 빠져나가는 호출 모두를 가로채야 한다.

import 방법을 사용하면, 환경 변수에 CRYPTID_UNIT_TEST를 정의하고 실제 service 대신

fake 패키지를 사용한 `service`를 가져오도록 할 수 있다. 이렇게 하면 웹 계층의 함수가 서비스 계층의 실제 함수를 호출하지 못하게 한다. 회로가 끊기고 대신 '가짜'(테스트 더블) 버전으로 연결된다. 더 하위의 데이터 계층과 데이터베이스도 관여하지 않는다. 이제 원하는 단위 테스트를 얻을 수 있다. [예시 12-11]은 `web/creature.py`를 수정한 코드다.

예시 12-11 수정: web/creature.py

```python
import os
from fastapi import APIRouter, HTTPException
from model.creature import Creature
if os.getenv("CRYPTID_UNIT_TEST"):
    from fake import creature as service
else:
    from service import creature as service
from error import Missing, Duplicate


router = APIRouter(prefix = "/creature")


@router.get("/")
def get_all() -> list[Creature]:
    return service.get_all()


@router.get("/{name}")
def get_one(name) -> Creature:
    try:
        return service.get_one(name)
    except Missing as exc:
        raise HTTPException(status_code=404, detail=exc.msg)


@router.post("/", status_code=201)
def create(creature: Creature) -> Creature:
    try:
        return service.create(creature)
    except Duplicate as exc:
        raise HTTPException(status_code=409, detail=exc.msg)


@router.patch("/{name}")
def modify(name: str, creature: Creature) -> Creature:
    try:
        return service.modify(name, creature)
    except Missing as exc:
        raise HTTPException(status_code=404, detail=exc.msg)
```

```
@router.put("/{name}")
def replace(name: str, creature: Creature) -> Creature:
    try:
        return service.replace(name, creature)
    except Missing as exc:
        raise HTTPException(status_code=404, detail=exc.msg)


@router.delete("/{name}")
def delete(name: str) -> None:
    try:
        return service.delete(name)
    except Missing as exc:
        raise HTTPException(status_code=404, detail=exc.msg)
```

fake 모듈에서 가져온 creature는 예외 처리가 고려되지 않았다. 테스트를 통과하려면 이 부분부터 바꿔야 한다.

예시 12-12 수정: fake/creature.py

```
from error import Duplicate, Missing


def get_one(name: str) -> Creature:
    """검색한 생명체를 반환한다."""
    for _creature in _creatures:
        if _creature.name == name:
            return _creature
    raise Missing(msg=f"Creature {name} not found")


def create(creature: Creature) -> Creature:
    """생명체를 추가한다."""
    if next((x for x in _creatures if x.name == creature.name), None):
        raise Duplicate(msg=f"Creature {creature.name} already exists")
    _creatures.append(creature)
    return creature


def modify(name: str, creature: Creature) -> Creature:
    """생명체의 정보를 일부 수정한다."""
    _creature = next((x for x in _creatures if x.name == creature.name), None)
    if _creature is not None:
        _creature = creature
        return _creature
    else:
```

```
        raise Missing(msg=f"Creature {name} not found")

    def replace(name: str, creature: Creature) -> Creature:
        """생명체를 완전히 교체한다."""
        _creature = next((x for x in _creatures if x.name == creature.name), None)
        if _creature is None:
            raise Missing(msg=f"Creature {name} not found")

        _creature = creature
        return _creature

    def delete(name: str) -> bool:
        """생명체를 삭제한다."""
        if not name:
            return False

        _creature = next((x for x in _creatures if x.name == name), None)
        if _creature is None:
            raise Missing(msg=f"Explorer {name} not found")

        _creatures.remove(_creature)
        return True
```

[예시 12-13]에 두 개의 pytest 픽스처가 있다.

- **sample()**: Creature 객체를 생성한다.
- **fakes()**: 이미 존재하는 Creature 객체를 반환한다.

fakes()는 하위 수준의 모듈에서 얻을 수 있다. [예시 12-11]에 있는 웹 모듈은 CRYPTID_ UNIT_TEST 환경 변수를 설정해 실제 객체 대신 가짜 서비스(데이터베이스를 호출하지 않고 가짜 데이터를 제공한다)를 가져온다. 이렇게 하면 테스트가 격리된다. 이게 바로 핵심이다.

예시 12-13 픽스처를 활용한 생명체에 대한 웹 계층의 단위 테스트: test/unit/web/test_creature.py

```
from fastapi import HTTPException
import pytest
import os
os.environ["CRYPTID_UNIT_TEST"] = "true"
from model.creature import Creature
from web import creature
```

```python
@pytest.fixture
def sample() -> Creature:
    return Creature(
        name="dragon",
        description="Wings! Fire! Aieee!",
        country="*",
        area="",
        aka="",
    )


@pytest.fixture
def fakes() -> list[Creature]:
    return creature.get_all()


def assert_duplicate(exc):
    assert exc.value.status_code == 404
    assert "Duplicate" in exc.value.msg


def assert_missing(exc):
    assert exc.value.status_code == 404
    assert "Missing" in exc.value.msg


def test_create_duplicate(fakes):
    with pytest.raises(HTTPException) as exc:
        _ = creature.create(fakes[0])
        assert_duplicate(exc)


def test_get_one(fakes):
    assert creature.get_one(fakes[0].name) == fakes[0]


def test_get_one_missing():
    with pytest.raises(HTTPException) as exc:
        _ = creature.get_one("bobcat")
        assert_missing(exc)


def test_modify(fakes):
    assert creature.modify(fakes[0].name, fakes[0]) == fakes[0]


def test_modify_missing(sample):
    with pytest.raises(HTTPException) as exc:
        _ = creature.modify(sample.name, sample)
        assert_missing(exc)


def test_delete(fakes):
```

```
            assert creature.delete(fakes[0].name) is None

    def test_delete_missing(sample):
        with pytest.raises(HTTPException) as exc:
            _ = creature.delete("emu")
            assert_missing(exc)

    def test_create(sample):
        assert creature.create(sample) == sample
```

테스트가 수행될 때 가짜 creature 데이터가 변한다. 따라서 테스트가 순서대로 모두 성공하도록 하기 위해 test_create 함수를 가장 마지막에 배치했다. 사실 테스트의 순서가 결과에 영향을 미치는 방법은 좋지 않다. 어떠한 순서로 테스트하든 항상 결과가 같게 나오도록 개선해보길 추천한다.

12.6.4 서비스 계층 테스트

어떤 의미에서 서비스 계층은 중요한 계층이며, 웹 계층과 데이터 계층에 연결된다. [예시 12-14]는 [예시 12-11]과 유사하지만 주로 하위 수준의 데이터 모듈을 가져와서 사용한다는 점에서 다르다. 또한 데이터 계층에서 발생할 수 있는 예외를 따로 잡지 않고 웹 계층에서 처리하도록 남겨 둔다.

예시 12-14 수정: service/creature.py

```
import os
from model.creature import Creature
if os.getenv("CRYPTID_UNIT_TEST"):
    from fake import creature as data
else:
    from data import creature as data

def get_all() -> list[Creature]:
    return data.get_all()

def get_one(name) -> Creature:
    return data.get_one(name)
```

```python
def create(creature: Creature) -> Creature:
    return data.create(creature)

def modify(name: str, creature: Creature) -> Creature:
    return data.modify(name, creature)

def delete(name: str) -> None:
    return data.delete(name)
```

[예시 12-15]에 서비스 관련 단위 테스트가 있다.

예시 12-15 서비스 계층 테스트: test/unit/service/test_creature.py

```python
import os
os.environ["CRYPTID_UNIT_TEST"]= "true"
import pytest

from model.creature import Creature
from error import Missing, Duplicate
from data import creature as data

@pytest.fixture
def sample() -> Creature:
    return Creature(name="yeti",
        aka:"Abominable Snowman",
        country="CN",
        area="Himalayas",
        description="Handsome Himalayan")

def test_create(sample):
    resp = data.create(sample)
    assert resp == sample

def test_create_duplicate(sample):
    resp = data.create(sample)
    assert resp == sample
    with pytest.raises(Duplicate):
        resp = data.create(sample)

def test_get_exists(sample):
    resp = data.create(sample)
    assert resp == sample
    resp = data.get_one(sample.name)
```

```
        assert resp == sample

    def test_get_missing():
        with pytest.raises(Missing):
            _ = data.get_one("boxturtle")

    def test_modify(sample):
        sample.country = "CA" # Canada!
        resp = data.modify(sample.name, sample)
        assert resp == sample

    def test_modify_missing():
        bob: Creature = Creature(name="bob", country="US", area="*",
            description="some guy", aka="??")
        with pytest.raises(Missing):
            _ = data.modify(bob.name, bob)
```

12.6.5 데이터 계층 테스트

데이터 계층은 더 낮은 계층의 함수를 실수로 호출할 염려가 없어 단독으로 테스트하기가 더 간단하다. 단위 테스트는 이 계층의 함수와 해당 함수가 사용하는 특정 데이터베이스 쿼리를 모두 다루어야 한다. 지금까지 SQLite를 데이터베이스 '서버'처럼 사용했고 SQL을 쿼리 언어로 사용했다. 하지만 14장처럼, SQLAlchemy 같은 패키지로 작업하고 해당 패키지의 SQLAlchemy 표현 언어나 ORM을 사용할 수도 있다. 이 경우 전체 테스트가 필요하다. 지금까지는 가장 낮은 수준을 유지했다. 즉, 가장 낮은 수준인 파이썬 DB-API와 바닐라 SQL 쿼리를 사용했다.

웹 계층이나 서비스 계층의 단위 테스트와 달리, 이번에는 기존 데이터 계층의 모듈을 대체하기 위해 fake 모듈이 필요하지 않다. 그 대신 다른 환경 변수를 설정해 데이터 계층이 파일 기반 인스턴스 대신 메모리 전용 인스턴스를 사용하도록 한다. 이렇게 하려면 기존 데이터 모듈을 변경할 필요 없이 데이터 모듈을 가져오기 '전에' 환경 변수를 설정하기만 하면 된다. [예시 12-16]을 보자.

```python
import os
import pytest
from model.creature import Creature
from error import Missing, Duplicate

# 아래에서 data 모듈을 가져오기 전에 설정한다.
os.environ["CRYPTID_SQLITE_DB"] = ":memory:"

from data import creature

@pytest.fixture
def sample() -> Creature:
    return Creature(name="yeti",
        aka="Abominable Snowman",
        country="CN",
        area="Himalayas",
        description="Hapless Himalayan")

def test_create(sample):
    resp = creature.create(sample)
    assert resp == sample

def test_create_duplicate(sample):
    with pytest.raises(Duplicate):
        _ = creature.create(sample)

def test_get_one(sample):
    resp = creature.get_one(sample.name)
    assert resp == sample

def test_get_one_missing():
    with pytest.raises(Missing):
        resp = creature.get_one("boxturtle")

def test_modify(sample):
    creature.country = "JP"  # Japan!
    resp = creature.modify(sample.name, sample)
    assert resp == sample

def test_modify_missing():
    thing: Creature = Creature(name="snurfle",
        description="some thing", country="somewhere")
```

```
    with pytest.raises(Missing):
        _ = creature.modify(thing.name, thing)

def test_delete(sample):
    resp = creature.delete(sample.name)
    assert resp is None

def test_delete_missing(sample):
    with pytest.raises(Missing):
        _ = creature.delete(sample.name)
```

12.7 통합 테스트 자동화

통합 테스트는 서로 다른 계층에 있는 코드가 상호작용을 얼마나 잘 하는지 검증한다. 하지만 상호작용에 대한 예가 다양한데, 웹 계층 → 서비스 계층, 웹 계층 → 데이터 계층, … 같은 호출부를 모두 테스트해야 할까? A → B → C 파이프라인을 모두 연결하는 테스트를 완벽히 수행하려면 다음 순서로 테스트해야 한다.

- A → B
- B → C
- A → C

테스트는 이 세 개 정도로 충분하다. 그렇다면 통합 테스트에서 기본적으로 전체 테스트를 수행하고, 최종 결과물(디스크에 저장된 데이터)을 남기는 모의 테스트를 수행할 때는 어떨까?

지금까지 우리는 SQLite를 데이터베이스로 사용했다. 디스크 기반의 SQLite 데이터베이스를 인메모리in-memory SQLite인 테스트 더블(fake)로 활용했다. '아주' 표준적인 SQL 구문을 사용한다면, 다른 데이터베이스도 인메모리 SQLite를 이용해 적절하게 모의할 수 있다. 비표준 SQL 구문을 사용하고 있다면, 다음 모듈을 활용해 특정 데이터베이스를 모의할 수 있다.

- **PostgresSQL**: pgmock (https://pgmock.readthedocs.io)
- **MongoDB**: Mongomock (https://github.com/mongomock/mongomock)
- **다양한 DB**: pytest 모의 리소스(https://pytest-mock-resources.readthedocs.io) 문서에 도커 컨테이너를 활용해 다양한 테스트 데이터베이스를 모의하는 방법이 소개됐다. 이들 방법은 Pytest를 잘 지원한다.

마지막으로, 프로덕션 환경과 같은 종류의 데이터베이스를 테스트에 사용할 수 있다. 앞에서 사용한 단위 테스트, 페이크 예시와 마찬가지로 환경 변수는 세부 사항을 포함할 수 있다.

12.8 리포지터리 패턴

이 책에서 구현하지 않은 리포지터리 패턴(https://oreil.ly/3JMKH)은 흥미로운 접근 방식이다. '리포지터리'는 중간에 있는 간단한 인메모리 데이터 저장소다. 지금까지 살펴본 가짜 데이터 계층과 같다. 리포지터리는 실제 데이터베이스에 대해 백엔드와 통신하는 역할을 한다. 백엔드는 플러그인처럼 다룰 수 있다.[3] 리포지터리 패턴에 '작업 단위' 패턴(https://oreil.ly/jHGV8)을 적용해서 한 세션 내에서 어떤 작업 그룹이 전체적으로 커밋되거나 롤백되도록 보장한다.

이 책에서는 단순한 데이터베이스 쿼리만 다루었다. 실제 데이터베이스 작업에는 다단계 쿼리와 일종의 세션 처리가 필요할 수 있다. (여러 절에서 다뤄 이제 조금은 이해하게 됐을) 리포지터리 패턴은 의존성 주입(https://oreil.ly/0f0Q3)과 잘 어울린다.

12.9 전체 테스트 자동화

전체 테스트는 가능한 한 프로덕션 환경처럼 모든 계층을 함께 실행한다. 앞서 살펴본 대부분의 테스트는 웹 엔드포인트를 호출하고, 서비스 타운을 거쳐 데이터빌 시내로 이동한 후 식료품을 사서 돌아오는 전체 테스트다. 이 테스트는 폐쇄적이다. 모든 것이 실제로 작동한다. 어떻게 실행되는지는 중요하지 않고 실행된다는 사실만 중요하다.

모든 API의 각 엔드포인트에 대한 전체 테스트는 두 가지 방법으로 수행할 수 있다.

- **HTTP/HTTPS**: 서버에 접속하는 개별 파이썬 테스트 클라이언트를 작성한다. 많은 예시에서 HTTPie 같은 독립형 클라이언트나 Requests 스크립트를 이용해 이 작업을 수행한다.
- **TestClient 모듈**: FastAPI/Starlette에 내장된 객체를 활용해 명시적인 TCP 연결 없이 서버에 직접 접속한다.

---

3 옮긴이_ 리포지터리 패턴이 여러 데이터베이스 시스템에 적용될 수 있도록 유연하게 설계됐다는 뜻이다.

하지만 이 방식은 각 엔드포인트에 대해 하나 이상의 테스트를 작성해야 한다. 이는 중세의 방식이다. 우리는 이미 몇 세기를 지나 왔다. 최근에는 '속성 기반 테스트'를 활용한다. 이는 FastAPI의 자동 생성되는 문서를 이용한다. 웹 계층에서 경로 함수나 경로 데코레이터를 변경할 때마다 FastAPI에서 `openapi.json`이라는 OpenAPI 스키마가 생성된다. 이 스키마는 인수, 반환 값 등 엔드포인트에 대한 모든 것을 자세히 기술한다. 이게 바로 OpenAPI의 용도다. OpenAPI 용도에 대한 설명은 OpenAPI 이니셔티브의 FAQ 페이지(`https://www.openapis.org/faq`)를 참고하라.

> **NOTE** OAS^{OpenAPI Specification}는 프로그래밍 언어에 구애받지 않는 REST API의 표준 인터페이스를 정의해서, 사람과 컴퓨터가 소스 코드나 기타 문서, 네트워크 트래픽 없이도 서비스의 기능을 발견하고 이해할 수 있도록 한다.

이를 위해서는 두 개의 패키지가 필요하다.

- **Hypothesis**(`https://hypothesis.works`): `pip install hypothesis`
- **Schemathesis**(`https://schemathesis.readthedocs.io`): `pip install schemathesis`

Hypothesis^{하이포테시스}는 기본 라이브러리이고, 이를 FastAPI가 생성하는 OpenAPI 3.0 스키마에 적용한 패키지가 Schemathesis^{스키마테시스}다. Schemathesis를 실행하면 스키마를 읽고, 다양한 데이터(직접 만들 필요는 없다!)로 수많은 테스트를 생성하고, pytest를 이용해 수행한다.

간단히 설명하기 위해, 먼저 [예시 12-17]에 있는 `main.py`를 보자. 기본적인 생명체와 탐험가 엔드포인트를 다룬다.

예시 12-17 main.py

```python
from fastapi import FastAPI
from web import explorer, creature

app = FastAPI()
app.include_router(explorer.router)
app.include_router(creature.router)
```

[예시 12-18]은 테스트를 실행한 결과다.

예시 12-18 Schemathesis 테스트 실행 결과

```
$ schemathesis run http://localhost:8000/openapi.json
============== Schemathesis test session starts ==============
Schema location: http://localhost:8000/openapi.json
Base URL: http://localhost:8000/
Specification version: Open API 3.0.2
Workers: 1
Collected API operations: 12

GET /explorer/ .                                        [  8%]
POST /explorer/ .                                       [ 16%]
PATCH /explorer/ F                                      [ 25%]
GET /explorer .                                         [ 33%]
POST /explorer .                                        [ 41%]
GET /explorer/{name} .                                  [ 50%]
DELETE /explorer/{name} .                               [ 58%]
GET /creature/ .                                        [ 66%]
POST /creature/ .                                       [ 75%]
PATCH /creature/ F                                      [ 83%]
GET /creature/{name} .                                  [ 91%]
DELETE /creature/{name} .                               [100%]
```

NOTE 옮긴이_ 현재 FastAPI는 파이썬 3.11이 기본으로 제공하는 OAS 버전(3.1.0)을 지원하지 않는다. 따라서 OAS 문서가 더 낮은 버전으로 생성되도록 main.py를 수정해야 한다.

```
from fastapi.openapi.utils import get_openapi

def custom_openapi():
    if app.openapi_schema:
        return app.openapi_schema
    openapi_schema = get_openapi(
        title="Custom title",
        version="3.0.2",
        openapi_version="3.0.2",
        description="커스텀 OpenAPI 스키마",
        routes=app.routes,
    )
```

```
        app.openapi_schema = openapi_schema
        return app.openapi_schema

    app.openapi = custom_openapi
```

modify() 함수에 대한 PATCH 호출에서 두 개의 F를 받았다. 당황스럽다.

[예시 12-18]에 출력된 결과에 이어 마지막 출력 부분에 SUMMARY가 표시된다. FAILED로 표시된 부분과 함께 실패한 테스트에 대한 자세한 호출 스택이 출력된다. 실패한 문제는 수정해야한다.

```
========================= SUMMARY ==========================
Performed checks:
    not_a_server_error                717 / 727 passed          FAILED

Hint: You can visualize test results in Schemathesis.io
by using `--report` in your CLI command.
```

속성 기반 테스트는 수행 속도가 매우 빠르다. 또한 입력이 각 엔드포인트의 동작을 깨뜨리는 모습을 상상하며 여러 번 테스트할 필요가 없다. 속성 기반 테스트는 입력 인자의 타입과 제약 사항을 읽어서 각 엔드포인트에 쏘아 보낼 값의 범위를 생성한다.

이는 처음에는 그저 그렇게 보였던 타입 힌트가 지닌 또 다른 예상치 못한 이점이다.

타입 힌트 → OpenAPI 스키마 → 문서 및 테스트 생성으로 활용된다.

12.10 보안 테스트

보안은 어느 하나로 특정되는 것이 아니라 모든 것을 아우른다. 악의적인 공격만이 아니라 평범한 실수, 심지어는 사용자가 통제할 수 없는 이벤트도 방어해야 한다. 확장 문제는 다음 절로 미루고 여기서는 주로 잠재적 위협을 분석한다.

11장에서는 인증과 인가를 설명했다. 이 부분은 항상 복잡하고 오류가 생기기 쉽다. 교묘한 공격에 대응하기 위해 교묘한 방법을 사용하고 싶은 유혹에 빠지기도 쉽다. 잘 이해되고 손쉽게 구현되는 보안 장치를 설계하기는 항상 어렵다.

이제 Schemathesis에 대해 알게 됐으니, 인증에 속성 기반 테스트를 수행하는 방법을 안내하는 문서(`https://oreil.ly/v_0-Q`)를 읽어보라. 많은 API 테스트를 대폭 간소화했듯, 인증이 필요한 엔드포인트에 대한 테스트 대부분을 자동화할 수 있다.

12.11 부하 테스트

부하 테스트는 애플리케이션이 다음과 같은 무거운 트래픽을 처리하는 방식을 테스트한다.

- API 호출
- 데이터베이스 읽기 또는 쓰기
- 메모리 사용
- 디스크 사용
- 네트워크 지연 및 대역폭

서비스를 사용하기 위해 몰려드는 수많은 사용자를 시뮬레이션하는 '전체' 테스트가 있을 수 있다. 여러분은 그런 날이 닥쳐오기 전에 미리 준비해야 한다. 이 절의 내용은 13.3절 '성능'과 13.4절 '트러블슈팅'에 있는 내용과 중복된다.

쓸 만한 부하 테스트 방법이 많지만, 내가 추천하는 방법은 Locust(`https://locust.io`)다. Locust를 사용하면 일반 파이썬 스크립트로 모든 테스트를 정의할 수 있다. 수십만 명의 사용자가 한꺼번에 사이트나 여러 서버에 접속하는 상황을 시뮬레이션할 수 있다.

`pip install locust`를 사용해 로컬 환경에 설치한다. 첫 번째로 수행할 테스트는 사이트에서 얼마나 많은 동시 방문자를 처리할 수 있는지 확인하는 것이다. 이는 허리케인/지진/눈보라 같은 극한의 날씨에 (또는 주택 보험 이벤트가 발생했을 때) 건물이 얼마나 견딜 수 있는지 테스트하는 것과 같다. 따라서 웹사이트에 대한 구조적 테스트가 필요하다. 자세한 내용은 Locust 문서(`https://docs.locust.io`)를 참조하자.

하지만 TV 광고처럼 더 좋은 방법이 있다! 최신 버전의 Grasshopper(`https://github.`

com/alteryx/locust-grasshopper)는 Locust를 확장해 여러 HTTP 호출에 걸쳐 시간을 측정하는 등의 작업을 수행할 수 있다. 이 확장 패키지를 사용하려면 `pip install locust-grasshopper`로 설치하면 된다.

12.12 정리

이 장에서는 단위, 통합, 전체 수준에서 테스트를 자동화하는 `pytest` 예시를 살펴보고, 테스트 유형을 구체적으로 설명했다. API 테스트는 Schemathesis로 자동화할 수 있다. 또한 보안 및 성능 문제가 터지기 전에 해당 문제를 노출하는 방법도 논의했다.

## CHAPTER 13

프로덕션

> 프로그래머가 프로그램을 작성하는 방식으로 건축업자가 건물을 지었다면, 맨 처음 날아온 딱따구리가 문명을 파괴했을 것이다.
>
> **– 제럴드 와인버그**^{Gerald Weinberg}, **컴퓨터 과학자**

지금까지 직접 만들어 로컬 컴퓨터에 실행 중인 애플리케이션을 세상에 공유하고 싶다. 이 장은 애플리케이션을 프로덕션 환경으로 옮길 때 정확하고 효율적으로 실행하는 여러 방법을 제시한다. 매우 상세한 일부 세부 사항은 책에서 설명하지 않고 참고할 만한 외부 문서를 소개할 것이다.

13.1 배포

지금까지 이 책의 코드 예시에서는 전부 `localhost`의 포트 8000에서 실행되는 `uvicorn` 인스턴스를 사용했다. 많은 트래픽을 처리하려면 최신 하드웨어의 다중 코어에서 실행되는 여러 대의 서버가 필요하다. 또한 다음과 같은 작업을 수행하려면 서버에서 동작하는 무언가가 필요하다.

- 가용성 유지(슈퍼바이저).

- 외부 요청의 수집과 전달(역방향 프록시).

- 응답 반환

- HTTPS의 끝단 제공(SSL 복호화)

13.1.1 다중 작업

Gunicorn^{구니콘}(https://gunicorn.org)이라는 파이썬 서버를 본 적이 있을 것이다. 이 서버는 여러 워커를 감독할 수 있지만 WSGI 서버. 이에 비해 FastAPI는 ASGI를 기반으로 한다. 다행히도 Gunicorn에서 관리할 수 있는 특별한 UvicornWorker^{유비콘 워커} 클래스가 있다.

[예시 13-1]에서는 로컬 호스트의 포트 8000에서 UvicornWorker를 실행한다(https://oreil.ly/Svdhx). 참고로 따옴표는 셸 명령어에서 따로 처리되지 않도록 한다.

예시 13-1 Gunicorn에서 UvicornWorker 사용

```
$ pip install "uvicorn[standard]" gunicorn
$ gunicorn main:app --workers 4 --worker-class \
uvicorn.workers.UvicornWorker --bind 0.0.0.0:8000
```

명령을 내리면 Gunicorn이 수행하는 여러 작업 결과를 볼 수 있다. 먼저 최상위 Gunicorn 프로세스를 시작하고, 이와 통신하는 네 개의 Uvicorn 워커 하위 프로세스를 실행한다. 하위 워커 프로세스는 localhost(0.0.0.0)에서 포트 8000을 공유한다. 호스트, 포트, 워커 수를 원하는 대로 바꿀 수 있다. main:app은 main.py와 변수 이름이 app인 FastAPI 객체를 참조한다. Gunicorn 문서(https://oreil.ly/TxYIy)에 따르면, Gunicorn은 초당 수백 내지는 수천 건의 요청을 처리하는 데 4~12개의 워커 프로세스만 있으면 된다.

[예시 13-2]에서와 같이 Uvicorn 자체에서 여러 개의 UvicornWorker를 사용할 수도 있다.

예시 13-2 Uvicorn에서 UvicornWorker 사용

```
$ uvicorn main:app --host 0.0.0.0 --port 8000 --workers 4
```

그러나 이 방법은 프로세스를 관리하지 않으므로, 보통은 Gunicorn을 직접 실행하는 방법이 더 낫다. Uvicorn 프로세스 관리자는 공식 문서(`https://uvicorn.org/deployment`)를 참조하자.

Gunicorn을 이용한 다중 작업은 앞에서 언급한 네 가지 작업 중 세 가지를 처리한다. HTTPS 암호화는 처리하지 않는다.

13.2 HTTPS

FastAPI의 공식 HTTPS 문서(`https://oreil.ly/HYRW7`)는 FastAPI 문서에 못지않게 매우 유익하다. 이 문서는 물론이고 라미레즈Ramírez의 설명(`https://oreil.ly/zcUWS`)을 읽어 보고, Traefik트래픽(`https://traefik.io`)을 사용해 FastAPI에 HTTPS 지원을 추가하는 방법을 참고하기 바란다. Traefik은 역방향 프록시 및 로드 밸런서로, nginx와 유사하게 웹 서버 '위'에 위치하지만 HTTPS 마법이 내장됐다.

HTTPS에 대응하기 위해 많은 단계가 필요하지만 이전보다 훨씬 간편하다. 특히, 예전에는 사이트에 HTTPS를 제공하는 데 사용할 디지털 인증서를 얻기 위해 인증 기관에 정기적으로 큰 비용을 지불해야 했다. 다행히도 이러한 인증 기관은 대부분 무료 서비스 Let's Encrypt(`https://letsencrypt.org`)로 대체됐다.

13.2.1 도커

도커Docker가 첫선을 보였을 때(파이콘PyCon 2013에서 dotCloud의 솔로몬 힉스Solomon Hykes가 5분간 진행한 라이트닝 강연[1]), 많은 사람이 처음으로 리눅스Linux 컨테이너를 접했다. 시간이 지나면서, 많은 사람이 도커가 가상 머신보다 더 빠르고 가볍다는 사실을 알게 됐다. 전체 운영체제를 에뮬레이션하는 대신, 각 컨테이너가 리눅스 서버의 커널을 공유하도록 만들고, 프로세스와 네트워크를 자체 네임스페이스에 격리했다. 무료 도커 소프트웨어를 사용하면 여러 개의 별도 서비스를 하나의 머신에서 중복해 호스팅할 걱정 없이 호스팅할 수 있다.

---

[1] `https://oreil.ly/25oef`

10년이 지난 지금, 도커는 널리 알려졌고 지원을 받고 있다. 클라우드 서비스에서 FastAPI 애플리케이션을 호스팅하려면 일반적으로 먼저 해당 애플리케이션의 도커 이미지를 만들어야 한다. 공식 FastAPI 문서(https://oreil.ly/QnwOW)에는 FastAPI 애플리케이션의 도커 버전을 구축하는 방법이 자세히 설명됐다. 그 첫 단계는 사용할 애플리케이션 코드와 실행할 프로세스 등 도커 구성 정보가 포함된 텍스트 파일인 Dockerfile을 작성하는 일이다. 이 일이 로켓 발사 중 뇌 수술 같은 고난도 작업이 아님을 증명하기 위해 해당 페이지의 Dockerfile을 가져왔다.

```
FROM python:3.9
WORKDIR /code
COPY ./requirements.txt /code/requirements.txt
RUN pip install --no-cache-dir --upgrade -r /code/requirements.txt
COPY ./app /code/app
CMD ["uvicorn", "app.main:app", "--host", "0.0.0.0", "--port", "80"]
```

공식 문서를 읽길 권한다. 아니면 구글에서 'fastapi docker'를 검색해 나오는 링크를 확인하기 바란다. 예를 들면 크리스토퍼 사미울라Christopher Samiullah가 작성한 '궁극의 FastAPI 튜토리얼 13부-도커를 사용해 앱 배포하기'(https://oreil.ly/7TUpR)가 있다.

13.2.2 클라우드 서비스

인터넷에는 유료이거나 무료인 다양한 호스팅 서비스가 있다. 이를 이용해 FastAPI를 호스팅하는 몇 가지 방법을 소개한다.

- 튜토리얼 포인트Tutorials Point에 게재된 'FastAPI-배포'(https://oreil.ly/DBZcm)
- 크리스토퍼 사미울라가 작성한 '궁극의 FastAPI 튜토리얼 6b-리노드Linode에서의 기본 배포'(https://oreil.ly/s8iar)
- 신이치 오카다Shinichi Okada가 작성한 'Heroku에 무료로 FastAPI 앱을 배포하는 방법'(https://oreil.ly/A6gij)

13.2.3 쿠버네티스

쿠버네티스[Kubernetes]는 구글에서 손댈 엄두가 나지 않을 정도로 복잡한 내부 시스템을 관리하기 위해 탄생했다. 시스템 관리자(당시에는 이렇게 불렸다)는 로드 밸런서[load balancer][2], 리버스 프록시[reverse proxy][3], 휴미더[humidors][4] 등의 도구를 수동으로 구성하는 데 사용했다. 쿠버네티스는 이러한 지식의 상당 부분을 습득해 이를 자동화하기 위해 만들어졌다. '어떻게' 처리할지를 말하지 말라. '원하는' 것을 말하라. 서비스를 계속 실행하거나 트래픽이 급증할 경우 더 많은 서버를 가동하는 것과 같은 작업이 쿠버네티스가 하는 일이다.

FastAPI를 쿠버네티스에 배포하는 방법을 다룬 자료가 많다. 그중 대표적인 것은 수만타 무코파다이[Sumanta Mukhopadhyay]의 '쿠버네티스에 FastAPI 애플리케이션 배포하기'(`https://oreil.ly/ktTNu`)다.

13.3 성능

FastAPI의 성능은 현재 파이썬 웹 프레임워크 중 최고 수준(`https://oreil.ly/mxabf`)에 속하며, 심지어 Go와 같이 더 빠른 언어의 프레임워크와도 견줄 만하다. 하지만 성능의 대부분은 비동기로 I/O 대기를 피하는 ASGI 덕분이다. 파이썬 자체는 상대적으로 느린 언어다. 다음 절에서 성능을 전반적으로 개선할 몇 가지 팁과 요령을 소개한다.

13.3.1 비동기

웹 서버는 그다지 빠를 필요가 없는 경우가 많다. 웹 서버는 대부분의 시간을 HTTP 네트워크 요청을 받고 결과를 반환하는 데 소비한다(이 책에서는 웹 계층). 그 사이에 웹 서비스는 비즈니스 로직을 수행하고(서비스 계층) 데이터 소스에 접근하며(데이터 계층), 다시 네트워크 I/O에 많은 시간을 소비한다.

---

2 옮긴이_ 서버 요청을 개별 서버로 분산하는 물리적 또는 논리적 장치
3 옮긴이_ 클라이언트와 서버 사이의 중개자, 서버의 부하 분산 및 보안 강화
4 이건 시가를 보관하는 케이스잖아?

웹 서비스의 코드가 응답을 기다려야 할 때마다 비동기 함수(def가 아닌 `async def`)를 사용하는 것이 좋다. 이를 통해 FastAPI와 Starlette 비동기 함수를 예약하고 응답을 기다리는 동안 다른 작업을 수행할 수 있다. 이것이 바로 FastAPI의 벤치마크가 Flask나 Django 같은 WSGI 기반 프레임워크보다 더 나은 이유다.

성능은 두 가지 기준으로 측정할 수 있다.

- 단일 요청을 처리하는 데 걸리는 시간
- 한 번에 처리할 수 있는 요청 수

13.3.2 캐시

정적 소스에서 궁극적으로 데이터를 가져오는 웹 엔드포인트(예: 거의 또는 전혀 변경되지 않는 데이터베이스 레코드)가 있는 경우, 함수에서 데이터를 캐시할 수 있다. 이는 어느 계층에나 가능하다. 파이썬은 표준 기능 functools 모듈(https://oreil.ly/8Kg4V)과 `cache()`, `lru_cache()` 함수를 제공한다.

13.3.3 데이터베이스와 파일, 메모리

웹사이트가 느려지는 가장 일반적인 원인은 데이터베이스 테이블에 적합한 인덱스가 걸려 있지 않기 때문이다. 테이블이 특정 크기로 커질 때까지는 문제가 되지 않다가 갑자기 쿼리 속도가 현저하게 느려지는 경우가 많다. SQL에서는 `WHERE` 절의 모든 칼럼을 인덱싱해야 한다.

지금까지 대부분 예시에서 `creature`와 `explorer` 테이블의 기본 키는 텍스트 필드 `name`이었다. 테이블이 생성될 때 `name`이 기본 키로 선언됐다. 이 책에서 지금까지 살펴본 작은 테이블의 경우, SQLite는 테이블을 스캔하는 것이 더 빠르므로 이 키를 무시한다. 그러나 테이블이 상당히 커져서(예: 백만 행) 인덱스가 누락되면 눈에 띄는 차이가 생긴다. 해결책은 쿼리 최적화 도구(https://oreil.ly/YPR3Q)를 실행하는 것이다.

테이블이 작아도 파이썬 스크립트나 오픈 소스 도구로 데이터베이스 부하 테스트를 수행할 수 있다. 여러 개의 순차적인 데이터베이스 쿼리를 수행하는 경우, 단일 배치로 결합하는 것이 가능할 수 있다. 대용량 파일을 업로드하거나 다운로드하는 경우, 한꺼번에 다운로드하는 것보다스트리밍을 사용하자.

13.3.4 큐

확인 이메일을 보내거나 이미지 크기를 줄이는 등 1초 이상 걸리는 작업을 수행할 때는 Celery (`https://docs.celeryq.dev`) 같은 작업 큐에 넘기는 것이 좋다.

13.3.5 파이썬 자체

웹 서비스가 파이썬으로 중요한 연산을 수행하는 부분에서 느리다면 '더 빠른 파이썬'을 원할 수 있다. 다음과 같은 대안이 있다.

- 표준 CPython 대신 PyPy(`https://www.pypy.org`)를 사용한다.
- C, C++ 또는 러스트로 파이썬 확장 프로그램(`https://oreil.ly/BElJa`)을 작성한다.
- 느린 파이썬 코드를 사이썬[Cython](`https://cython.org`)으로 변환한다(Pydantic과 Uvicorn에서 사용).

최근 매우 흥미로운 것이 발표됐는데, 바로 모조[Mojo] 언어(`https://oreil.ly/C96kx`)다. 이 언어는 파이썬 예시 속도를 수천 배 높이는 새 기능(동일한 파이썬 구문 사용)을 갖춰 파이썬의 완전한 상위 언어가 되는 게 목표다. 주 저자인 크리스 래트너[Chris Lattner]는 이전에 LLVM(`https://llvm.org`), Clang(`https://clang.llvm.org`), MLIR(`https://mlir.llvm.org`) 등의 컴파일러 도구와 애플에서 스위프트[Swift](`https://www.swift.org`) 언어를 개발한 경력이 있다.

모조는 AI 개발을 위한 단일 언어 솔루션을 목표로 한다. 현재 파이토치[PyTorch]와 텐서플로[TensorFlow][5]에서는 파이썬/C/C++ 코드가 샌드위치처럼 쌓여있어 개발과 관리, 디버깅이 어렵다. 하지만 모조는 AI가 아닌 용도로도 훌륭한 범용 언어가 될 수 있다.

나는 수년간 C로 코딩했고, 성능이 뛰어나면서 파이썬만큼 사용하기 쉬운 후계자를 기다려왔다. D언어, Go, 줄리아[Julia], 지그[Zig], 러스트[Rust] 등이 후보에 올랐지만, 모조가 목표(`https://`

---

5 옮긴이_ 파이토치와 텐서플로는 AI 모델 개발에 쓰이는 프레임워크다. 파이토치는 메타(구 페이스북)에서, 텐서플로는 구글에서 개발 및 운영한다.

`oreil.ly/EojvA`)를 달성할 수 있다면 나는 모조를 널리 사용할 것이다.

13.4 트러블슈팅

문제가 발생한 시간과 장소부터 상향식으로 살펴보자. 시간 및 공간 성능 문제 외에 로직과 비동기 트랩도 다룬다.

13.4.1 문제 유형

처음에 어떤 HTTP 응답 코드를 받았는가?

- **401**: 인증 오류이거나 인가 오류다.
- **422**: 대개는 잘못된 모델 사용에 대한 Pydantic의 응답이다.
- **500**: FastAPI 서비스 뒤에 있는 서비스가 실패했다.

13.4.2 로깅

Uvicorn과 그 외 웹 서버는 일반적으로 stdout에 로그를 기록한다. 로그를 확인해서 HTTP 동사와 URL을 비롯해 실제로 어떤 호출이 이루어졌는지 알 수 있다. 그러나 본문, 헤더, 쿠키의 데이터는 확인할 수 없다.

특정 엔드포인트가 **400**대의 상태 코드를 반환하는 경우, 동일하게 다시 입력해보고 오류가 다시 발생하는지 확인할 수 있다. 만약 그렇다면, 원초적인 디버깅 본능을 따라 관련 웹, 서비스, 데이터 함수에 `print()` 문부터 추가할 것이다.

또한 예외가 발생할 때마다 세부 정보를 추가하자. 데이터베이스 조회가 실패하면, 입력 값과 구체적인 오류(고유 키 필드에 중복값을 입력하려고 시도한 경우)를 포함하자.

13.4.3 지표

메트릭, 모니터링, 관측 가능성, 텔레메트리라는 용어가 서로 겹치는 것처럼 보일 수 있다. 파이썬 진영에서는 아래처럼 사용하는 것이 일반적이다.

- Prometheus(https://prometheus.io)를 통한 메트릭 수집
- Grafana(https://grafana.com)를 통한 메트릭 표시
- OpenTelemetry(https://opentelemetry.io)를 통한 타이밍 측정

이들 용어를 사이트의 웹, 서비스, 데이터 계층 등 전 계층에 적용해도 된다. 서비스 계층이 더 비즈니스 지향적이고, 그 외 계층은 기술적 측면이 더 강해 사이트 개발자와 유지 관리자에게 유용하다.

다음은 FastAPI 메트릭 관련 글의 링크다.

- Prometheus FastAPI 가이드(https://oreil.ly/EYJwR)
- '시작하기: Grafana와 Prometheus로 FastAPI 앱 모니터링하기 – 단계별 가이드', Zoo Codes 제공 (https://oreil.ly/Gs90t)
- Grafana 연구소 웹사이트의 'FastAPI 관측 가능성'(https://oreil.ly/spKwe)
- OpenTelemetry FastAPI 가이드(https://oreil.ly/wDSNv)
- 안킷 아난드[Ankit Anand]의 'OpenTelemetry FastAPI 튜토리얼 – 완벽한 구현 안내서'(https://oreil.ly/ZpSXs)
- OpenTelemetry 파이썬 문서(https://oreil.ly/nSD4G)

13.5 정리

프로덕션이 쉽지 않다는 것은 분명하다. 웹 머신 자체의 문제, 네트워크 및 디스크 과부하, 데이터베이스 문제 등이 있다. 이 장에서는 필요한 정보를 어떻게 얻고 문제가 나타날 때 어디서부터 파헤쳐야 하는지 알도록 힌트를 주었다 .

갤러리

3부에서는 기본적인 코드로 최소한의 웹사이트를 구축했다. 4부에서는 이를 활용해서 재미있는 일을 해보자. 4부의 여러 장에서는 양식, 파일, 데이터베이스, 차트와 그래픽, 지도, 게임 등 일반적인 웹의 기능에 FastAPI를 적용한다.

여러 애플리케이션을 하나로 묶고 평이한 컴퓨팅 책보다 더 흥미로운 예시를 수록하기 위해 평소 보던 예시의 출처가 아닌 곳에서 데이터를 수집하고자 한다. 색다른 예시 몇 개는 이미 앞에서 엿본 바 있다. 전 세계 민속설화에 나오는 상상 속 생명체와 이를 추적하는 탐험가다. 설인도 있고 그다지 눈에 띄지 않아 이름이 없는 생명체도 있다.

## CHAPTER 14

데이터베이스와 데이터 과학, AI

이 장에서는 FastAPI를 사용해 데이터를 저장하고 검색하는 방법을 설명한다. 10장의 간단한 SQLite 예시를 다음과 같이 확장한다.

- 관계형 또는 비관계형의 다른 오픈 소스 데이터베이스를 적용한다.
- SQLAlchemy를 활용해 고수준에서 데이터를 다룬다.
- 오류 검사를 개선한다.

14.1 데이터 저장소

NOTE '데이터베이스'라는 용어는 안타깝게도 다음 세 가지를 지칭하는 데 사용된다.

- 서버 '유형'(예: PostgreSQL, SQLite, MySQL 등)
- 실행 중인 데이터베이스 '서버' 인스턴스
- 해당 서버의 '테이블 모음'

마지막 항목을 'PostgreSQL 데이터베이스 데이터베이스 데이터베이스'로 부르지 않기 위해, 같은 뜻을 지녔으나 표현이 다른 용어를 사용하겠다.

대개 웹사이트의 백엔드는 데이터베이스다. 웹사이트와 데이터베이스의 관계는 땅콩버터와 젤

리의 관계와 같다. 데이터를 다른 방식으로 저장할 수도 있지만(땅콩버터와 피클의 조합), 이 책에서는 데이터베이스를 그대로 사용한다.

데이터베이스는 코드로 직접 데이터를 다룰 때 해결해야 하는 많은 문제를 처리한다.

- 다중 접근
- 인덱싱
- 데이터 일관성

데이터베이스는 일반적으로 다음 중 하나다.

- SQL 쿼리 언어를 사용하는 관계형 데이터베이스
- 다양한 쿼리 언어를 지원하는 비관계형 데이터베이스

14.2 관계형 데이터베이스와 SQL

파이썬에는 DB-API(https://oreil.ly/StbE4)라는 표준 관계형 API가 있으며, 주요 데이터베이스에 대한 파이썬 드라이버 패키지가 있다. [표 14-1]에 대표적인 관계형 데이터베이스와 해당 데이터베이스의 파이썬 드라이버 패키지를 몇 가지 소개했다.

표 14-1 관계형 데이터베이스와 파이썬 드라이버

데이터베이스	파이썬 드라이버
오픈 소스	
SQLite(https://www.sqlite.org)	sqlite3(https://oreil.ly/TNNaA)
PostgreSQL(https://www.postgresql.org)	psycopg2(https://oreil.ly/nLn5x)
	syncpg(https://oreil.ly/90pvK)
MySQL(https://www.mysql.com)	MySQLdb(https://oreil.ly/yn1fn)
	PyMySQL(https://oreil.ly/Cmup-)
상업용	
오라클(https://www.oracle.com)	python-oracledb(https://oreil.ly/gynvX)
SQL Server(https://www.microsoft.com/en-us/sql-server)	pyodbc(https://oreil.ly/_UEYq)
	pymssql(https://oreil.ly/FkKUn)
IBM Db2(https://www.ibm.com/products/db2)	ibm_db(https://oreil.ly/3uwpD)

관계형 데이터베이스와 SQL을 사용하는 주요 파이썬 패키지는 다음과 같다.

- SQLAlchemy(https://www.sqlalchemy.org): 모든 기능을 갖춘 라이브러리. 다양한 수준에서 사용 가능
- SQLModel(https://sqlmodel.tiangolo.com): FastAPI의 개발자가 SQLAlchemy와 Pydantic 을 조합해 만든 라이브러리
- Records(https://github.com/kennethreitz/records): Requests 패키지의 작성자가 만든 간단한 쿼리 API

14.2.1 SQLAlchemy

가장 인기 있는 파이썬 SQL 패키지는 SQLAlchemy다. 여러 자료에서 SQLAlchemy에 관해 설명할 때 주로 ORM만 설명한다. 하지만 이 패키지에는 여러 계층이 있으며, 이 책에서는 이 계층들에 대해 상향식으로 설명한다.

코어

SQLAlchemy에 기반이 되는 모듈을 코어^{core}라고 한다. 코어는 다음으로 구성된다.

- DB-API 표준을 구현하는 Engine 객체
- SQL 서버 유형과 드라이버, 그리고 해당 서버의 특정 데이터베이스 집합을 표현하는 URL
- 클라이언트-서버 연결 풀
- 트랜잭션(COMMIT과 ROLLBACK)
- 데이터베이스 유형마다 다른 SQL '방언' 지원[1]
- SQL(텍스트 문자열) 쿼리를 직접 처리
- SQLAlchemy 표현식 언어로 된 쿼리

SQLAlchemy는 방언 처리 같은 기능 덕분에 다양한 유형의 서버로 작업하기에 적합하다. 이 패키지를 사용해 일반 DB-API SQL 문을 실행하거나 SQLAlchemy 표현식 언어를 사용할 수 있다.

나는 지금까지 원시 DB-API SQLite 드라이버를 사용했고 앞으로도 계속 그럴 것이다.

---

1 **옮긴이_** 데이터베이스마다 SQL 문법이 약간씩 다른데, SQLAlchemy는 이를 잘 지원한다는 뜻이다.

하지만 규모가 큰 사이트나 특수한 서버 기능을 활용해야 하는 사이트라면(기본 DB-API, SQLAlchemy 표현식 언어나 완전한 ORM을 사용하는), SQLAlchemy를 사용하는 것이 좋다.

SQLAlchemy 표현식 언어는 ORM이 '아니라', 관계형 테이블에 대한 쿼리를 표현하는 또 다른 방법이다. 이 표현식은 기본 저장소 구조를 Table이나 Column 같은 파이썬 클래스에 대응시킨다. 또 select(), insert() 같은 파이썬 메서드로 연산을 대응시킨다. 이러한 함수는 데이터베이스 연산을 일반 SQL 문자열로 변환한다. 사용자는 이 문자열을 통해 어떤 일이 발생했는지 확인할 수 있다. 이 언어는 SQL 서버의 유형과 무관하다. SQL이 어렵게 느껴진다면 한 번쯤 도전해보자.

몇 가지 예를 비교해보자. [예시 14-1]은 일반적인 SQL을 사용하는 예시다.

예시 14-1 get_one() 함수에서 간단한 **SQL**을 직접 사용: data/explorer.py

```
def get_one(name: str) -> Explorer:
    qry = "select * from explorer where name=:name"
    params = {"name": name}
    curs.execute(qry, params)
    return row_to_model(curs.fetchone())
```

[예시 14-2]는 SQLAlchemy 표현식 언어를 이용해 데이터베이스를 설정하고 데이터를 불러오는 예를 보여준다.

예시 14-2 get_one() 함수를 **SQLAlchemy** 표현식 언어로 수정

```
from sqlalchemy import MetaData, Table, Column, Text
from sqlalchemy import create_engine, select, Row

engine = create_engine("sqlite:///db/cryptid.db")
conn = engine.connect()
meta = MetaData()
explorer_table = Table(
    "explorer",
    meta,
    Column("name", Text, primary_key=True),
    Column("country", Text),
    Column("description", Text),
```

```
    )

def get_one(name: str) -> Row | None:
    stmt = select(explorer_table).where(explorer_table.c.name==name)
    result = conn.execute(stmt)
    return result.fetchone()
```

더 많은 예시를 보려면 문서(`https://oreil.ly/ZGCHv`)를 참조하자. 공식 페이지보다 더 잘 읽힌다.

ORM

ORM은 데이터베이스의 기반이 되는 관계형 테이블과 SQL 로직이 아닌 도메인 데이터 모델의 관점에서 쿼리를 표현한다. SQLAlchemy 공식 문서(`https://oreil.ly/x4DCi`)에 자세한 내용이 나와 있다. ORM은 SQL 표현식 언어보다 훨씬 더 복잡하다. 완전한 '객체 지향' 패턴을 선호하는 개발자는 대개 ORM을 선호한다.

FastAPI에 관한 책이나 글을 보면 데이터베이스에 대한 내용을 다룰 때 바로 SQLAlchemy ORM으로 넘어간다. 물론 ORM이 가진 매력을 이해하지만, 또 다른 추상화 구문을 배워야 한다는 점을 알아야 한다. SQLAlchemy는 훌륭한 패키지지만, 추상화가 일정하지 못하면 익혀야 할 구문만 두 배가 되는 셈이다. 가장 간단한 해결책은 그냥 SQL을 사용하다가 SQL이 매우 복잡해질 때 표현식 언어나 ORM으로 이동하는 방법이다.

14.2.2 SQLModel

FastAPI의 저자는 FastAPI, Pydantic, SQLAlchemy를 결합해 SQLModel(`https://sqlmodel.tiangolo.com`)을 만들었다. SQLModel은 일부 웹 개발 기법을 관계형 데이터베이스에 접목한다. 이는 SQLAlchemy ORM을 Pydantic 데이터 정의 및 유효성 검사와 결합한다.

14.2.3 SQLite

10장의 데이터 계층 예시에서 SQLite를 사용한 바 있다. SQLite는 가장 오픈 소스답게 활용된다. SQLite는 모든 브라우저와 스마트폰에서 지원되며, 세계에서 가장 널리 배포된 소프트웨어 패키지로 꼽힌다. SQLite는 관계형 데이터베이스의 선택지에서 빠지는 경우가 많다. 하지만 여러 대의 SQLite '서버'를 이용해 일부 대규모 서비스뿐 아니라 PostgreSQL처럼 강력한 서버도 구축할 수 있다.

14.2.4 PostgreSQL

관계형 데이터베이스의 초기에 당시 개척자였던 IBM의 System R은 오픈 소스인 Ingres 대상용 제품인 오라클Oracle이라는 새로운 시장을 두고 격전을 펼쳤다. Ingres에는 QUEL이라는 쿼리 언어가, System R에는 SQL이 있었다. 일각에서는 QUEL이 SQL보다 더 낫다고 여겼지만, 오라클이 SQL을 표준으로 채택한 데다 IBM의 힘이 실리면서 오라클/SQL은 성공할 수 있었다.

몇 년 후, 마이클 스톤브레이커[2]가 프로젝트에 다시 돌아와서 Ingres를 PostgreSQL (`https://www.postgresql.org`)로 마이그레이션했다. 몇 년 전만 해도 MySQL이 인기를 끌고 지금도 여전히 사용되고 있지만, 요즘의 오픈 소스 개발자는 PostgreSQL을 선택하는 경향이 있다.

14.2.5 EdgeDB

SQL은 오랫동안 성공을 거두었지만, 쿼리를 어색하게 하는 설계상의 결함이 몇 가지 있다. SQL의 기반이 되는 수학적 이론(E. F. 코드의 '관계형 미적분학')과 달리, SQL 언어 설계를 따라 '조합'하기는 어렵다. 이는 주로 큰 쿼리 안에 다른 쿼리를 중첩하기가 어려움을 의미하며, 그 결과 코드가 더 복잡하고 장황해진다.

그래서 그냥 재미 삼아 새로운 관계형 데이터베이스를 소개한다. EdgeDB엣지DB (`https://`

---

2 옮긴이_ 데이터베이스 시스템 분야에서 유명한 미국의 컴퓨터 과학자다. Ingres를 창업했다.

www.edgedb.com)는 파이썬 asyncio 라이브러리의 작성자가 (파이썬으로!) 작성했다. EdgeDB는 'Post-SQL' 또는 '그래프-관계형'이라고 소개됐으며 내부적으로는 PostgreSQL을 사용해 까다로운 시스템 작업을 처리한다. Edge 제품군에는 EdgeQL(`https://oreil.ly/sdK4J`)이 있다. 이는 SQL의 까다로운 특징을 완화한 새로운 쿼리 언어로, 실제로는 PostgreSQL에서 실행할 수 있는 SQL로 변환한다. 이반 다닐루크는 그의 블로그 글 'EdgeDB 체험기'(`https://oreil.ly/ciNfg`)에서 EdgeQL과 SQL을 알기 쉽게 비교했다. 공식 문서(`https://oreil.ly/ce6y3`)는 '드라큘라' 같은 소설로 작성됐으며 그림이 곁들여져 읽기도 쉽다.

EdgeQL이 EdgeDB를 넘어 SQL의 대안이 될 수 있을까? 시간이 지나면 알게 될 일이다.

14.3 비관계형 데이터베이스

오픈 소스인 NoSQL과 NewSQL 세계의 거물을 [표 14-2]에 정리하겠다.

표 14-2 NoSQL 데이터베이스와 파이썬 드라이버

데이터베이스	파이썬 드라이버
Redis (`https://redis.io`)	redis-py (`https://github.com/redis/redis-py`)
MongoDB (`https://www.mongodb.com`)	PyMongo (`https://pymongo.readthedocs.io`) Motor(`https://oreil.ly/Cmgtl`)
Apache Cassandra (`https://cassandra.apache.org`)	python-driver (`https://github.com/datastax/python-driver`)
Elasticsearch (`https://www.elastic.co/elasticsearch`)	Python Elasticsearch Client (`https://oreil.ly/e_bDI`)

'NoSQL'은 말 그대로 'SQL을 사용하지 않는 것'을 의미하지만, 때로는 'SQL만' 사용하지 않는 것을 의미하기도 한다. 관계형 데이터베이스는 데이터를 구조화해야 하므로 스프레드시트

와 유사하게 열 필드와 데이터 행이 있는 직사각형 테이블로 시각화되는 경우가 많다. 관계형 데이터베이스는 중복 감소와 성능 개선을 위해 행과 열이 교차하는 셀당 하나의 값만 허용하는 등 데이터를 '정규 형태'(데이터와 구조에 대한 규칙)로 '정규화'한다.

NoSQL 데이터베이스는 이러한 규칙을 완화해 개별 데이터 행에서 다양한 열/필드 유형을 허용하기도 한다. '스키마'(데이터베이스 설계)는 관계형 상자[3]가 아닌 JSON이나 파이썬으로 표현된 불규칙한 구조를 가질 수 있다.

14.3.1 레디스

'레디스Redis'는 메모리에서 실행되는 데이터 구조를 가진 서버다. 물론 데이터를 디스크에 저장하고 복원할 수 있다. 파이썬 자체의 데이터 구조와 거의 일치하며 매우 큰 인기를 끌고 있다.

14.3.2 몽고DB

'몽고DB MongoDB'는 NoSQL 서버계의 PostgreSQL과 같다. 몽고DB에서 '컬렉션collection'은 SQL 테이블에 대응되고, '도큐먼트document'는 SQL 테이블의 행에 해당한다. 또 다른 점이자 애초에 NoSQL 데이터베이스를 사용하는 주된 이유는 도큐먼트가 어떻게 생겼는지 정의할 필요가 없기 때문이다. 다시 말하자면 고정된 '스키마'가 없다. 도큐먼트는 어떤 문자열도 키가 될 수 있는 파이썬 딕셔너리와 같다.

14.3.3 카산드라

카산드라Cassandra는 수백 개의 노드에 분산해 실행할 수 있는 대규모 데이터베이스이며 자바Java로 작성됐다.

이와 유사한 ScyllaDB(`https://www.scylladb.com`)라는 데이터베이스가 있다. 이는 C++로 작성됐고, 카산드라와 호환되며 성능이 더 뛰어나다고 주장한다.

---

3 옮긴이_ 관계형 데이터베이스의 네모난 테이블을 비유한 말이다.

14.3.4 엘라스틱서치

엘라스틱서치^{Elasticsearch} (`https://www.elastic.co/elasticsearch`)는 데이터베이스라기보다는 데이터베이스 인덱스에 가깝다. 전체 텍스트 검색에 자주 사용된다.

14.4 SQL 데이터베이스의 NoSQL 기능

앞서 언급했듯이, 관계형 데이터베이스는 전통적으로 정규화를 수행한다. 이는 '정규형'이라고 부르는 다양한 수준의 규칙을 따른다. 기본 규칙은 각 셀(행과 열의 교차점)의 값이 '스칼라'(배열이나 다른 구조가 아닌 값)여야 한다는 것이다.

NoSQL(또는 '도큐먼트') 데이터베이스는 JSON을 직접 지원하며, 데이터 구조가 '고르지 않거나' '불규칙한' 경우 대개 유일한 선택지였다.

NoSQL 데이터베이스는 '비정규 형식'인 경우가 많다. 도큐먼트에 필요한 데이터가 모두 해당 도큐먼트에 들어 있다. SQL에서는 전체 도큐먼트를 작성하려면 테이블을 '조인^{join}'해야 하는 경우가 많다.

하지만 최근 SQL 표준이 개정되면서 JSON 데이터를 관계형 데이터베이스에도 저장할 수 있게 됐다. 이제 일부 관계형 데이터베이스에서는 복잡한 (비스칼라) 데이터를 테이블 셀에 저장하고 그 안에서 검색과 인덱스까지 할 수 있다. JSON 기능은 SQLite(`https://oreil.ly/h_FNn`), PostgreSQL(`https://oreil.ly/awYrc`), MySQL(`https://oreil.ly/OA_sT`), Oracle(`https://oreil.ly/osOYk`) 등에서 다양한 방식으로 지원된다.

JSON이 포함된 SQL은 두 가지 장점을 모두 누릴 수 있다. SQL 데이터베이스는 훨씬 더 오래 사용됐으며 외래 키, 보조 인덱스와 같은 매우 유용한 기능을 갖추고 있다. 또한 SQL은 어느 정도 표준화돼 있다. NoSQL 쿼리 언어는 제품마다 다르다.

마지막으로, 데이터 설계와 쿼리 언어 분야는 앞서 언급한 EdgeQL과 같이 SQL과 NoSQL의 장점을 결합하려고 시도하고 있다.

따라서 직사각 관계형 상자에 데이터를 넣을 수 없다면, NoSQL 데이터베이스, JSON을 지원하는 관계형 데이터베이스 또는 'PostSQL' 데이터베이스를 살펴보라.

14.5 데이터베이스 부하 테스트

이 책의 주제가 FastAPI이긴 하지만 대부분의 웹사이트가 데이터베이스에 연결돼 있으므로 데이터베이스에 대해 더 알아보자.

이 책에서 다루는 데이터는 아주 작다. 실제 데이터베이스 테스트를 수행하려면 수백만 개의 항목이 있어야 한다. 이를 위해 데이터베이스에 어떤 항목을 추가할지 고민하기보다 페이커 Faker(https://faker.readthedocs.io) 같은 파이썬 패키지를 사용해 쉽게 데이터를 만들자. 페이커는 이름이나 장소 또는 사용자가 정의한 특수한 타입의 데이터를 빠르게 생성한다.

먼저 페이커 패키지를 설치한다.

```
$ pip install faker
```

[예시 14-3]은 페이커를 이용해 이름과 국가를 만들고 load() 함수로 SQLite에 적재하는 방법을 보여준다.

예시 14-3 가짜 탐험가 데이터 적재: test_load.py

```python
from faker import Faker
from time import perf_counter

def load():
    from error import Duplicate
    from data.explorer import create
    from model.explorer import Explorer

    f = Faker()
    NUM = 100_000
    t1 = perf_counter()
    for row in range(NUM):
        try:
            create(Explorer(name=f.name(),
                country=f.country(),
                description=f.text()))
        except Duplicate:
            pass
    t2 = perf_counter()
```

```
        print(NUM, "rows")
        print("write time:", t2-t1)

def read_db():
    from data.explorer import get_all
    t1 = perf_counter()
    _ = get_all()
    t2 = perf_counter()
    print("db read time:", t2-t1)

def read_api():
    from fastapi.testclient import TestClient
    from main import app
    t1 = perf_counter()
    client = TestClient(app)
    _ = client.get("/explorer/")
    t2 = perf_counter()
    print("api read time:", t2-t1)

load()
read_db()
read_db()
read_api()
```

페이커는 미리 준비된 목록으로 이름을 생성한다. 가끔 이름이 중복될 가능성이 있기 때문에 load() 함수에서 Duplicate 예외를 잡아 이를 무시한다. 결과적으로 100,000개 이하의 탐험가 데이터를 만들 수 있다.

또한 SQLite가 쿼리를 준비하는 시간을 없애기 위해 read_db()를 두 번 호출한다. 이렇게 하면 read_api() 타이밍이 일정해진다. [예시 14-4]에 수행 결과가 나와 있다.

예시 14-4 데이터베이스 쿼리 성능 테스트

```
$ python test_load.py
100000 rows
write time: 14.868232927983627
db read time: 0.4025074450764805
db read time: 0.39750714192632586
api read time: 2.597553930943832
```

모든 탐험가 데이터를 가져올 때 웹 계층의 API가 수행하는 시간은 데이터 계층의 읽기 시간보다 훨씬 더 느리다. 이중 일부는 아마도 FastAPI가 응답을 JSON으로 변환하는 과정에서 발생하는 오버헤드일 것이다. 또한 데이터베이스에 대한 초기 쓰기 시간도 그다지 빠르지 않다. 데이터 계층 API에는 create() 함수가 있지만 create_many() 함수는 없어 한 번에 하나씩 탐험가를 기록하기 때문이다. 읽기 API는 하나(get_one()) 아니면 전체(get_all())를 반환할 수 있다. 따라서 대량의 데이터를 적재하려는 경우, 새로운 데이터 생성 함수와 (권한이 제한된) 웹 엔드포인트를 추가하는 것이 좋다.

또한 데이터베이스의 테이블이 100,000행 이상 늘어날 것으로 예상되므로, 어떤 사용자가 한 번의 API 호출로 모든 데이터를 조회하도록 하면 안 된다. 페이징^{pagination}을 사용하거나 테이블에서 CSV 파일을 다운로드할 수 있도록 하는 방법이 더 낫다.

14.6 데이터 과학과 AI

파이썬은 데이터 과학 전반, 특히 머신러닝 분야에서 가장 주목받는 언어가 됐다. 머신러닝에 필요한 대량의 데이터를 제공할 수 있기 때문이다.

개발자는 때때로 SQL로는 다루기가 까다로운 데이터를 조작하기 위해 Pandas^{판다스} 같은 외부 도구(https://oreil.ly/WFHo9)를 사용한다.

파이토치^{Pytorch}(https://pytorch.org)는 파이썬이 지닌 강점을 활용해 데이터를 조작하는 머신러닝 도구로 인기가 많다. 계산 속도를 향상하기 위해 내부에서는 C나 C++로 실행하기도 한다. 하지만 '고수준'의 데이터 통합 작업에는 파이썬이나 Go가 적합하다. 파이썬의 슈퍼셋 언어를 노리는 언어 모조^{Mojo}(https://www.modular.com/mojo)가 계획대로 성공한다면 고수준과 저수준 모두의 데이터를 처리할 수 있다. 범용 언어이긴 하지만 현재는 AI 개발 복잡도를 해결하는 데 특화돼 있다.

크로마^{Chroma}(https://www.trychroma.com)라는 새로운 파이썬 도구는 SQLite와 비슷하다. 이는 머신러닝, 특히 대규모 언어 모델(LLM)에 특화된 데이터베이스다. 시작하기(https://oreil.ly/W59nn)를 참조하자.

AI 분야가 다양하고 빠르게 발전하고 있지만, GPT-4와 챗GPT처럼 막대한 비용을 들이지 않고도 자신의 컴퓨터에서 파이썬으로 AI를 테스트할 수 있다. 작은 AI 모델을 가진 FastAPI 웹 인터페이스를 구축해보자.

> **NOTE** AI에서 사용하는 모델model이라는 용어는 Pydantic과 FastAPI에서 사용하는 모델과 의미가 다르다. Pydantic 모델은 관련 데이터 필드를 번들로 묶는 파이썬 클래스다. AI 모델은 데이터에서 패턴을 결정하는 광범위한 기술을 다룬다.

허깅페이스Hugging Face(https://huggingface.co)는 AI 모델과 데이터세트 및 이를 사용할 수 있는 파이썬 코드를 무료로 제공한다. 먼저 Pytorch와 허깅 페이스 모듈을 설치한다.

```
$ pip install torch torchvision transformers
```

[예시 14-5] 허깅페이스의 transformers 모듈은 사전 학습된 중간 크기의 오픈 소스 머신러닝 모델을 사용해 프롬프트에 응답하는 FastAPI 애플리케이션이다(유튜브 채널 CodeToTheMoon의 예시에서 발췌).

예시 14-5 최상위 수준의 LLM 테스트: ai.py

```python
from fastapi import FastAPI

app = FastAPI()

from transformers import AutoTokenizer, AutoModelForSeq2SeqLM, GenerationConfig
model_name = "google/flan-t5-base"
tokenizer = AutoTokenizer.from_pretrained(model_name)
model = AutoModelForSeq2SeqLM.from_pretrained(model_name)
config = GenerationConfig(max_new_tokens=200)

@app.get("/ai")
def prompt(line: str) -> str:
    tokens = tokenizer(line, return_tensors="pt")
    outputs = model.generate(**tokens, max_new_tokens=config.max_new_tokens)
    result = tokenizer.batch_decode(outputs, skip_special_tokens=True)
    return result[0]
```

`uvicorn ai:app` 명령어를 실행하자(항상 그렇듯이, 먼저 로컬 호스트의 8000번 포트에서 실행 중인 웹 서버가 없는지 확인해야 한다). `/ai` 엔드포인트에 다음과 같이 질문을 전달하고 답을 요청하자(HTTPie 쿼리 매개변수의 경우 ==가 두 개라는 점에 유의한다).

```
$ http -b localhost:8000/ai line=="What are you?"
"a sailor"
```

이 모델은 상당히 작다. 보다시피 질문에 대해 특별히 좋은 답변을 내놓지 못한다. 다른 프롬프트(`line` 인수)를 사용해도 답변은 비슷하다.

- Q: Are cats better than dogs?
- A: No
- Q: What does bigfoot eat for breakfast?
- A: A squid
- Q: Who comes down the chimney?
- A: A squealing pig
- Q: What group was John Cleese in?
- A: The Beatles
- Q: What has nasty pointy teeth?
- A: A teddy bear

같은 질문을 해도 답은 다양하게 나온다! 저자가 테스트할 때는 빅풋이 아침 식사로 모래를 먹는다고 답한 적이 있다. AI 용어로는 이와 같은 대답을 '환각hallucination'이라고 한다. `google/flan-75-xl` 같은 큰 모델을 사용하면 더 나은 답변을 얻겠지만, 개인용 컴퓨터에서 모델 데이터를 다운로드해 응답하기까지 더 긴 시간이 걸린다. 물론 ChatGPT 같은 모델은 찾을 수 있는 모든 데이터(모든 CPU, GPU, TPU, 기타 온갖 종류의 PU를 사용해)로 학습됐으니 우수한 답변을 할 것이다.

14.7 정리

이 장에서는 10장에서 살펴본 SQLite의 사용법을 SQL 데이터베이스와 NoSQL 데이터베이스로 확장했다. 또한 일부 SQL 데이터베이스가 JSON을 지원해 NoSQL 트릭을 수행한다는 것도 알게 됐다. 마지막으로, 머신러닝의 폭발적인 성장과 함께 더욱 중요해진 데이터베이스와 특수한 데이터 도구에 관해 설명했다.

## CHAPTER 15

파일

웹 서버는 API 요청과 HTML 같은 기존 콘텐츠 처리 외에도 양방향 파일 전송을 처리해야 한다. 매우 큰 파일은 시스템 메모리를 너무 많이 사용하지 않는 청크^{chunk}로 전송해야 할 수도 있다. 또한 Static Files를 사용해 파일 디렉터리(및 하위 디렉터리)에 대한 접근을 제공할 수도 있다.

15.1 Multipart 지원

대용량 파일을 처리하려면 FastAPI의 업로드 및 다운로드 기능에 아래의 모듈을 추가해야 한다.

- **Python-Multipart**(https://oreil.ly/FUBk7)
- **aio-files**(https://oreil.ly/OZYYR)

```
$ pip install python-multipart
$ pip install aiofiles
```

15.2 파일 업로드

FastAPI는 API 개발에 초점이 맞춰졌으며, 이 책에 나오는 대부분의 예시에서 JSON 요청과 응답을 사용했다. 하지만 다음 장에서는 다르게 처리되는 양식[form]을 보게 될 것이다. 이 장에서는 어떤 면에서 양식처럼 취급되는 파일을 다룬다. FastAPI는 파일 업로드에 File()과 UploadFile 두 가지 옵션을 제공한다.

15.2.1 File( )

File()은 직접 파일 업로드에 사용한다. 경로 함수는 동기(def)이거나 비동기(async def)일 수 있지만, 파일이 업로드되는 동안 웹 서버를 묶어 두지 않는 비동기 버전이 더 좋다. FastAPI는 파일을 청크로 가져와 메모리에서 재조립하므로 비교적 작은 파일에만 File()을 사용해야 한다. FastAPI는 입력이 JSON이라고 가정하는 대신 파일을 양식의 인자로 인코딩한다.

파일을 요청하는 코드를 작성하고 테스트하자. 테스트할 파일은 컴퓨터에 있는 파일을 가져오거나 Fastest Fish(https://oreil.ly/EnlH-)에서 다운로드할 수 있다. 나는 그곳에서 1KB 파일을 가져와 1KB.bin이라는 이름으로 로컬에 저장했다. [예시 15-1]에서, 맨 위에 있는 main.py에 다음 줄을 추가한다.

예시 15-1 FastAPI로 작은 파일 업로드 처리하기

```
from fastapi import File

@app.post("/small")
async def upload_small_file(small_file: bytes = File()) -> str:
    return f"file size: {len(small_file)}"
```

Uvicorn이 다시 시작된 후 [예시 15-2]의 HTTPie를 사용해 테스트한다.

예시 15-2 HTTPie로 작은 파일 업로드

```
$ http -f -b POST http://localhost:8000/small small_file@1KB.bin
"file size: 1000"
```

파일은 JSON 텍스트가 아닌 양식에 업로드되므로 -f(또는 --form)를 포함해야 한다.

- small_file@1KB.bin
- small_file: [예시 15-1]의 FastAPI 경로 함수에 있는 변수 이름 small_file과 일치한다.
- @: 양식을 만드는 HTTPie의 단축키
- 1KB.bin: 업로드 중인 파일

[예시 15-3]은 이에 상응하는 프로그래밍 방식의 테스트다.

예시 15-3 Requests로 작은 파일 업로드

```
$ python
>>> import requests
>>> url = "http://localhost:8000/small"
>>> files = {'small_file': open('1KB.bin', 'rb')}
>>> resp = requests.post(url, files=files)
>>> print(resp.json())
file size: 1000
```

15.2.2 UploadFile

대용량 파일의 경우 UploadFile을 사용하는 것이 좋다. 이것은 주로 메모리가 아닌 서버의 디스크에 SpooledTemporaryFile이라는 파이썬 객체를 생성한다. 또 파일과 유사한 객체로, read(), write(), seek() 메서드를 지원한다. [예시 15-4]에서 볼 수 있으며, 파일 조각이 업로드되는 동안 웹 서버가 멈추지 않도록 def 대신 async def를 사용한다.

예시 15-4 FastAPI로 대용량 파일 업로드: main.py

```
from fastapi import UploadFile

@app.post("/big")
async def upload_big_file(big_file: UploadFile) -> str:
    return f"file size: {big_file.size}, name: {big_file.filename}"
```

> **NOTE** File()은 bytes 객체를 생성하므로 괄호가 필요하다. UploadFile은 다른 클래스의 객체다.

Uvicorn이 시동을 마치고 준비되었다면 테스트 시간이다. [예시 15-5]와 [예시 15-6]은 https://fastest.fish에서 가져온 1GB 파일(1GB.bin)을 사용한다.

예시 15-5 HTTPie로 대용량 파일 업로드 테스트

```
$ http -f -b POST http://localhost:8000/big big_file@1GB.bin
"file size: 1000000000, name: 1GB.bin"
```

예시 15-6 Request로 대용량 파일 업로드 테스트하기

```
$ python
>>> import requests
>>> url = "http://localhost:8000/big"
>>> files = {'big_file': open('1GB.bin', 'rb')}
>>> resp = requests.post(url, files=files)
>>> print(resp.json())
file size: 1000000000, name: 1GB.bin
```

15.3 파일 다운로드

안타깝게도 중력 때문에 파일을 더 빠르게 다운로드하지 못한다. 대신, 업로드 방법과 비슷한 방법을 사용하겠다.

15.3.1 FileResponse

먼저 [예시 15-7]에서 한 번에, 한 곳에서 처리하는 FileResponse를 살펴본다.

예시 15-7 FileResponse를 사용해 작은 파일을 다운로드: main.py

```python
from fastapi.responses import FileResponse

@app.get("/small/{name}")
async def download_small_file(name):
    return FileResponse(name)
```

여기 어딘가에 테스트가 있다. 먼저 1KB.bin 파일을 main.py 같은 디렉터리에 넣는다. 이제 [예시 15-8]을 실행한다.

예시 15-8 HTTPie로 작은 파일 다운로드

```
$ http -b http://localhost:8000/small/1KB.bin
----------------------------------------
¦ NOTE: binary data not shown in terminal ¦
----------------------------------------
```

이 제한 사항 메시지를 신뢰할 수 없는 경우 [예시 15-9]는 출력을 wc 같은 유틸리티로 파이프해서 1,000바이트를 돌려받도록 한다.

예시 15-9 HTTPie로 작은 파일 다운로드(바이트 수 포함)

```
$ http -b http://localhost:8000/small/1KB.bin ¦ wc -c
1000
```

15.3.2 StreamingResponse

FileUpload와 마찬가지로, 대용량 파일을 다운로드할 때는 파일을 청크 단위로 반환하는 StreamingResponse를 사용하는 것이 좋다. [예시 15-10]에서는 CPU가 사용되지 않을 때 차단을 피하기 위해 async def 경로 함수를 사용한다. 파일 경로가 존재하지 않으면 open() 호출이 예외를 발생시킨다. 지금은 오류 점검 로직을 건너뛰겠다.

```python
from typing import Generator
from fastapi.responses import StreamingResponse

def gen_file(path: str) -> Generator:
    with open(file=path, mode="rb") as file:
        yield file.read()

@app.get("/download_big/{name}")
async def download_big_file(name:str):
    gen_expr = gen_file(path=name)
    response = StreamingResponse(
        content=gen_expr,
        status_code=200,
    )
    return response
```

download_big_file() 내의 gen_expr은 제너레이터 함수 gen_file()이 반환하는 제너레이터 표현식이다. StreamingResponse는 이 표현식을 이터러블 content 인수로 사용하므로 파일을 청크로 다운로드할 수 있다.

[예시 15-11]은 함께 제공되는 테스트다(이 테스트에서는 먼저 1GB.bin 파일이 main.py와 동일한 경로에 있어야 하고, 응답에 시간이 조금 더 걸린다).

예시 15-11 HTTPie로 대용량 파일 다운로드

```
$ http -b http://localhost:8000/download_big/1GB.bin | wc -c
1000000000
```

15.4 정적 파일 서비스

기존 웹 서버는 서버 파일을 일반 파일시스템에 있는 것처럼 취급할 수 있다. 여러분은 FastAPI의 StaticFiles로 이 작업을 수행할 수 있다.

예시에서는 사용자가 다운로드할 수 있는 (지루한) 무료 파일 디렉터리를 만든다.

- main.py와 같은 레벨에 static이라는 디렉터리를 만든다(어떤 이름이든 상관없다. 나는 왜 만들었는지 기억하기 쉽게 static이라고 부른다).
- abc.txt라는 텍스트 파일에 텍스트 내용을 abc :)로 입력한다.

[예시 15-12]는 정적 디렉터리의 파일과 함께 /static으로 시작하는 URL(여기서는 아무 텍스트 문자열이든 사용할 수 있음)을 모두 제공한다.

예시 15-12 StaticFiles를 사용해 디렉터리의 모든 것을 제공: main.py

```
from pathlib import Path
from fastapi import FastAPI
from fastapi.staticfiles import StaticFiles

# main.py가 포함된 디렉터리:
top = Path(_file_).resolve().parent

app.mount("/static",
    StaticFiles(directory=f"{top}/static", html=True),
    name="free")
```

top 변수를 통해 static을 main.py와 함께 배치할 수 있다. __file__ 변수는 이 파일의 전체 경로명(main.py)이다. [예시 15-13]은 [예시 15-12]를 수동으로 테스트하는 한 방법이다.

예시 15-13 정적 파일 가져오기

```
$ http -b localhost:8000/static/abc.txt
abc :)
```

StaticFiles()에 전달한 html=True 인수는 무엇일까? 이 인수를 사용하면 기존 서버와 비슷하게 작동해 해당 디렉터리에 파일이 있는 경우 index.html 파일을 반환한다. 그러나 여러분은 URL에 index.html을 명시적으로 요청하지 않았다. 따라서 정적 디렉터리에 Oh. Hi!라는 내용을 담아 index.html 파일을 생성한 다음, [예시 15-14]로 테스트한다.

예시 15-14 /static에서 index.html 파일 가져오기

```
$ http -b localhost:8000/static/
Oh. Hi!
```

파일(및 파일이 있는 하위 디렉터리들, 기타)은 원하는 만큼 가질 수 있다. /static 아래에 하위 디렉터리 xyz를 만들고 거기에 파일 두 개를 넣는다.

- **xyx.txt**: 텍스트 'xyz : ('를 포함한다.
- **index.html**: How did you find me?라는 텍스트가 포함된다.

여기서는 예시를 수록하지 않겠다. 상상력을 발휘해 직접 해보자.

15.5 정리

이 장에서는 작은 파일, 큰 파일, 심지어 기가바이트급 파일까지 업로드하고 다운로드하는 방법을 살펴보았다. 또한 정적 파일을 구식(비API) 웹 스타일로 디렉터리에서 제공하는 방법도 배웠다.

## CHAPTER 16

양식과 템플릿

FastAPI에서 'API'는 이 프레임워크의 중점이 어디에 있는지 암시한다. 하지만 FastAPI는 다른 웹 콘텐츠도 처리할 수 있다. 이 장에서는 HTML에서 데이터를 입력하는 표준인 HTML 양식form 템플릿을 설명한다.

16.1 양식

지금까지 살펴본 바와 같이 FastAPI는 주로 API를 구축하기 위해 설계됐으며 기본 입력으로 JSON을 사용한다. 하지만 그렇다고 해서 표준 바나나 HTML[1]이나 양식 등을 제공할 수 없다는 의미는 아니다.

FastAPI는 Query와 Path에서만이 아니라 HTML 양식에서도 Form을 사용해 데이터를 얻을 수 있다.

FastAPI에서 양식을 사용하려면 Python-Multipart 패키지가 필요하다. `pip install python-multipart`를 실행하자. 또한 이 장의 테스트 양식을 저장하려면 15장에서처럼 `static` 디렉터리가 필요하다.

[예시 3-11]을 다시 실행하는데, 이번에는 JSON 문자열 대신 양식을 통해 who 값을 제공한

---

1 옮긴이_ 바닐라 자바스크립트라는 용어처럼 표준 스펙에 정의된 기술만으로 작성된 HTML 문서를 뜻한다.

다. 이전의 경로 함수 greet( )가 남아 있다면 greet2( )를 따로 구현하자. [예시 16-1]을 'main.py'에 추가한다.

예시 16-1 GET 요청 양식에서 값 얻기

```
from fastapi import FastAPI, Form

app = FastAPI()

@app.get("/who2")
def greet2(name: str = Form()):
    return f"Hello, {name}?"
```

3장과의 주요 차이점은 Path, Query 등을 사용하지 않고 Form에서 값을 얻었다는 점이다.

예시 16-2 HTTPie로 GET 요청 수행

```
$ http -f -b GET localhost:8000/who2 name="Bob Frapples"
"Hello, Bob Frapples?"
```

아니면 표준 HTML 양식 파일로 요청을 보낼 수도 있다. 15장에서 (/static URL로 접근 가능한) '정적' 디렉터리를 만드는 법을 살펴보았다. 정적 디렉터리는 HTML 파일만이 아니라 어떤 파일이든 담을 수 있다. [예시 16-3]에 있는 코드를 static 디렉터리에 저장하자.

예시 16-3 GET 요청 양식: static/form1.html

```
<form action="http://localhost:8000/who2" method="get">
Say hello to my little friend:
<input type="text" name="name" value="Bob Frapples">
<input type="submit">
</form>
```

브라우저에서 http://localhost:8000/static/form1.html 파일을 열면 양식이 표시된다. rr23r23 같은 아무 문자열이나 입력하면 다음과 같은 응답이 반환된다.

```
"detail":[{"loc":["body","name"],
```

```
        "msg":"field required",
        "type":"value_error.missing"}]}
```

잉? Uvicorn이 실행되는 창에 찍힌 로그를 보자.

```
INFO: 127.0.0.1:63502 - "GET /who2?name=rr23r23 HTTP/1.1" 422 Unprocessable Entity
```

양식 필드에 name이 있는데 왜 쿼리 매개변수로 전송했을까? 이 현상은 W3C 웹사이트 (https://oreil.ly/e6CJb) 문서에 나와 있는 HTML의 이상한 동작 때문이다. URL에 있는 다른 쿼리 매개변수는 지워지고 name으로 대체된다.

그렇다면 HTTPie가 예상대로 처리한 이유는 무엇일까? 잘 모르겠다. 여하튼 이 현상은 알아 두는 편이 좋다.

공식 HTML 문법에 따라 액션을 GET에서 POST로 변경하면 된다. 따라서 [예시 16-4]와 같이 /who2에 대한 POST 엔드포인트를 추가하자.

예시 16-4 POST 양식에서 값 얻기

```
from fastapi import FastAPI, Form

app = FastAPI()

@app.post("/who2")
def greet3(name: str = Form()):
    return f"Hello, {name}?"
```

양식 역시 [예시 16-5]와 같이 get에서 post로 변경했다.

예시 16-5 POST 요청 양식: static/form2.html

```
<form action="http://localhost:8000/who2" method="post">
Say hello to my little friend:
<input type="text" name="name">
<input type="submit">
</form>
```

브라우저가 디지털의 굴레에서 벗어나 새로운 양식을 사용하도록 요청하자. 'Bob Frapples' 를 입력하고 양식을 제출하면 이번에는 HTTPie에서 얻은 결과를 얻게 된다.

```
"Hello, Bob Frapples?"
```

따라서 HTML 파일에서 양식을 제출하는 경우, POST를 사용하라.

16.2 템플릿

매드 리브스^{Mad Libs}라는 단어 게임이 있다. 사람들에게 명사나 동사, 아니면 좀 더 구체적인 단어를 말해 달라고 요청한다. 그다음 그 단어를 해당 페이지의 표시된 곳에 입력한다. 단어를 모두 입력하고 나서 전체 문장을 읽으면 웃음이 터져 나올 때도 있고 당황스러울 때도 있다.

웹 '템플릿'도 이와 비슷하지만, 보통은 당황스러운 일이 일어나지 않는다. 템플릿은 서버에 저장할 데이터를 입력받을 슬롯을 포함한 텍스트를 포함한다. 템플릿은 대부분 15장에서 본 정적 HTML과 달리 가변 콘텐츠로 HTML을 생성하기 위해 사용한다.

Flask 사용자라면 Flask의 동반 프로젝트인 Jinja(Jinja2라고도 함)(`https://jinja.palletsprojects.com`)에 대해 잘 알 것이다. Jinja는 템플릿 엔진 역할을 한다. FastAPI는 Jinja뿐만 아니라 다른 템플릿 엔진도 지원한다.

`main.py`가 있는 위치에 `template`이라는 디렉터리를 만들고 Jinja로 무장한 HTML 파일을 저장한다. 그 안에 [예시 16-6]과 같은 파일을 저장한다.

예시 16-6 템플릿 파일 정의: template/list.html

```
<html>
<table bgcolor="#eeeeee">
<tr>
  <th colspan=3>Creatures</th>
  </tr>
<tr>
  <th>Name</th>
  <th>Description</th>
```

```
    <th>Country</th>
    <th>Area</th>
    <th>AKA</th>
  </tr>
  {% for creature in creatures: %}
  <tr>
    <td>{{ creature.name }}</td>
    <td>{{ creature.description }}</td>
    <td>{{ creature.country }}</td>
    <td>{{ creature.area }}</td>
    <td>{{ creature.aka }}</td>
  </tr>
  {% endfor %}
</table>

<br>

<table bgcolor="#dddddd">
  <tr>
    <th colspan=2>Explorers</th>
  </tr>
  <tr>
    <th>Name</th>
    <th>Country</th>
    <th>Description</th>
  </tr>
  {% for explorer in explorers: %}
  <tr>
    <td>{{ explorer.name }}</td>
    <td>{{ explorer.country }}</td>
    <td>{{ explorer.description }}</td>
  </tr>
  {% endfor %}
</table>
</html>
```

화면에 표시될 모습을 신경 쓰지 않기 때문에 CSS는 적용하지 않는다. 다만 두 테이블을 구분하기 위해 CSS 이전의 기법인 오래된 `bgcolor` 테이블 속성만 사용한다.

중괄호 안에는 파이썬 변수를 삽입할 수 있다. `{%`와 `%}` 사이에 `if` 문이나 `for` 루프 등의 제어문을 기술한다. 그 외 문법이나 예시는 Jinja 문서(`https://jinja.palletsprojects.com`)를 참조하자.

[예시 16-6]의 템플릿은 creatures와 explorers라는 변수로 파이썬 객체 리스트를 받는다. 객체 타입은 Creature와 Explorer가 될 것이다.

[예시 16-7]에는 위 템플릿을 설정하기 위해 main.py에 추가해야 할 내용이 있다. 이 템플릿은 데이터베이스가 비어 있거나 연결돼 있지 않아도 이전 장에서 테스트 데이터를 제공했던 'fake' 디렉터리 아래에 있는 모듈을 사용해 생명체와 탐험가를 템플릿에 공급한다.

예시 16-7 템플릿 구성 및 사용: main.py

```python
from pathlib import Path
from fastapi import FastAPI, Request
from fastapi.templating import Jinja2Templates

app = FastAPI()

top = Path(_file_).resolve().parent

template_obj = Jinja2Templates(directory=f"{top}/template")

# 미리 정의된 친구들 목록을 가져온다
from fake.creature import _creatures as fake_creatures
from fake.explorer import _explorers as fake_explorers

@app.get("/list")
def explorer_list(request: Request):
    return template_obj.TemplateResponse("list.html",
        {"request": request,
        "explorers": fake_explorers,
        "creatures": fake_creatures})
```

여러분이 즐겨 사용하는 브라우저에서든 그닥 좋아하지 않는 브라우저에서든 http://localhost:8000/list를 요청하면 [그림 16-1] 같은 결과를 볼 수 있다.

Creatures				
Name	Description	Country	Area	AKA
Yeti	Hirsute Himalayan	CN	Himalayas	Abominable Snowman
Bigfoot	New world Cousin Eddie of the yeti	US	*	Sasquatch

Explorers		
Name	Country	Description
Claude Hande	FR	보름달이 뜨면 만나기 힘듦
Noah Weiser	DE	눈이 나쁘고 벌목도를 가지고 다님

그림 16-1 /list에 대한 결과

16.3 정리

이 장에서는 API 관련 주제가 아닌 양식과 템플릿 등에 대해 FastAPI가 어떻게 처리하는지 간략히 살펴보았다. 이는 이전 장에서 다룬 파일 처리와 함께 자주 접하게 되는 전통적인 웹 작업이다.

## CHAPTER 17

데이터 탐색 및 시각화

FastAPI는 이름에 API가 들어가긴 하지만, API 이상의 역할을 한다. 이 장에서는 전 세계의 가상 생명체로 구성된 작은 데이터베이스를 사용해 데이터에서 표, 점도표, 그래프, 지도를 생성하는 방법을 알아본다.

17.1 파이썬과 데이터

파이썬은 다음 이유로 지난 몇 년 동안 큰 인기를 얻었다.

- 배우기 쉬움
- 문법이 간결함
- 표준 라이브러리가 풍부함
- 고품질 서드파티 패키지가 방대함
- 데이터 조작, 변환, 관찰에 강력함

마지막 이유는 항상 데이터베이스 생성을 위한 전통적인 ETL[1] 작업과 관련된다. 비영리 단체인 PyData(`https://pydata.org`)는 콘퍼런스를 주최하고 파이썬으로 오픈 소스 데이터 분

---

1 옮긴이_ Extract, Transform, Load의 약자로, 데이터 추출, 변환, 저장 작업을 가리킨다.

석을 위한 도구를 개발하기도 한다. 파이썬의 인기는 최근 AI의 급증과, AI 모델에 공급될 데이터를 마련하기 위한 도구의 필요성을 나타내기도 한다. 이 장에서는 파이썬 데이터 패키지를 몇 가지 사용해보고 최신 파이썬 웹 개발 및 FastAPI와 어떻게 연관되는지 살펴본다.

17.2 PSV 텍스트 출력

이 절에서는 부록 B에 나열된 생명체를 사용한다. 데이터는 이 책의 깃허브 리포지터리 ch_17 브랜치에 있는 파이프 구분 파일 db/creature.psv와 SQLite 데이터베이스 db/cryptid.db 에 있다. 쉼표로 구분된(.csv) 파일과 탭으로 구분된(.tsv) 파일이 일반적이지만, 쉼표는 데이터 셀 자체 내에서 사용되며 탭은 다른 공백과 구분하기 어려운 경우가 있다. 파이프 문자 (|)는 뚜렷하고 표준 텍스트에서 드물게 사용되므로 구분 기호로 사용하기 좋다.

간단하게 텍스트 출력 예시만 사용해 .psv 텍스트 파일을 먼저 사용한 다음, SQLite 데이터베이스를 사용해 전체 웹 예시를 살펴본다.

.psv 파일의 초기 헤더 줄에는 필드 이름이 포함된다.

- name
- country (*는 여러 국가를 의미)
- area (선택 사항, 미국 주나 그 외 국가 지역)
- description
- aka (별칭)

파일의 나머지 줄은 한 번에 하나의 생명체를 설명하며, 필드는 | 문자로 구분된 순서대로 나열한다.

17.2.1 CSV

[예시 17-1]은 생명체 데이터를 파이썬 데이터 구조로 읽어 들인다. 먼저, 파이프로 구분된 파일 creature.psv를 표준 파이썬 csv 패키지로 읽으면, 각 튜플이 파일에서 데이터의

한 줄을 나타내는 튜플 목록이 생성된다. (csv 패키지에는 딕셔너리 목록을 대신 반환하는 DictReader도 들어 있다). 이 파일의 첫 번째 줄은 열의 이름이 포함된 헤더다. 이 헤더가 없어도 csv 함수에 인수를 통해 헤더를 제공할 수 있다. 예시에는 타입 힌트가 포함됐지만, 이전 버전의 파이썬을 사용하는 경우 이를 삭제해도 코드가 계속 작동한다. 나무를 보호하기 위해 헤더와 처음 다섯 줄만 인쇄한다.[2]

예시 17-1 csv로 PSV 파일 읽기: load_csv.py

```
import csv
import sys

def read_csv(fname: str) -> list[tuple]:
    with open(fname) as file:
        data = [row for row in csv.reader(file, delimiter="¦")]
    return data

if __name__ == "__main__":
    data = read_csv(sys.argv[1])
    for row in data[0:5]:
        print(row)
```

이제 [예시 17-2]에서 테스트를 실행한다.

예시 17-2 CSV 데이터베이스 불러오기 테스트

```
$ python load_csv.py db/creature.psv
['name', 'country', 'area', 'description', 'aka']
['Abaia', 'FJ', ' ', 'Lake eel', ' ']
['Afanc', 'UK', 'CYM', 'Welsh lake monster', ' ']
['Agropelter', 'US', 'ME', 'Forest twig flinger', ' ']
['Akkorokamui', 'JP', ' ', 'Giant Ainu octopus', ' ']
['Albatwitch', 'US', 'PA', 'Apple stealing mini Bigfoot', ' ']
```

---

2 만약 톨킨의 소설에 나오는 엔트 같은 나무가 있다면, 오밤중에 우리 집 현관을 찾아오는 일은 없기를 바란다(**옮긴이_** J.R.R. 톨킨의 소설에 등장하는 나무 형태의 거인 종족으로, 숲과 식물을 보호한다).

17.2.2 python-tabulate

오픈 소스 도구인 python-tabulate(`https://oreil.ly/L0f6k`)를 사용하겠다. 이 도구는 표 형식 출력을 위해 특별히 설계됐다. 먼저 `pip install tabulate`를 실행한다. [예시 17-3]은 코드를 보여준다.

예시 17-3 python-tabulate로 PSV 파일 읽기: load_tabulate.py

```python
from tabulate import tabulate
import sys
import csv

def read_csv(fname: str) -> list[tuple]:
    with open(fname) as file:
        data = [row for row in csv.reader(file, delimiter="¦")]
    return data

if _name_ == "_main_":
    data = read_csv(sys.argv[1])
    print(tabulate(data[0:5]))
```

[예시 17-4]에서 [예시 17-3]을 실행한다.

예시 17-4 tabulate로 불러오기

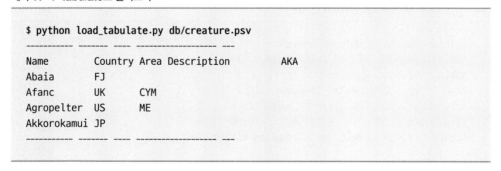

```
$ python load_tabulate.py db/creature.psv
---------- ------- ---- ------------------ ---
Name       Country Area Description        AKA
Abaia      FJ
Afanc      UK      CYM
Agropelter US      ME
Akkorokamui JP
---------- ------- ---- ------------------ ---
```

17.2.3 Pandas

앞의 두 가지 예는 출력 형태였다. Pandas판다스(`http://pandas.pydata.org`)는 데이터를 잘라내고 가공하는 데 탁월한 도구다. 표, 딕셔너리, 시계열의 조합인 DataFrame(`https://oreil.ly/j-8eh`) 같은 진보한 구조체는 표준 파이썬 데이터 구조를 능가한다. 또한 `.csv` 및 기타 문자로 구분된 파일도 읽는다. `pip install pandas`로 패키지를 설치하자.

[예시 17-5]는 앞의 예시와 비슷하지만, Pandas는 튜플 목록 대신 데이터프레임을 반환한다.

예시 17-5 Pandas를 사용해 PSV 파일 읽기: load_pandas.py

```python
import pandas
import sys

def read_pandas(fname: str) -> pandas.DataFrame:
    data = pandas.read_csv(fname, sep="¦")
    return data

if __name__ == "__main__":
    data = read_pandas(sys.argv[1])
    print(data.head(5))
```

[예시 17-6]에서 [예시 17-5]를 실행한다.

예시 17-6 Pandas로 불러오기

```
$ python load_pandas.py db/creature.psv
        name country area                description aka
0        Abaia      E7                       Lake eel
1        Afanc      UK  CYM        Welsh lake monster
2   Agropelter      US  ME        Forest twig flinger
3 Akkorokamui      JP               Giant Ainu octopus
4   Albatwitch      US  PA Apple stealing mini Bigfoot
```

Pandas에는 흥미로운 기능이 많으니, 살펴보기 바란다.

17.3 SQLite 데이터 소스 및 웹 출력

이 장의 나머지 예시에서는 이전 장의 웹사이트 코드 일부를 사용해 SQLite 데이터베이스에서 생명체 데이터를 읽는다. 그런 다음 다양한 레시피로 데이터를 잘게 자르고, 돌리고, 양념에 재겠다. 단순한 텍스트 출력 대신, 각 예시를 계속 성장하고 있는 크립티드 웹사이트에 설치한다. 기존 웹, 서비스, 데이터 계층에 몇 가지 사항을 추가해야 한다.

먼저 모든 생명체 데이터를 반환하는 웹 계층 함수와 연결된 HTTP GET 경로가 필요하다. 이미 하나 있다! 모든 것을 가져오는 웹 호출을 만들되, 다시 처음 몇 줄만(나무들…) 표시하자. 이 과정을 나타낸 코드가 바로 [예시 17-7]이다.

예시 17-7 생명체 다운로드 테스트 실행(일부 발췌, 나무를 지키자)

```
$ http -b localhost:8000/creature
[
    {
        "aka": "AKA",
        "area": "Area",
        "country": "Country",
        "description": "Description",
        "name": "Name"
    },
    {
        "aka": " ",
        "area": " ",
        "country": "FJ",
        "description": "Lake eel",
        "name": "Abaia"
    },
    ...
]
```

17.3.1 차트/그래프 패키지

이제 텍스트를 지나쳐 GUI로 넘어갈 수 있다. 그래픽 데이터 표시에 사용하는 가장 유용하고 인기 있는 파이썬 패키지는 다음과 같다.

- **Matplotlib**(https://matplotlib.org): 기능이 많지만, 예쁜 결과를 얻으려면 조작이 필요하다.
- **Plotly**(https://plotly.com/python): 상호작용 그래프에 중점을 둔 패키지로 Matplotlib, Seaborn과 유사하다.
- **Dash**(https://dash.plotly.com): 일종의 데이터 대시보드로서 Plotly 위에 구축됐다.
- **Seaborn**(https://seaborn.pydata.org): Matplotlib을 기반으로 하며 더 높은 수준의 인터페이스를 제공하지만, 그래프 유형이 더 적다.
- **Bokeh**(http://bokeh.org): 자바스크립트와 통합해 매우 큰 데이터 집합의 대시보드 뷰를 제공한다.

패키지를 선택할 때 고려할 기준이다.

- 그래프 유형(예: 산포형, 막대형, 선형)
- 꾸미기
- 사용 편의성
- 성능
- 데이터 제한

'시각화를 위한 상위 6가지 파이썬 라이브러리: 어떤 것을 사용할까?'(https://bit.ly/3TwMu7T)와 같은 비교 방식도 선택하는 데 도움이 된다. 최종 선택 시 자신이 충분히 파악한 라이브러리로 결정하는 경우가 많다. 이 장에서는 코딩을 많이 하지 않고도 매력적인 도표를 만들 수 있는 Plotly를 선택한다.

17.3.2 차트 예시 1: 테스트

Plotly플로틀리는 다양한 수준의 제어 및 세부 기능을 갖춘 오픈 소스(무료) 파이썬 라이브러리다. 다음은 연관된 패키지다.

- **Plotly Express**(https://plotly.com/python/plotly-express): Plotly 최소 기능 라이브러리
- **Plotly**(https://plotly.com/python): 메인 라이브러리
- **Dash**(https://dash.plotly.com): 데이터 응용 도구
- **Dash Enterprise**(https://dash.plotly.com/dash-enterprise): 유일한 유료 도구

생명체 데이터에서 어떤 시각화를 시도할 수 있을까? 차트와 그래프에는 몇 가지 일반적인 형

태가 있다.

- 점도표
- 선형
- 막대형
- 누적막대형
- 상자형(통계)

우리가 가진 데이터 필드는 모두 문자열이며, 예시에서 로직과 통합 단계가 지나치게 복잡해지지 않도록 의도적으로 최소화했다. 각 예시에서는 이전 장의 코드를 사용해 SQLite 데이터베이스에서 모든 생명체 데이터를 읽고, 웹과 서비스 함수를 추가해 Plotly 라이브러리 함수에 공급할 특정 데이터를 선택한다. 먼저 이미지를 내보내는 데 필요한 Plotly와 라이브러리를 설치한다.

```
$ pip install plotly kaleido
```

그런 다음 [예시 17-8]에서 web/creature.py에 테스트 함수를 추가해서 올바른 위치에 올바른 부품이 있는지 확인한다.

예시 17-8 점도표 테스트 엔드포인트 추가: web/creature.py

```
# web/creature.py에 아래 코드를 추가한다.

from fastapi import Response
import plotly.express as px

@router.get("/test/")
def test():
    df = px.data.iris()
    fig = px.scatter(df, x="sepal_width", y="sepal_length", color="species")
    fig_bytes = fig.to_image(format="png")
    return Response(content=fig_bytes, media_type="image/png")
```

공식 문서에서는 방금 만든 이미지를 표시하기 위해 fig.show()를 호출할 것을 권장하지만, 우리는 FastAPI와 Starlette의 작업 방식에 맞추는 중이다. 따라서 먼저 fig_bytes(이미지의 실제 byte 내용)를 가져온 다음 커스텀 Response 객체를 반환한다.

web/creature.py에 이 엔드포인트를 추가하고 웹 서버를 재시작한 후(--reload로 Uvicorn
을 실행한 경우 자동 반영된다), 브라우저의 위치 표시줄에 localhost:8000/creature/
test/를 입력해 이 새 엔드포인트에 접근하자. 그럼 [그림 17-1]이 표시될 것이다.

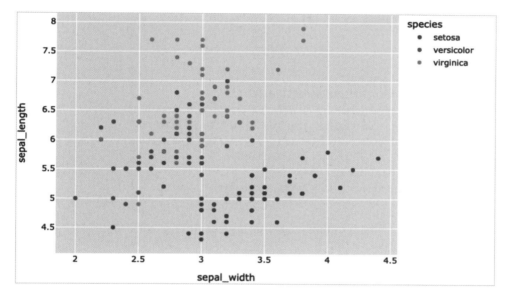

그림 17-1 Plotly 이미지 테스트

Uvicorn에서 ValueError: 'not' is not a valid parameter name 같은 이상한 오류가 발생
하면 Pydantic을 업데이트해(pip install -U pydantic) 버그를 수정하자.

17.3.3 차트 예시 2: 히스토그램

모든 것이 잘 됐다면 이제 생명체 데이터를 다뤄보자. web/creature.py에 plot() 함수를 추
가한다. service/creature.py와 data/creature.py의 get_all() 함수를 통해 데이터베이
스에서 모든 생명체 데이터를 가져온다. 그런 다음 원하는 것을 추출하고 Plotly를 사용해 결
과를 다양한 이미지로 표시한다. 첫 번째 트릭(예시 17-9)에서는 이름 필드를 사용해 각 문자
로 시작하는 생명체 이름의 개수를 나타내는 막대 차트를 만들겠다.

예시 17-9 생명체 이름 이니셜이 있는 막대 차트

```
# web/creature.py에 아래 코드를 추가한다.

from collections import Counter
from fastapi import Response
import plotly.express as px
from service.creature import get_all

@router.get("/plot/")
def plot():
    creatures = get_all()
    letters = "ABCDEFGHIJKLMNOPQRSTUVWXYZ"
    counts = Counter(creature.name[0] for creature in creatures)
    y = { letter: counts.get(letter, 0) for letter in letters }
    fig = px.histogram(x=list(letters), y=y, title="Creature Names",
        labels={"x": "Initial", "y": "Initial"})
    fig_bytes = fig.to_image(format="png")
    return Response(content=fig_bytes, media_type="image/png")
```

브라우저의 위치 표시줄에 `localhost:8000/creature/plot/`을 입력한다. 그림 [그림 17-2]
가 표시된다.

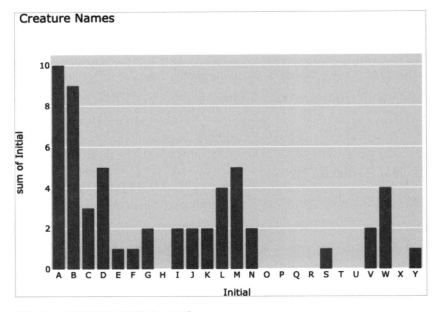

그림 17-2 생명체 이름 이니셜 히스토그램

17.3.4 지도 패키지

구글에서 파이썬과 지도 관련 자료를 찾기 위해 'python map'을 검색하면 파이썬 언어에 내장된 매핑 타입$^{mapping\ type}$인 파이썬 딕셔너리에 대한 링크가 많이 나오는데, 이는 같은 것이 아니다. 따라서 GIS, 지리, 지도학, 공간 등의 동의어를 사용해야 할 수도 있다. 인기 있는 패키지 일부는 목록에 있는 패키지를 기반으로 구축됐으며 다음과 같다.

- **PyGIS**(https://oreil.ly/3QvCz): 파이썬에서 공간 데이터 처리를 위한 참조 자료
- **PySAL**(https://pysal.org): 파이썬 공간 분석 라이브러리
- **Cartopy**(https://oreil.ly/YnUow): 지리공간 데이터 분석 및 매핑
- **Folium**(https://oreil.ly/72luj): 자바스크립트와 통합
- **Python Client for Google Maps Services**(https://oreil.ly/LWfS5): 구글 지도에 대한 API 접근
- **Geemap**(https://geemap.org): 구글 어스 지원
- **Geoplot**(https://oreil.ly/Slfvc): Cartopy 및 Matplotlib 라이브러리 확장
- **GeoPandas**(https://geopandas.org): 우리의 친구 Pandas의 확장
- **ArcGIS와 ArcPy**(https://oreil.ly/l7M5C): Esri의 오픈 소스 인터페이스[3]

지도 선택 시 고려할 사항은 점도표/그래프 패키지의 선택 기준과 비슷하다.

- 지도 유형(예: 단계구분도, 벡터, 래스터)
- 꾸미기
- 사용 편의성
- 성능
- 데이터 제한

지도는 차트나 그래프처럼 유형이 많아 다양한 용도로 사용할 수 있다.

---

3 옮긴이_ ESRI는 1969년에 Environmental Systems Research Institute라는 이름으로 설립된 소프트웨어 컨설팅 회사이며, 전 세계 GIS 소프트웨어 사용자의 80%를 점유하고 있다(출처: 위키백과).

17.3.5 지도 예시

이 예시에서는 Plotly를 다시 사용한다. 너무 기본적이지 않고 과하게 복잡하지도 않아서, 작은 웹 기반 맵을 FastAPI와 통합하는 데 도움이 된다.

[예시 17-10]은 생명체의 두 문자 ISO 국가 코드를 가져온다. 하지만 Plotly 지도(모양이 변하는 암호처럼 들리는 Choropleth^{코로플레스}[4])를 그리는 함수가 우리가 가진 두 문자 코드가 아닌 세 문자 ISO 국가 코드 표준을 사용하려는 것으로 밝혀졌다. 이런! 데이터베이스와 PSV 파일의 코드를 전부 다시 실행할 수도 있지만, `pip install country_converter`를 실행해 국가 코드 집합을 다른 국가 코드 집합에 매핑하는 것이 더 간편하다.

예시 17-10 크립티드가 있는 국가 지도 그리기: web/creature.py

```python
# web/creature.py에 아래 코드를 추가한다.

import plotly.express as px
import country_converter as coco

@router.get("/map/")
def map():
    creatures = service.get_all()
    iso2_codes = set(creature.country for creature in creatures)
    iso3_codes = coco.convert(names=iso2_codes, to="ISO3")
    fig = px.choropleth(
        locationmode="ISO-3",
        locations=iso3_codes)
    fig_bytes = fig.to_image(format="png")
    return Response(content=fig_bytes, media_type="image/png")
```

브라우저에서 `localhost:8000/creature/map/`을 실행하고, 운이 좋으면 크립티드가 존재하는 국가가 표시된 지도를 볼 수 있다(그림 17-3).

---

4 옮긴이_ 어떤 기준에 의해 영역별 색상이 다르게 보이는 지도다.

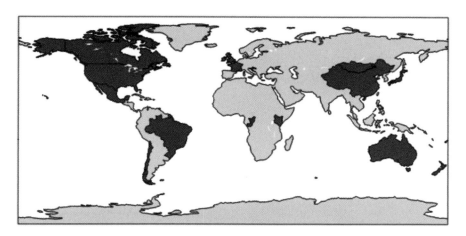

그림 17-3 크립티드가 있는 국가가 표시된 지도

country가 US인 경우, 두 문자로 된 주 코드인 area 필드를 사용해서 이 맵을 확장해 미국에 초점을 맞출 수 있다. locationmode="USA-states"를 사용하고 해당 area 값을 px.choropleth()의 locations 매개변수에 할당한다.

예시 17-11 크립티드가 있는 국가가 표시된 지도

```python
# web/creature.py에 아래 코드를 추가한다.

@router.get("/map2/")
def map():
    creatures = service.get_all()
    areas = [creature.area for creature in creatures]
    fig = px.choropleth(
        locationmode="USA-states",
        locations=areas)
    fig_bytes = fig.to_image(format="png")
    return Response(content=fig_bytes, media_type="image/png")
```

브라우저에서 localhost:8000/creature/map2을 실행하면 미국 내 분포를 볼 수 있다.

그림 17-4 크립티드가 있는 주를 표시한 미국 지도

17.4 정리

집 근처를 크립티드가 돌아다니고 있지는 않은가? 이 장에서는 다양한 점도표, 그래프, 지도를 그리는 도구로 생명체들의 데이터베이스를 조사해보았다.

## CHAPTER 18

게임

게임은 단순한 텍스트부터 화려한 멀티플레이어 3D 게임까지 다양한 분야를 다룬다. 이 장에서는 간단한 게임을 예로 들어 웹 엔드포인트가 여러 단계에 걸쳐 사용자와 상호작용하는 방법을 설명한다. 이 프로세스는 지금까지 보았던 일회성 요청–응답 웹 엔드포인트와 다르다.

18.1 파이썬 게임 패키지

게임 제작에 파이썬을 실제로 사용하고자 할 때 유용한 도구를 소개한다.

- **텍스트 기반 게임**

  - Adventurelib(`https://adventurelib.readthedocs.io`)

- **그래픽 기반 게임**

  - PyGame(`https://www.pygame.org`), primer(`https://realpython.com/pygame-a-primer`)

  - pyglet(`https://pyglet.org`)

  - Python Arcade(`https://api.arcade.academy`)

  - HARFANG(`https://www.harfang3d.com`)

  - Panda3D(`https://docs.panda3d.org`)

이 장에서는 앞서 소개한 예시 코드를 사용하지 않는다. 코드가 너무 방대하고 복잡해져서 FastAPI로 간단히 만드는 웹사이트(API 및 기존 콘텐츠) 제작이라는 이 책의 목표에서 벗어나기 때문이다.

18.2 게임 로직 분리

게임을 만드는 방법은 매우 다양하다. 클라이언트와 서버는 어떤 작업을 하고, 무엇을 어디에 보관할까? 웹에는 상태란 것이 존재하지 않으므로, 클라이언트가 서버를 호출할 때마다 서버는 기억상실증에 걸려 맹세코 이 클라이언트를 본 적이 없다고 한다. 따라서 게임 진행에 따라 유지할 데이터를 모두 연결하기 위해 어딘가에 '상태'를 저장해야 한다.

게임의 클라이언트를 자바스크립트로만 작성해 모든 상태를 유지할 수 있다. 자바스크립트를 잘 알고 있다면 좋은 해결책이지만, 그렇지 않다면(만일의 가능성을 얘기하는 것이다. 여러분이 파이썬 책을 읽고 있으니 말이다) 파이썬이 할 수 있도록 해보자.

반대의 극단적인 예로, 서버를 많이 사용하는 애플리케이션을 작성할 수 있다. 초반의 웹 호출에서 특정 게임에 대한 고유 ID를 생성하고, 이후 게임 단계에서 다른 데이터와 함께 해당 ID를 서버에 전달하고, 데이터베이스와 같은 서버 측 데이터 저장소에서 모든 변경 상태를 유지하도록 할 수 있다.

마지막으로, 게임을 일련의 클라이언트-서버 웹 엔드포인트 호출로 구성된 단일 페이지 애플리케이션single-page application(SPA)으로 만들 수 있다. SPA는 일반적으로 자바스크립트가 서버에 Ajax 호출을 하고 받은 응답으로 전체 페이지가 아니라 일부 영역을 갱신한다. 클라이언트의 자바스크립트와 HTML이 일부 작업을 수행하고 서버는 일부 로직과 데이터를 처리한다.

18.3 게임 설계

어떤 게임을 만들까? 간단한 워들wordle 게임(https://oreil.ly/PuD-Y)을 만들겠다. 단 'cryptid.db' 데이터베이스에 있는 생명체의 이름만 사용한다. 특히 부록 B를 참고해 속임수를 쓰면 워들보다 훨씬 더 쉽게 만들 수 있다.

게임 로직은 앞 절의 마지막 접근 방식인 균형 잡힌 방법을 사용한다.

1 클라이언트에서 React, Angular, jQuery와 같이 잘 알려진 자바스크립트 라이브러리 대신 바닐라 자바스크립트를 사용한다.

2 새로운 FastAPI 엔드포인트 GET /game으로 게임을 시작한다. 이 엔드포인트는 크립티드 데이터베이스에서 임의의 생명체 이름을 가져와서, 이 이름을 HTML, CSS, 자바스크립트로 구성된 Jinja 템플릿 파일에 hidden 속성을 지닌 텍스트로 삽입해 반환한다.

3 클라이언트는 반환된 HTML 및 자바스크립트를 이용해 워들과 같은 인터페이스를 표시한다. 숨겨진 생명체 이름의 각 문자에 대해 하나씩 상자가 나타난다.

4 사용자가 각 상자에 문자를 입력하고 정답을 제출하면, 추측한 이름과 숨겨진 실제 이름이 서버에 제출된다. 이 작업은 자바스크립트의 fetch() 함수를 사용하는 AJAX 호출로 이루어진다.

5 다음으로 POST /game 엔드포인트를 만든다. 이 엔드포인트는 추측한 이름과 숨겨져 있는 실제 이름을 제출하고 점수를 매긴 후 점수를 클라이언트에 반환한다.

6 클라이언트는 점수표에 행을 새로 추가하고 적절한 CSS 색상으로 추측한 이름과 점수를 표시한다. 추측한 글자와 위치가 맞다면 그 문자는 녹색으로, 이름에 포함됐지만 위치가 다른 글자는 노란색으로, 정답에 없는 글자는 회색으로 표시한다. 점수는 일련의 단일 문자로 이루어진 문자열로, 추측한 글자의 올바른 색상을 표시하기 위해 CSS 클래스 이름으로 사용된다.

7 모든 글자가 녹색이면 축하 표시를 한다. 모두 녹색이 아니라면 클라이언트는 다시 이름을 입력할 수 있도록 텍스트 입력 상자를 새로 표시한다. 이름을 맞히거나 포기할 때까지 4번 단계를 반복한다. 생명체 이름은 대부분 일상 용어가 아니다. 부록 B를 확인하자.

이 규칙은, 다섯 글자로 된 단어만 허용하고 여섯 단계로 진행하는 워들의 공식 버전과 약간 다르다.

너무 기대하지 말자. 이 책의 많은 예시와 마찬가지로 게임 로직과 디자인은 최소한 여러 조각이 함께 작동할 수 있을 정도로만 구성했다. 작업 기반을 갖추면 훨씬 더 많은 스타일과 우아함을 부여할 수 있다.

18.4 웹 계층 1: 게임 초기화

새로운 웹 엔드포인트가 두 개 필요하다. 생명체의 이름을 다루는 게임이므로, 엔드포인트의 이름을 GET /creature/game, POST /creature/game과 같이 하고자 할 수 있다. 하지만 이런 이름은 문제가 있다. 이미 비슷한 엔드포인트인 GET /creature/{name}과 POST /creature/{name}이 있어서 FastAPI가 이 엔드포인트로 먼저 인식하기 때문이다. 따라서 새로운 최상위 라우팅 네임스페이스로 /game을 만들고 그 아래에 두 개의 새 엔드포인트를 배치한다.

[예시 18-1]의 첫 번째 엔드포인트는 게임을 초기화한다. 데이터베이스에서 임의의 생명체 이름을 가져와서 다단계 게임 로직을 구현한 클라이언트 코드를 함께 반환한다. 이를 위해 HTML, CSS, 자바스크립트가 포함된 Jinja 템플릿(16장에서 살펴본)을 사용한다.

예시 18-1 웹 게임 초기화: web/game.py

```python
from pathlib import Path

from fastapi import APIRouter, Body, Request
from fastapi.templating import Jinja2Templates

from service import game as service

router = APIRouter(prefix = "/game")

# 게임 초기화
@router.get("")
def game_start(request: Request):
    name = service.get_word()
    top = Path(_file_).resolve().parents[1]  # 2단계 상위 디렉터리
    templates = Jinja2Templates(directory=f"{top}/template")
    return templates.TemplateResponse("game.html",
        {"request": request, "word": name})

# 다음 단계 요청
@router.post("")
async def game_step(word: str = Body(), guess: str = Body()):
    score = service.get_score(word, guess)
    return score
```

FastAPI는 game_start() 경로 함수에 request 매개변수가 있어야 하며, 템플릿에 이를 인수로 전달한다.

다음으로, [예시 18-2]에서 /game 서브 라우터를 /explorer 및 /creature 경로를 관리하는 메인 모듈에 연결한다.

```python
from fastapi import FastAPI
from web import creature, explorer, game

app = FastAPI()

app.include_router(explorer.router)
app.include_router(creature.router)
app.include_router(game.router)

if __name__ == "__main__":
    import uvicorn
    uvicorn.run("main:app",
        host="localhost", port=8000, reload=True)
```

18.5 웹 계층 2: 게임 단계

클라이언트 측 템플릿의 가장 큰 구성 요소(HTML, CSS, 자바스크립트)가 [예시 18-3]에 나와 있다.

예시 18-3 작업 중인 Jinja 템플릿 파일: template/game.html

```html
<head>
<style>
html * {
  font-size: 20pt;
  font-family: Courier, sans-serif;
} body {
  margin: 0 auto;
  max-width: 700px;
}
input[type=text] {
  width: 30px;
  margin: 1px;
  padding: 0px;
  border: 1px solid black;
}
```

```
td, th {
  cell-spacing: 4pt;
  cell-padding: 4pt;
  border: 1px solid black;
}
.H { background-color: #00EE00; } /* hit (green) */
.C { background-color: #EEEE00; } /* close (yellow) */
.M { background-color: #EEEEEE; } /* miss (gray) */
</style>
</head>
<body>
<script>
function show_score(guess, score){
    var table = document.getElementById("guesses");
    var row = table.insertRow(row);
    for (var i = 0; i < guess.length; i++) {
        var cell = row.insertCell(i);
        cell.innerHTML = guess[i];
        cell.classList.add(score[i]);
    }
    var word = document.getElementById("word").value;
    if (guess.toLowerCase() == word.toLowerCase()) {
        document.getElementById("status").innerHTML = "&#x1F600";
    }
}

async function post_guess() {
    var word = document.getElementById("word").value;
    var vals = document.getElementsByName("guess");
    var guess = "";
    for (var i = 0; i < vals.length; i++) {
        guess += vals[i].value;
    }
    var req = new Request("http://localhost:8000/game", {
            method: "POST",
            headers: {"Content-Type": "application/json"},
            body: JSON.stringify({"guess": guess, "word": word})
        }
    )
    fetch(req)
        .then((resp) => resp.json())
        .then((score) => {
            show_score(guess, score);
            for (var i = 0; i < vals.length; i++) {
```

```
                vals[i].value = "";
            }
        });
}
</script>
<h2>Cryptonamicon</h2>

<table id="guesses">
</table>

<span id="status"></span>

<hr>

<div>
{% for letter in word %}<input type=text name="guess">{% endfor %}
<input type=hidden id="word" value="{{word}}">
<br><br>
<input type=submit onclick="post_guess()">
</div>

</body>
```

18.6 서비스 계층 1: 초기화

[예시 18-4]는 웹 계층의 게임 시작 기능 요청에 대해 데이터 계층에서 제공하는 임의의 생명체 이름을 가져오는 코드다.

예시 18-4 점수 계산: service/game.py

```
import data.game as data

def get_word() -> str:
    return data.get_word()
```

18.7 서비스 계층 2: 점수 계산

[예시 18-5]를 [예시 18-4]의 코드 다음에 추가한다. 점수는 추측한 문자가 올바른 위치에서 일치하는지, 다른 위치에서 일치하는지 아니면 틀렸는지를 나타내는 단일 문자로 된 문자열이다. 추측한 이름과 정답은 모두 소문자로 변환돼 대소문자를 구분하지 않고 비교한다. 추측한 단어의 길이가 숨겨진 단어와 같지 않으면 점수는 빈 문자열로 반환된다.

예시 18-5 점수 계산: service/game.py

```python
from collections import Counter, defaultdict

HIT = "H"
MISS = "M"
CLOSE = "C"  # (문자가 맞지만 위치가 틀렸다.)
ERROR = ""

def get_score(actual: str, guess: str) -> str:
    length: int = len(actual)
    if len(guess) != length:
        return ERROR
    actual_counter = Counter(actual) # {letter: count, ...}
    guess_counter = defaultdict(int)
    result = [MISS] * length
    for pos, letter in enumerate(guess):
        if letter == actual[pos]:
            result[pos] = HIT
            guess_counter[letter] += 1
    for pos, letter in enumerate(guess):
        if result[pos] == HIT:
            continue
        guess_counter[letter] += 1
        if (letter in actual and
            guess_counter[letter] <= actual_counter[letter]):
            result[pos] = CLOSE
    result = ''.join(result)
    return result
```

18.8 즐거운 테스트!

[예시 18-6]에는 서비스 계층의 점수 계산을 하는 pytest 예시가 포함됐다. 테스트 함수에 반복문을 작성하는 대신 pytest가 제공하는 **parameterize** 기능(매개변수화 테스트)을 사용해 여러 테스트 케이스를 전달한다. [예시 18-5]에서 H는 적중, C는 근접(잘못된 위치), M은 불합격을 나타낸다.

예시 18-6 테스트 점수 계산: test/unit/service/test_game.py

```
word = "bigfoot"
guesses = [
    ("bigfoot", "HHHHHHH"),
    ("abcdefg", "MCMMMCC"),
    ("toofgib", "CCCHCCC"),
    ("wronglength", ""),
    ("", ""),
]

@pytest.mark.parametrize("guess,score", guesses)
def test_match(guess, score):
    assert game.get_score(word, guess) == score
```

실행 결과는 다음과 같다.

```
$ pytest -q test/unit/service/test_game.py
.....                                                          [100%]
5 passed in 0.05s
```

18.9 데이터 계층: 초기화

[예시 18-7]에는 새로 작성한 'data/game.py' 모듈이 있다. 여기에는 하나의 함수만 있으면 된다.

```
from .init import curs

def get_word() -> str:
    qry = "select name from creature order by random() limit 1"
    curs.execute(qry)
    row = curs.fetchone()
    if row:
        name = row[0]
    else:
        name = "bigfoot"
    return name
```

18.10 크립토나미콘 실행

지금부터 크립토나미콘(누군가 더 나은 이름을 추천해주길 바란다)을 실행하자. 브라우저에서 http://localhost:8000/game 페이지로 이동하면 다음과 같은 초기 화면이 표시된다.

추측한 글자를 입력한 후 제출하면 어떤 결과가 나오는지 확인한다.

Cryptonamicon

| a | b | c | d | e | f | g |

Submit

b, f, g가 노란색으로 표시됐는데(실제 화면에서는 색이 보인다!), 이는 이름에는 들어 있지만 위치가 잘못됐다는 뜻이다.

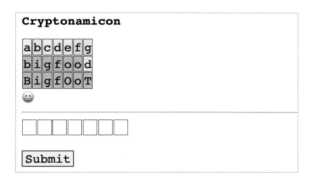

다시 이름을 입력하되, 마지막 글자를 지우자. 두 번째 줄에 녹색이 많이 보인다. 거의 다 됐다!

마지막 글자를 제대로 입력한다. 대소문자를 구분하지 않아도 일치하는지 확인하기 위해 일부 글자를 대문자로 입력하자.

18.11 정리

HTML, 자바스크립트, CSS, FastAPI를 사용해 아주 간단한 반응형 워들 스타일의 게임을 만들었다. 그리고 JSON과 Ajax를 사용해 웹 클라이언트와 서버 간의 대화 목록을 관리하는 방법을 알아보았다.

더 읽을거리

A.1 파이썬

다음은 유명한 파이썬 관련 웹사이트다.

- 파이썬 소프트웨어 재단 (https://www.python.org): 모든 파이썬 프로젝트의 시초
- 리얼 파이썬 튜토리얼 (https://realpython.com): 상세한 파이썬 튜토리얼
- 레딧 (https://www.reddit.com/r/Python): 파이썬 하위 레딧
- 스택 오버플로 (https://stackoverflow.com/questions/tagged/python): 'Python' 태그가 달린 질문
- 파이코더 위클리 (https://pycoders.com): 주간 이메일 뉴스레터
- 아나콘다 (https://www.anaconda.com): 과학 분야 라이브러리 배포 사이트

이 글을 쓰면서 유용하다고 생각한 파이썬 도서 몇 권을 소개한다.

- 『처음 시작하는 파이썬』(한빛미디어, 2020)
- 『처음 시작하는 파이썬』(인사이트, 2022)
- 『전문가를 위한 파이썬』(한빛미디어, 2016)
- 『단단한 파이썬』(한빛미디어, 2022)
- 『파이썬으로 살펴보는 아키텍처 패턴』(한빛미디어, 2021)

A.2 FastAPI

다음은 FastAPI 관련 웹사이트다.

- 홈페이지 (https://fastapi.tiangolo.com): 공식 사이트. 저자가 생각하는 최고의 기술서
- 외부 링크 및 기사 (https://fastapi.tiangolo.com/external-links): 공식 사이트에서 제공하는 링크
- FastAPI 깃허브 (https://github.com/tiangolo/fastapi): FastAPI 코드 저장소
- 어썸 FastAPI (https://github.com/mjhea0/awesome-fastapi): 엄선된 자료 선집
- 궁극의 FastAPI 튜토리얼 (https://oreil.ly/vfvS3): 여러 파트로 구성된 자세한 안내문
- FastAPI 블루북 (https://lyz-code.github.io/blue-book/fastapi): FastAPI에 대한 상세한 개요
- 미디엄 (https://medium.com/tag/fastapi): 'FastAPI' 태그가 지정된 문서
- FastAPI를 사용해 파이썬 웹 API 빌드하기 (https://realpython.com/fastapi-python-web-apis): 압축된 FastAPI 문서
- 트위터 (https://oreil.ly/kHJm_): @FastAPI 또는 #FastAPI가 포함된 트윗
- 지터 (https://oreil.ly/-56rC): 도움을 요청하고 답변을 얻을 수 있는 곳
- 깃허브 (https://oreil.ly/NXTU1): 이름에 FastAPI가 있는 리포지터리

FastAPI는 2018년 하반기에 출시됐지만 이를 다룬 책이 많지 않다. 저자가 읽고 배운 도서 몇 권을 소개한다.

- 『Building Data Science Applications with FastAPI』(Packt, 2021)
- 『Building Python Microservices with FastAPI』(Packt, 2022)
- 『Microservice APIs』(Manning, 2023)

A.3 Starlette

Starlette과 관련한 주요 링크다.

- 홈페이지 (https://www.starlette.io)
- 깃허브 (https://github.com/encode/starlette)

A.4 Pydantic

Pydantic 관련 주요 링크다.

- 홈페이지 (https://pydantic.dev)
- 공식 문서 (https://docs.pydantic.dev)
- 깃허브 (https://github.com/pydantic/pydantic)

생명체와 탐험가

> 구울과 유령, 다리가 긴 짐승들로부터
> 그리고 밤에 부딪히는 것들로부터
> 주님께서는 우리를 구원해주십니다.
>
> **– 콘월 지방 기도문**

가상의 생명체 '크립티드'가 도처에서 보고되고 있다. 팬더, 오리너구리, 검은 백조 등 한때 상상의 동물로 여겨졌던 일부 동물이 실존하는 것으로 밝혀지기도 했다. 따라서 함부로 속단하지 않을 것이다. 크립티드를 찾는 대담한 탐험가들이 이 책에 예시로 제공한 데이터를 소개한다.

B.1 생명체 목록

[표 B-1]에 조사할 생명체를 나열했다.

표 B-1 간단한 생명체 목록

이름	국가	지역	설명	별칭
Abaia	FJ		호수 장어	
Afanc	UK	CYM	웨일스 호수 괴물	

이름	국가	지역	설명	별칭
Agropelter	US	ME	숲속 나뭇가지 투척자	
Akkorokamui	JP		거대 아이누 문어	
Albatwitch	US	PA	사과 훔치는 미니 빅풋	
Alicanto	CL		금 먹는 새	
Altamata-ha	US	GA	늪지대 생물	Altie
Amarok	CA		이누이트 늑대 정령	
Auli	CY		아이아 나파 바다 괴물	The Friendly Monster
Azeban	CA		속임수 정령	The Raccoon
Batsquatch	US	WA	날아다니는 사스콰치	
Beast of Bladenboro	US	NC	흡혈견	
Beast of Bray Road	US	WI	위스콘신 늑대인간	
Beast of Busco	US	IN	거대 거북이	
Beast of Gevaudan	FR		프랑스 늑대인간	
Beaver Eater	CA		오두막 뒤집개	Saytoechin
Bigfoot	US		예티의 사촌 에디	Sasquatch
Bukavac	HR		호수 교살자	
Bunyip	AU		수중 호주인	
Cadborosaurus	CA	BC	바다 뱀	Caddie
Champ	US	VT	레이크 챔플레인 잠복꾼	Champy
Chupacabra	MX		염소 흡혈귀	
Dahu	FR		왐파후푸스의 프랑스 사촌	
Doyarchu	IE		개와 수달의 혼종	Irish crocodile
Dragon	*		날개 있음! 불 뿜음!	
Drop Bear	AU		육식성 코알라	
Dungavenhooter	US		먹이를 증기로 만든 후 흡입	
Encantado	BR		장난기 많은 강 돌고래	
Fouke Monster	US	AR	냄새나는 빅풋	Boggy Creek Monster
Glocester Ghoul	US	RI	로드아일랜드 용	

이름	국가	지역	설명	별칭
Gloucester Sea Serpent	US	MA	미국 네시	
Igopogo	CA	ON	캐나다 네시	
Isshii	JP		호수 괴물	Issie
Jackalope	US	*	뿔 달린 토끼	
Jersey Devil	US	NJ	눈 덮인 지붕 도약자	
Kodiak Dinosaur	US	AK	거대 바다 파충류	
Kraken	*		거대 오징어	
Lizard Man	US	SC	늪지대 생물	
LLaammaa	CL		라마의 머리, 라마의 몸통. 하지만 같은 라마는 아님.	
Loch Ness Monster[1]	UK	SC	유명한 호수 괴수	Nessie
Lusca	BS		거대 문어	
Maero	NZ		거인들	
Menehune	US	HI	하와이 요정	
Mokele–mbembe	CG		늪지대 괴물	
Mongolian Death Worm	MN		아라키스 방문자	
Mothman	US	WV	리처드 기어 영화에 등장하는 유일한 미확인 동물	
Snarly Yow	US	MD	지옥견	
Vampire	*		흡혈귀	
Vlad the Impala	KE		사바나 뱀파이어	
Wendigo	CA		식인 빅풋	
Werewolf	*		변신자	Loup–garou, Rougarou[2]
Wyvern	UK		뒷다리 없는 용	
Wampahoofus	US	VT	비대칭 산 거주자	Sidehill Gouger
Yeti	CN		히말라야에 사는 털북숭이	Abominable Snowman

1 저자는 Nessie로 추정되는 사진을 한 장 찍은 피터 맥냅을 만난 적이 있다.
2 프랑스어. 또는 스쿠비두 왈: "루–로! 루가루!"

B.2 탐험가

전 세계에서 모인 우리 조사팀은 [표 B-2]와 같다.

표 B-2 조사팀

이름	국가	설명
Claude Hande	UK	보름달이 뜨는 동안에는 모습을 드러내지 않는다.
Helena Hande-Basquette	UK	명성을 얻은 귀부인
Beau Buffette	US	투구를 결코 벗지 않는다.
O. B. Juan Cannoli	MX	숲길에서 영리하게 행동한다.
Simon N. Glorfindel	FR	곱슬머리에 귀가 뾰족한 숲 전문 탐험가
"Pa" Tuohy	IE	침을 자주 뱉는다.
Radha Tuohy	IN	신비로운 대지의 어머니
Noah Weiser	DE	근시지만 마체테를 잘 다룬다.

B.3 탐험가 저서

다음은 상상 속 탐험가들이 집필한 가상의 출판물이다.

- 『쥐섬의 비밀』, Beau Buffette
- 『내가 무슨 생각을 하고 있었을까?』, O. B. J. Cannoli
- 「거미는 잠들지 않는다」, 충격적인 결말 저널, N. Weiser
- 「아주 나쁜 거미」, 비교 크립티드 저널, N. Weiser

B.4 기타 자료

크립티드 전설의 출처는 다양하다. 일부 크립티드는 가상의 생명체로 분류되기도 하고, 원거리에서 촬영된 흐릿한 사진에서 목격되기도 한다. 저자가 찾은 출처는 다음과 같다.

- '크립티드 목록' 위키피디아 페이지(https://oreil.ly/7e1ED)

- '유형별 전설의 생물 목록' 위키백과 페이지(https://oreil.ly/1AVfx)
- 크립티드 동물원: 암호동물학 동물원(http://www.newanimal.org)
- 『크립티드의 미국』, W. 오커, Quirk Books
- 『바다뱀의 여파로』, 버나드 휴벨만스, Hill & Wang
- 『끔찍한 눈사람: 현실이 된 괴담』, 이반 샌더슨, Chilton
- '모든 나라에는 괴물이 있다', 미스터리 사이언스 시어터(https://www.youtube.com/watch?v=EiJylMyfu9I)
- 빅풋 목격 관련 자료
- 팀 레너의 빅풋 목격 데이터(https://oreil.ly/1wMDb)
- 빅풋 목격 대시 앱(https://oreil.ly/b5IKt)
- 대시를 이용한 빅풋 찾기 1부(https://oreil.ly/0gjCT), 2부(https://oreil.ly/Lespw), 3부(https://oreil.ly/aDV8K)
- 「저기 있으면 곰 아닌가?」(https://oreil.ly/TlYn7), 플로 폭슨

● INDEX